경성대학교 한국한자연구소 번역총서 1

17세기 유럽인의 중국 언어 예찬론

An Historical Essay Endeavoring a Probability
That the Language of the Empire of China is the Primitive Language

존 웹(John Webb), 『17세기 유럽인의 중국 언어 예찬론(An Historical Essay Endeavoring a Probability That the Language of the Empire of China is the Primitive Language)』(1669)

경성대학교 한국한자연구소 번역총서 ❶

17세기 유럽인의
중국 언어 예찬론

존 웹(John Webb) 지음

이진숙 옮김

역락

영국 국왕 찰스 2세에게 바치는 헌사

폐하, 새로운 발견은 왕의 치세를 널리 알리고 후손을 번성하게 하며 백성을 부유하게 합니다. 그러므로 매우 사려 깊으신 폐하께서는 새로운 발견을 권장하십니다. 폐하께서 백성의 마음에 탐험 정신을 불러일으켜 그들은 새로운 발견을 감행합니다. 중국에 한무제라는 유명한 황제가 있습니다. 어떤 사람이 한무제에게 왕의 덕은 바람과 같고 백성들은 바람에 따라 움직이는 옥수수와 같다고 했습니다. 폐하께서는 이 예를 몸소 보여주셨습니다.

폐하께서 저의 이 변변찮은 에세이를 살펴봐주시기를 바랍니다. 저는 이 에세이에서 아주 먼 옛날부터 근원 언어에 감춰진 학문의 금맥을 발견하고자 합니다. 이 금맥에는 종교와 지혜가 깃든 고대의 유명한 사례들, 통치 규율 또는 인류에 이익이 되는 것은 무엇이든 들어 있습니다. 근원 언어에는 틀림없이 엄청난 신비가 포함되어 있고 지금까지 세계의 어느 학문도 근원 언어를 탐구하는 학문을 넘어서지 못했습니다.

그러므로 그리스도 탄생 이후 거의 모든 시대에 많은 저자가 근원 언어를 어떤 식으로든 다루었습니다. 혹자는 튜턴어, 혹자는 사마리아어, 혹자는 페니키아어가 근원 언어라고 합니다. 여러 성도는 히브리어만큼 갈대아어가 근원 언어라고 주장합니다. 그들이 어떤 성공을 거두었는지에 대해 묻지 않을 것입니다. 저는 첫 번째 언어가 될 수 있는 가능성이 아니라 첫 번째 언어일 수 있는 개연성에 대해 논하고자 합니다. 불가 성경의 전통을 고집하는 다른 사람과 논쟁하는 것도 저의 의도가 아닙니다. 또한 단어의 음탕한 어원을 주장하고자 함도 아닙니다. 이러한 논의는 근원 언어의 무게를 지탱하기에는 약하고 취약한 토대입니다. 저는 이 에세이의 토대를 신성한 진리와 신뢰할 수 있는 역사에 둡니다. 성경은 바벨탑을 세우고자 하는 음모가 있기 전까지 온 땅이 하나의 언어였다고 가르칩니다. 역사는 이 땅이 하나의 언어를 사용하는 동안 그리고 바벨탑의 음모가 있기 전에 중국에 사람이 살았다는 것을 알려줍니다. 성경은 언어의 혼란이라는 심판이 바벨에 있었던 사람들에게만 내려졌다고 알려줍니다. 역사는 바벨탑 전에 중국에 사람이 정착했고, 중국인들이 바벨탑 사건 때 그곳에 없었다는 것을 확인해줍니다. 더군다나 중국인들은 바벨의 혼란 이전에 사용했던 언어와 문자를 바로 오늘날에도 여전히 동일하게 사용하고 있습니다. 히브리어 성경 연대기와 그리스어 성경 연대기 어느 것을 참조해도 이를 확인할 수 있습니다.

성경이 무결하고, 제가 참조한 주요 작자들이 중국의 고대 기록를 오랫동안 연구한 후 노아의 시대 이후의 중국의 역사를 최근 편찬하였으므로 그들의 글을 신뢰할 수 있습니다. 그래서 저의 에세이의 토대는 무너지고 않고 저의 연구의 상부구조는 아마도 훨씬 더 견고할 것입니다. 일시적인 말이 아무리 유효하다고 해도 기록물은 훨씬 더 확실하고 신뢰할 수 있습니다. 폐하께서도 이를 잘 알고 계실 겁니다.

폐하께서 제가 감히 대담한 연구에 몰두했다고 말씀하실 수도 있습니다. 참된 길을 지키면 어려운 일도 쉽고 빠르게 그 결과를 볼 수 있을 것입니다. 그러나 그토록 많은 위대한 학자들이 잘못을 범하는 문제에서 제가 오류를 범할 수도 있습니다. 제가 부끄럽지 않도록 폐하께서 저를 너그러이 이해해 주시길 바랍니다.

하늘과 땅의 주인이신 하느님께서 폐하와 폐하의 신하를 축복하고 인도하며 보호해주시길 바랍니다. 폐하께서 요임금처럼 경건하고, 우임금처럼 지혜롭고, 정복의 칼로 마케도니아의 알렉산더 대왕보다 더 많은 나라를 점령한 한무제처럼 승리의 왕이 되시길 바랍니다. 또한 순임금처럼 모든 백성의 사랑을 받으시길 바랍니다. 그리고 모든 영국 백성이 중국 백성들처럼 공적인 지성을 가질 수 있게 만드십시오. 그러면 폐하와 자손들의 통치는 영원할 것이고, 폐하께서 다스리는 나라는 천세만세 부와 번영을 누리실 것입니다.

폐하의 가장 충성스럽고 비천한 신하이자 종인
존 웹
1668년 5월 29일 버트리에서

차례

일러두기

1. 존 웹의 영어 원서에는 장의 구분이 없지만 이 역서는 독자의 가독성을 돕기 위해 영국 서머셋 웰즈 성당 도서관에 소장된 웹의 미출판 재판용 원고를 참고하여 본문을 6개의 장으로 임의로 나누었다.
2. 본문의 고유명사는 일반적으로 통용되는 표기를 반영하였지만, 그렇지 않는 경우 대부분 현행 외래어 표기법을 따랐다.
3. 성경과 신화 속 인물에 대한 간략한 각주는 네이버 지식 백과를 참조하였다. 이 출처는 각주에서 따로 밝히지 않았다. 역자가 한 각주는 역주로 표기하였다.
4. 존 웹은 원서의 여백에 인용의 출처를 대부분 밝힌다. 이것은 미주의 원문주에서 확인 가능하다. 역서의 미주 번호는 주로 인용 저자의 이름 바로 뒤에 부가하였지만, 본문의 인용 위치가 확인되지 않는 경우는 문장 앞에 미주 번호를 넣었다.
5. 원서에서 이탤릭체는 직접 인용문, 강조 문구, 서명, 인명, 지명 등에서 다양하게 사용된다. 영어가 아닌 언어의 직접 인용문은 미주에서 확인 가능하다. 강조 문구는 필요한 경우 작은 따옴표로 처리하였다. 서명은 겹낫표로 표기하였다. 저자명과 지명은 처음 나왔을 때 국역(영어)로 병기하였다.
6. 원서에서 대문자 볼드체로 표시된 'PRIMITIVE', 'CHINA', 'CHRIST', 'MOTHER Tongue'은 반복 사용된다. 이 역서는 볼드체를 따로 표시하지 않았다. 그외 의미를 강조하기 위한 볼드체의 단어는 필요한 경우 작은 따옴표로 처리하였다.
7. 웹의 중국 인명과 지명의 로마자 표기는 문맥으로 파악하기 힘든 경우가 많았다. 추정한 경우는 역주로 이를 밝혔다.

제1장

노아의 홍수

노아의 홍수 이전 세상의 몇몇 나라와 사람들은 어떤 방식으로 다스려졌는지에 대한 확실한 기억이 남아 있지 않다. 또한 전쟁과 평화에 대한 기록이나 그 당시에 이루어진 행위를 알 수 있는 신뢰할 만한 기록도 현재 남아 있지 않다. 그럼에도 그들에게 왕과 통치자와 고정된 통치 양식이 있고, 고귀한 과업을 시작하고, 다른 나라를 침략하고 정복하고, 현인들의 조언을 따라 전쟁 업무를 관리하고, 놀라운 업적을 많이 이룩했다는 것은 의심하기 어렵다. 이 시기의 사람들은 강건한 신체의 소유자로 팔백 년 또는 구백 년이라는 매우 긴 시간을 살았다. 그래서 그 긴 기간 동안 축적된 경험으로 더 지혜로웠을 것이고, 과업을 더 잘 수행했을 것이며, 후세에 전해진 것보다 훨씬 우수한 업적 —후대에 전해졌다면—을 달성했을 것이 틀림없다.

모세는 이 첫 시대를 일곱 개의 짧은 장에서 아주 간단하게 언급하고 넘어갔다. 그리고 그는 교회사와 교회와 관련된 이야기를 쓰면서 교회와 이스라엘인들의 교회에 부합하는 것만을 언급했고, 분명히 그 시대에 그들과 조금 관련이 있었을 것으로 추

측되는 다른 민족과 사건에 대해서는 깊이 언급하지 않았다. 그
럼에도 모세의 언급에서 그 당시의 상황에 대해 많은 것을 알 수
있다. 당시의 사람들은 강건하고 명성이 있었다. 창세기 6장 4절
에서 모세는 "그들은 옛날부터 이름난 장사들이었다."[1]라고 한
다. 우리는 그들을 '영웅'이라 칭할 수 있다. 그들의 용맹은 뜻밖
의 원했던 일이 생겼을 때 거의 불가능하고 감탄할 만한 시도를
할 수 있게 했고, 또는 그들의 덕은 유익한 기술과 학문의 저자가
되어 인류를 공손하고 사교적인 대화를 할 수 있는 문명인으로
변화시키는데 기여했다.

그러나 또한 당시 사람들의 신장이 크고 힘이 장사였다
는 것을 부인하기 어렵다. 성경은 그들을 거대하고 무서운 르
바임(Rephaim)[2]과 에밈(Emim)[3], 교만한 아나킴(Anakim)[4], 힘센 깁

---

1   이후 영어 본문의 성경 번역은 현재 대한성공회에서 사용하는 공동
     번역판을 인용하고, 다른 번역본을 사용할 경우 각주로 밝힌다.

2   르바임(Rephaim): 요단 동편 지역에 살던 가나안 원주민이며 거인 족
     속

3   에밈(Emim): '두려운 자'란 뜻. 모압 사람들이 가나안 땅의 원주민인
     엠 족속을 가리켜 부른 명칭(창 14:5; 신 2:10-11)

4   아나킴(Anakim): 팔레스티나 남부에 살았던 거인족

보림(Gibborim)[5], 폭압적인 네피림(Nephilim)[6], 사악한 삼숨밈
(Zamzummim)[7]이라 불렀다. 대홍수 이후에는 비산의 왕인 옥(Og)[8]
과 골리앗(Goliah)이 이에 속하였다. 우리는 이 사람들의 신체 구
조를 확언할 수 없지만, 대홍수 이전에 그들이 —오늘날의 우리
의 민법처럼— 재산을 자녀들에게 나누어 주었다는 것은 확실하
다. 그들은 장남에게 부동산을 주고 차남에게는 동산을 주었다.
아담이 가인에게 경작할 땅을 주고, 아벨에게는 사육할 양을 준
것으로 이를 알 수 있다.

후손이 번성하자 그들은 즉시 도시 건설에 착수하였다. 성을
요새화하고 소를 몰고 학살을 자행하였다. 이익이 되는 일이라
면 내키는 대로 했다. 그들은 스스로를 지키기 위해 필요한 거주
지를 마련할 뿐만 아니라 힘과 안전성을 확보하고 그리고 다른
사람들을 억압했다. 그들이 도시를 건설했다는 것은 의심의 여

5　기보림(Gibborim): 히브리어 단어로 용사들(mighty ones)을 의미한다.

6　네피림(Nephilim):《구약성경》의 〈창세기〉, 〈민수기〉, 〈신명기〉 등에
　　등장하는 거인 종족이다.

7　삼숨밈(Zamzummim): '중얼거리는 자들'이란 뜻. '르바임'으로 불리는
　　〈삼하 5:18, 22〉 거인족을 가리킨다(신 2:20).

8　옥(Og): '긴 목을 가진'이란 뜻. 르바임 족속으로 바산의 왕이며, 거인
　　이었다(신 3:11; 수 2:10; 13:21; 왕상 4:19).

지가 없다. 피터 헤이린(Peter Heylin, 1599~1662)는 '야발(Jabal)이 천막
에 거주한 최초의 사람이라면, 나머지는 도시와 읍과 마을 이외
달리 어디에 거주했겠는가'라고 말한다. 성서는 창세기 4장 17절
에서 가인이 최초의 도시를 건설했고, 도시의 이름을 아들의 이
름인 에녹으로 지었다고 한다. 가인이 도시를 세운 것은 이리저
리 떠돌아야 하는 자신의 저주에서 벗어나기 위해서이고, 양심
의 가책으로 사람들이 두려워지자 그들에 대항해 무장하기 위해
서였다. 요세푸스(Flavius Josephus, 37~100)[01]의 표현에 따르면, 황폐한
땅이 가인에게 아무 것도 주지 않았을 때 그 도시는 힘과 폭력으
로 다른 사람에게서 빼앗은 약탈품을 보관하기 위한 것이었다.
아마도 그 도시의 이름이 에녹인 것은 아버지 가인이 저주를 받
아 어느 곳에도 머무는 것이 허용되지 않으므로 아들에게 빨리
가업을 물려주어 그 도시를 다스리게 하기 위해서였을 것이다.

　이러한 생활 방식에서 일반적으로 사용할 수 있는 몇 가지 기
술이 발명되었다. 그 하나가 천막의 제조이다. 천막이 있으면 유
랑 생활에서 도적질한 것을 잘 숨길 수 있고 양 떼와 소 떼를 잘
먹일 수 있었다. 다른 하나는 무기 제작에 유용한 철의 제조이다.
이 기술로 전쟁 무기나 유사한 물건을 만들 수 있었다. 또 다른
하나는 음악으로, 음악은 그들의 애정을 불타오르게 하고 그들

이 더 없는 행복으로 삼는 일을 하도록 자극했다. 가인의 족속들은 이성이 아닌 욕망으로 모든 일을 행하였으므로 그들끼리 빈번한 논쟁과 사적인 싸움과 공개적인 전쟁이 일어날 수밖에 없었다. 이들은 자신들을 능히 보호할 수 있었지만, 셋(Seth)[9]의 자식들은 흉포한 늑대 사이에 사는 어린 양처럼 가인 족속 사이에서 안전한 삶을 살지 못했다.

그들의 후손들은 우상 숭배가 심했던 예로 언급된다. 그 후손들만큼은 아니지만 그들도 우상 숭배가 심했다. 요세푸스[02]가 말하듯이, 그들은 조상들의 옛 제도를 타락시키며 하느님을 섬기지 않았고 인간의 율법을 지키지 않았다. 그들은 사납고 잔인했으며 불의와 압제, 살인, 약탈, 교만과 야망으로 가득 차 있었다. 이 모든 것은 전쟁에 수반되는 것으로 다가올 파멸의 전조이었다. 야망과 교만은 다음 시대의 지도자들에게 아주 초기부터 큰 영향을 미친 것 같다. 그게 아니라면, 그들이 명성을 얻고자 바벨탑을 세우는 그런 일을 상상하지 않았을 것이다. 또한 새로 앉은 자리가 채 따뜻해지기도 전에 그토록 빨리 서로를 침략하는 전쟁을 생각하지 못했을 것이다. 월터 롤리 경(Sir Walter Raleigh,

---

9   셋(Seth): 아담과 하와의 셋째 아들로 구약성경에 나오는 인물

1510~1581)[03]이 아수르(Assur)의 자손과 함의 자손이 동방 제국을
손에 넣기 위한 경쟁에 즉각 돌입했다고 말한 것에서 이를 알 수
있다.

노아의 홍수 이전의 사람들은 평화의 결과로 신학과 예언, 천
문학, 점성술, 도량형을 얻었다. 그리고 요세푸스가 말했듯이, 가
인은 최초의 토지 소유권자로 사유권을 공기와 빛보다 앞서 아
주 흔한 것으로 만들었다. 그래서 심지어 가인 시대에도 나의 것
(Meum)과 너의 것(Tuum)이 있었다.

그들의 식단에 대해서는 이견의 여지가 없다. 그들은 고기
를 먹지 않고 채소를 먹었다. 적어도 하느님의 명에 순종하는 셋
족은 그러했다. "이제 내가 너희에게 온 땅 위에서 낟알을 내는
풀과 씨가 든 과일 나무를 준다. 너희는 이것을 양식으로 삼아
라."(창세기 1장 29절) 이 구절이 명백히 보여주듯이 그들에게 육식
이 철저하게 금지되었다. 육식 금지가 철회된 것은 노아가 방주
에서 내려온 직후였다. 대홍수로 채소의 성질이 손상되었거나
채식으로는 사람이 몸을 지탱할 수 없어 하느님께서 그의 식량
을 늘려주면서 "살아 움직이는 모든 짐승이 너희의 양식이 되리
라. 내가 전에 풀과 곡식을 양식으로 주었듯이 이제 이 모든 것을
너희에게 준다."(창세기 9장 3절)라고 하였다. 우리는 최초의 인간

들이 먹기 위해 양을 길렀다고 생각할지 모른다. 그러나 학자들은 그들이 양을 기른 것은 옷에 필요한 가죽이나 목숨을 연명할 우유를 얻거나 하느님께 바치는 제물을 얻기 위해서였다고 설명할 것이다. 토마스 브라운(Thomas Browne, 1605~1682)[04]박사는 『유사전염병(Pseudodoxia Epidemica)』에서 이처럼 설명하였다.

노아의 홍수 이전의 사람들은 문자의 사용을 즐겼다. 아담이 세계가 한 번은 불에 의해서, 다른 한 번은 물에 의해 두 번 멸망할 것을 예언하자 그의 후손들은 벽돌 기둥과 돌기둥을 세워 두 기둥 위에 천문학의 발견을 적었다고 요세푸스는 단언한다. 그러나 요세푸스는 그 기둥을 세운 아담의 후손이 기둥에 새긴 문자도 만들었는지는 말하지 않았다. 셋과 에녹의 후손들이 그 기둥에 글자를 적었다고 인정할 수 있다. 그럼에도 기둥에 적힌 글자는 기둥보다 더 오래되었을 수 있고 그들이 아닌 다른 사람이 그 문자를 만들었을 수도 있다. 아마 이에 대해 언급할 것이 많을 것이다. 그러나 성경에 이 기둥의 실마리가 될 수 있는 구절이 있다. 사사기 3장 26절에, "그들이 기다리는 동안 에훗이 피하여 돌 뜨는 곳[10]을 지나 스이라로 도망하니라."라고 했다. 오늘날의 아

---

10 [역주] 'Quarries'를 '우상들로' 번역한 공동번역보다 '돌 뜨는 곳'으로 번역한 개역개정과 개역한글이 웹의 의도에 더 가까워 이 구절은 개

이작 보시우스(Issac Vossius, 1618~1689)[05]는 이 성경 구절은 히브리어의 참뜻에서 벗어난 것으로 '돌 뜨는 곳(Quarries)'을 '돌에 글을 새기는 것(Sculptures)'으로 번역해야 한다고 말한다. 70인역은 이를 'τὰ γλυπτὰ'로 적절히 옮겼다. 요세푸스가 심지어 그의 당대에도 시리아드(Syriada)라는 곳에 동일한 기둥이 남아 있다고 주장했듯이 보시우스는 히브리인들은 셋이 그 돌기둥을 세웠다고 믿는다고 말한다.

혹자는 셋이 천문학의 발견자이고 일곱 행성의 첫 명명자라고 생각한다. 혹자는 에녹이 천문학을 더욱 발전시켰다고 본다. 유폴레몬(Eupolemon)에 따르면, 그리스인들은 에녹이 천문학을 발견했다고 생각하기 때문에 에녹을 아틀라스(Atlas)로 불렀다.

노아의 홍수 이전의 사람들은 무역도 하고 직업도 있었다. 가인은 농부였고, 아벨은 양치기였다. 앞서 말했듯이 민간인뿐만 아니라 군대를 위한 기술과 과학도 있었다. 유발(Jubal)[11]은 악기를 발명했고, 두발가인(Tubal-Cain)[12]은 쇠붙이로 작업하고 갑옷을 만

역개정을 인용한다.

11 유발(Jubal): 가인(Cain)의 자손으로 악기 발명자(창 4:21)

12 두발가인(Tubal-Cain): 라멕과 씰라의 아들, 날붙이를 만드는 사람(창 4:22)

들었다. 혹자는 이름과 직업의 유사성으로 불칸(Vulcan)[13]이 이 일을 했다고 생각한다. 그들은 온갖 부와 쾌락과 방탕과 호색을 즐기며 살았다. 나아마(Naamah)[14]는 아마포와 모직물의 최초 발명자이자 보컬 음악의 최초 발명자로 유명하다. 그녀는 그 당시에 그리스의 비너스와 헬레나에 상응하는 인물로 보인다. 히브리어 전문가들을 신뢰할 수 있다면 온 세상이 사랑에 빠져 그녀를 따라다니며 방랑하였다.

헤이린[06]은 노아의 홍수 이전 시대에 대한 명시적인 언급이 없지만 신비술과 생활 예술 등의 모든 분야에서 오늘날과 유사한 기술이 있었음을 추정할 수 있다고 말한다. 모세는 그 당시 과학의 발달 수준에 대해 기록하지 않는다. 창세기에 노아의 방주 이전에 어떤 종류의 배가 있었는지에 대한 언급이 없다. 그러나 항해술이 일상에서 수영처럼 자연스럽고 인간의 삶에 매우 필요하고 발견하기 쉬운 기술이므로 그 당시의 사람들도 항해술을 알았을 것이라는 다양한 의견이 있다. 이 추론은 근거가 있다. 많

13 　불칸(Vulcan): 로마신화 불카누스로 불과 대장장이의 신
14 　나아마(Naamah): '즐거움', '기쁨'이란 뜻. 가인의 자손으로 최초의 일부다처인 라멕이 아내 씰라를 통해 낳은 딸. 쇠붙이로 기구를 제작했던 두발가인의 누이이기도 하다(창 4:22).

은 사람이 하느님께서 아담을 창조했을 때 이미 아담이 모든 종류의 기술을 알고 있었다고 생각하는데 이러한 생각은 개연성이 매우 높다. 사람들이 전 세계의 지역으로 이동할 때 헤엄치거나 다리를 건너거나 뗏목으로 편하게 강을 건널 수 있다. 그러나 만약 바다를 건너 세계의 어느 한 곳에서 다른 곳으로 가거나 또는 대륙에서 섬으로 이동하는 것이라면, 배나 항해술이 없이는 이동하는 것이 불가능하다. 또한, 다른 사람들도 노아와 그의 가족처럼 배가 있었다면 구조될 수 있었다고 주장할 수 있다. 그러나 이 주장에 대해 노아의 방주는 일반 배와 달리 덮개가 있었다라고 반박할 수 있다. "노아가 배 뚜껑을 열고 내다보니"(창세기 8장 13절)라고 하였다. 우리가 생각하는 바와 같이 덮개는 배의 일부로, 한쪽으로만 열려 사방을 볼 수 없는 창과 달리 앞으로 나가 사방을 볼 수 있다. 노아의 방주가 아닌 다른 배라면 허리케인(Hyracanes)과 소용돌이 물기둥(Spouts), 카타라타 칼리(Cataratta Cali)처럼 하늘에서 쏟아지는 계속되는 폭우와 강우에 살아남을 수 없었을 것이다. 게다가 그들은 노아와 그의 가족과 달리, "홍수이전의 사람들은 노아가 방주에 들어가던 날까지도 먹고 마시고 장가들고 시집가고 하였다."(마태복음 24장 38절) 그들은 주의를 기울이지 않았고, 홍수가 오래 계속되는 동안 그리고 먹을 것을 다시 확보할 수 있을 때까지 필요한 식량을 비축할 시간이 전혀 없었다. 무엇보다도 특히 노아와 그의 가족 그리고 노아와 함께 방주에 있는 것을 제외하고는 땅의 모든 인류와 살아 있는 모든 것들을 멸망시키라는 하느님의 명령이 있었다.

홍수 이전에 온 땅에 사람들이 살았다는 것은 하느님께서 인간의 죄를 벌하고자 온 세상에 크고 보편적인 대홍수를 내린 것으로 명백히 알 수 있다. 헤이린[07]은 온 땅에 사람이 없었다면 그리고 그 땅의 모든 사람이 하느님 보시기에 압제를 범하지 아니하였다면, 온 세상이 바다 같은 물에 묻혔을 리가 없다고 말한다. 그리고 롤리 경[08]은 온 세상이 범람한 것은 죄를 지은 사람들이 온 세상에 있었음을 분명히 의미한다고 말한다. 그러나 홍수 이전에 아담과 그의 자손으로 말미암아 온 세상이 충만하였고, "아담에게[15] 생육하고 번성하고 땅에 충만하라."(창세기 1장 28절)고 명령하였고, 노아에게 동일한 말씀으로 동일한 축복(창세기 9장 1절)을 하였으므로, 나는 홍수 이후에 노아와 그의 후손들이

---

15 [역주] 창세기 1장 28절은 KJV에는 "God said unto them, Be fruitful, and multiply, and replenish the earth"이지만, 웹은 이를 "Scripture which commandeth *Adam to be fruitful and multiply, and to replenish the Earth, Gen.i.v. 28.*" 로 인용한다. 웹은 하느님이 '그들에게' 말하는 것을 '아담에게' 말하는 것으로 바꾼다.

분명 온 세상에 번창했을 것이라 생각한다. 곧 논의하겠지만 니
누스(Ninus)[16], 조로아스터(Zoroaster)[17], 세미라미스(Semiramis)[18], 스타
우로바테스(Staurobates)[19]가 수백만 명을 시날 (Shinar)[20]평원으로 이
끌었고 일부는 그들의 왕국에 남아 있었다. 이 많은 사람이 대홍
수 이후 300년 이내에 태어났다면, 대홍수 이전의 1656년이라는
긴 시간 동안 상당히 많은 사람이 살았을 것이다. 홍수 전후에 인
구 증가 방식이 유사하다면, 노아의 홍수 이후 300년 이내에 모
든 아시아에는 이보다 많은 인구가 있고, 그리스와 그 나라의 섬
은 이보다 적은 인구가 있으며, 모든 이집트와 모리타니아, 그리
고 리비아에 인구가 번성했을 것이다. 베로수스(Berosus, ~B.C. 290)
의 말을 믿는다면, 세계의 이 지역들뿐 아니라 노아의 홍수 이후
140년 이내에 스페인, 이탈리아, 프랑스에도 식민이 있었다. 그
러면 노아의 홍수 전 1656년이라는 기간에 세상은 사람들로 가

------

16 니누스(Ninus): 아시리아(Assyria)의 전설적인 왕, 세미라미스(Semiramis)
    의 남편
17 조로아스터(Zoroaster): 조로아스터교의 교조
18 세미라미스(Semiramis): 고대 오리엔트의 전설적인 여왕
19 스테우로바테스(Staurobates): 세미라미스와 격전을 벌인 인도의 왕
20 시날(Shinar): 니므롯과 그의 군대가 정착한 곳으로 후에 바벨탑이 건
    립된 곳이다.

득했을 것이라 생각하는 것은 타당하다.

사도서인 갈라디아서 3장 17절에 따르면, 아브라함에게 한 첫 약속부터 이스라엘이 애굽에서 나올 때까지 430년이 걸렸다. 윌렛(Andrew Willet, 1592~1621)[09]은 이 기간에 남자와 여자, 어린이를 포함하여 아브라함의 자손의 수는 150만명이었다고 말한다. 하느님이 아담의 자손을 축복하여 큰 번성을 이루게 했듯이 노아의 자손도 그러했을 것이라는 추론은 타당하다. 성경은 그 당시의 모든 사람의 자손을 일일이 열거하지 않고, 상황과 시대의 흐름을 이해하는데 꼭 필요한 인물만을 언급했다는 것을 고려할 필요가 있다. 또한 아주 건장한 남자가 긴 생애 동안 자식을 많이 낳지 않았을 것이다 또는 한 번 출산에 두세 명만 낳았을 것이라고 생각하는 것은 터무니없다. 지금 우리 시대만 보더라도 웨스트민스터(Westminster)에 사는 에드워드 존즈(Edward Jones)라는 이름을 가진 뱃사공의 아내가 첫 출산에 2명, 두 번째 출산에 2명, 마지막 출산에 4명을 낳아, 2년 동안 8명을 낳았다. 그리고 지난 세기에 켄트 에스콰이어(Kent Esquire) 카운티의 채링(Charing)에 사는 로버트 호니우드(Robert Honywood)와 유리잔을 깨어 악령을 막는 것으로 유명한 그의 아내 메리(Mary)는 80년 동안 합법적으로 367명의 자손이 있었다. 노아의 홍수 이전 오랫동안 결혼 제도였던 일부다처제는 보편적으로 신체와 연령의 제한을 받았을 뿐, 친족과 혈족의 정도에 상관없이 허용되었다는 점에 또한 주목할 필요가 있다. 그때 아버지가 사망한다고 해도 아들이 자신의 자손으로 나라를 이룰 때까지 아들을 위한 자리는 없었다. 그러므로 사람들이 세상을 원했다기보다 세상이 사람들을 원했다는 말은 의심해 볼 만하다. 롤리 경의 말처럼 사람들이 온 세상에 확산되지 않았다기보다는 세상이 사람들을 담을 수 없었다고 보는 것이 타당하다. 하느님이 홍수 이후에 인간의 수명을 보통 70세 이하로 단축하지 않았다면, 삼십 세 이상의 여인이 출산을 할 수 없게 하지 않았다면, 그들 모두를 끊임없는 질병에 시달리게 하지 않았다면, 전 세계적인 파괴가 또 다시 발생하여 그들 모두를 말살시켰을 것이다. 그렇지 않았다면 그 이후 무수한 시간이 흐르는 동안 지나친 인구 증가로 사람들은 숨 쉴 공간도 없었을 것이다.

　의심할 여지없이 노아의 홍수 이전의 여인들은 일반적으로 다산했다. 그들이 장수하면서 계속해서 아이를 출산한 것이 분명하다. 그들이 한 번에 몇 명을 출산했는지는 정확히 알 수 없지만 홍수 이후 애굽에서 보통 한 번 출산에 일반적으로 2명, 3명, 5명, 그리고 트로구스 폼페이우스(Trogus Pompeius, B.C. 63~ A.D.

14)에 따르면 때로 7명을 낳았다. 호니우드(Honywoods) 가족의 경우를 고려할 때 이것이 불가능할 것 같지 않다. 또한 일반적인 출산 방법으로도 노아의 홍수 이전 1656년의 기간 동안 온 세상을 채웠을 뿐만 아니라 더 많은 세상이 있다면 그 세상도 채웠을 것 같다. 약 80년 동안 호니우드 부부에게서 367명의 자손이 나왔다. 만약 아담과 이브가 창조 후 첫 2세기 동안 400명만 낳았다고 한다면, 그리고 이 숫자의 4분의 1 즉 100명 또는 50쌍의 부부만 한 세대를 이루고, 한 부부가 2년에 한 명씩만 낳는다고 계산하면, 50쌍의 부부는 50년 안에 1250명 이상의 아이를 낳을 것이다. 1250명의 4분의 1을 50년마다 대입하면, 그들의 긴 수명과 튼튼한 체질로 출산에 어떤 장애물이 없을 것이므로, 1600년의 기간 동안 마지막 세대는 2천 9억 3천 3백만명의 인구에 달할 것이 확실하다. 38만 4천 7억 6천 6백만 9만 6천 4백 명. 마지막에 있는 56년을 계산에 넣지 않는 것이 얼마나 다행인가. 이들의 수까지 더한다면 수천만 명 이상이 증가할 것이다. 노아의 홍수 이전은 홍수 이후만큼 또는 그 이상으로 역병과 전염병, 기근, 전쟁, 손실, 재난에 노출되어 있다. 그렇지 않으면 세상이 그런 엄청난 수의 인구를 수용할 수 없었거나, 또는 식량과 거주지가 부족하여 서로를 잡아먹어야 했을 것이다. 지구상의 땅을 바다가

그사이에 끼지 않은 완전 거주 가능한 공간으로 생각하고, 그 땅을 12개 지역으로 등분하여 각 지역에 2억 5천만 명을 할당하면, 각각 모두 30억 명이 살게 된다. 그러면 인구가 아주 많은 아시아—앞으로 이 부분을 다룰 것이다—보다 당시 훨씬 더 많은 인구가 살게 된다. 그러나 사실상 사람이 살 수 있는 땅은 전체 지구의 절반도 채 되지 않고 바다가 그 나머지를 차지하고 있으므로 지구에 15억 명이면 충분하다. 이로써 플랜테이션의 정착을 위해 무수한 사람이 필요하다면, 대홍수 이전 온 세상에 사람들이 살고 있었다는 것이 증명 가능하다. 그러나 사람들의 수가 아무리 많아 보여도 다양한 범죄를 다스리는 하느님께서 공의로운 심판으로 그들을 첫 번째 보편적인 멸망인 물로 모두 멸망시켰다.

성경은 이 부분에서 매우 명확하다. 하느님이 말하길, "내가 이제 땅 위에 폭우를 쏟으리라. 홍수를 내어 하늘 아래 숨 쉬는 동물은 다 쓸어버리리라. 땅 위에 사는 것은 하나도 살아남지 못할 것이다."(창세기 6장 17절)라고 했다. "물은 점점 불어나 하늘 높이 치솟은 산이 다 잠겼다."(창세기 7장 19절). 그러나 전 세계적인 홍수로 세상이 완전히 잠긴 것은 아니었다. 심지어 세속의

저자들(prophane Authors)도 이를 기억한다. 그들 중 루시안(Lucian)[21]
은 '시리아 여신(Dea Syria)'에서 히에라폴리탄인(Hierapolitans)에 대
한 의견을 제시하지만, 그의 이야기는 모세의 이야기와 조금 다
르다. 루시안은 방주가 데우칼리온(Deucalion)[22]의 것으로 사자, 돼
지, 뱀, 야수의 우리이고 보호소라고 명확히 말한다. 루시안은 이
홍수로 세상을 새롭게 하고자 한 것은 이전 사람들이 거짓을 말
하고, 잔학하고, 여러 죄스러운 행위를 했기 때문으로 본다. 암
니우스(Amnius)의 수도사인 베로수스(Berosus)가 아니라 내가 롤
리 경[10]의 글에서 발견한 에우세비우스(Eusebius)[23]가 인용한 아비
데누스(Abydenus)의 베로수스(Berosus)는 새턴(Saturn)이 시시스루스
(Sissithrus)에게 대홍수에 대해 경고하였고 간단한 음식을 싣고 친
척과 지인들과 함께 살 수 있는 큰 선박 또는 배를 준비하라고
했다고 단언한다. 시시스루스는 길이가 5펄롱(furlong)[24]이고 너비
가 2펄롱인 배를 만들었다. 물이 빠진 후에 그가 보낸 새가 돌아

---

21 루시안(Lucian of Samosata): 시리아 출신 로마인, 수사학자, 풍자작가

22 데우칼리온(Deucalion): 그리스신화에서 프로메테우스의 아들로, 그의
　　아내 피아와 홍수에서 살아남은 인류의 조상이다.

23 에우세비우스(Eusebius, ~339): 성경 주석 학자, 교리에 관한 저술가

24 펄롱(furlong): 거리 단위로 201m에 해당된다.

왔다. 며칠 후 다시 새를 보냈는데 발에 흙이 묻은 채 돌아왔다. 세 번째로 새를 보냈더니 돌아오지 않았다. 플루타르크(Plutarch, 46?–120?)[11] 또한 데우칼리온이 방주에서 보낸 이 비둘기가 돌아오면 폭풍우를 의미하고, 멀리 날아가면 순풍을 의미한다고 적었다.

1460년 스위스의 베른(Berne)의 50 패덤(fathom)[25] 깊이의 금속광산에서 상인의 물건과 함께 48구의 시체가 있는 배가 발굴되었다.[12] 윌리엄 도일 경(William Doyie Knight)의 영지인 노폭(Norfolk)의 쇼테삼(Shotesham) 지역에서 바다와 꽤 먼 곳에서 우물을 파다가 16 패덤 깊이에서 굴, 새조개, 페리윙클 및 기타 종류의 조개류가 온전한 상태로 무수히 많이 발견되었다. 데이모어(Daimore)의 숲 안에 있는 체셔(Cheshire)에서 이회토(Marle)를 찾다가 60 패덤—혹자는 70 패덤이라 한다—깊이에서 에보니(Ebony) 나무처럼 검고 단단한 나무가 발굴되었다. 이러한 발견과 역사서에 가득한 이와 유사한 다수의 발견들은 무엇을 의미하는가? 그것은 단지 후손들에게 온 땅의 대륙뿐 아니라 바다의 섬들과 세계의 다른 모든 지역과 아시아도 물에 잠겼고 범람하였으며 그곳에 사는 사

---

25 패덤(fathom): 물의 깊이 측정 단위. 6피트 또는 1.8미터에 해당된다.

람들은 유사한 방식으로 멸절되었다는 것을 증명하는 것이다.

홍수 이전 온 세상의 땅에 사람이 살았다면, 인구가 증가하거나 자신과 가족을 위한 식량의 필요성이 증대함에 따라 여러 곳으로 이주하고 새로운 플랜테이션을 만들 수밖에 없었다. 헤이린[13]은 이러한 이주의 동기는 '언어의 혼란' 때만큼이나 강했을 것이라 말한다. 둘의 차이는 홍수 이전의 이산(離散)은 긴 시간 동안 필요에 따라 조금씩 이루어졌다면, 언어의 혼란은 순식간에 이루어졌다는 것이다. 만일 어떤 사람이 통일된 언어가 그들의 이산을 방해했다고 상상한다면, 처음에는 어느 정도 방해가 되었겠지만, 나중에는 그렇지 않았을 것으로 생각한다. 왜냐하면 언어의 통일성이 그들의 이산을 억제할 수도 있지만, 인구의 증가를 억제할 수는 없었다. 인구의 증가로 필연적으로 분산과 이산에 대한 요구가 커질 수밖에 없었다. 그래서 이러한 몇 번의 이산은 사람들의 다양한 쾌락과 그 당시의 전반적인 부패와도 관련이 있을 수 있다. 창세기 6장 11절은 "세상이 너무나 썩어 있었다."라고 말했기 때문이다. 헤이린은 언어의 뿌리는 똑같이 남아 있을 수 있지만 적어도 방언과 발음에 관해서는 언어와 말의 형식이 다를 수 있다고만 말하고 그 외의 질문을 하지 않는다. 그러나 앞서 말한 것 외에 "또 사람들은 의논하였다. '어서 도시를 세우고 그 가운데 꼭대기가 하늘에 닿게 탑을 쌓아 우리 이름을 날려 사방으로 흩어지지 않도록 하자.'"(창세기 11장 4절)라는 표현은 홍수 이전에 이산이 있었다는 것을 암시한다. 그들의 조상으로부터 홍수 이전에 사람들이 여러 플랜테이션으로 흩어졌다는 말을 듣지 않았다면, 그들이 그토록 새로운 시대에 어떻게 다른 곳으로 흩어질 수 있었겠는가? 그러므로 다른 사람들이 어떻게 되든 그들은 세상의 어느 지역으로 흩어지게 되더라도 자신의 이름을 알리고 업적이 후세에 기억될 수 있다고 가정했을 것이다. 그럼에도, 나는 우리의 첫 조상이 사용한 언어가 바벨에서 언어의 혼란이 있기 전에 언어의 형태나 방언과 발음에서 어떤 변화가 있었다는 것을 추정하게 하는 최소한의 권위 있는 출처를 찾을 수 없다. 홍수 이전의 첫 세대에서 그 후 '언어의 혼란'이 있었던 시대까지, 일반적인 공통의 말이 있었다는 언급을 발견하고 코우엘레스티니(Coelestine)의 말처럼, '인류 언어' 즉 '링구아 휴머나(Lingua humana)'가 있었다는 언급을 발견한 것이 유일하다. 장 데스파뉴(Jean D'Espagne, 1591~ 1659)[14]은 『신의 경이에 대한 논고(Essay of the Wonders of God)』(1662)에서 아담의 언어만이 세상에서 계속 사용되었고 14세대 동안 다른 언어는 없었으며, 이 단일 언어는 헤벨(Heber)[26]의 아들인 팔렉(Phaleg)[27]이 태어날 때까지 계속되었다고 말한다. 크리스토퍼 크리네시우스(Christoph Crinesius, 1584~1629)[15]가 말하길, 바벨탑이 무너지기 전과 바벨탑이 무너질 당시에 그 당시 살았던 모든 사람은 언어의 단일성뿐만 아니라 말의 단일성, 즉 발음의 방식에서도 하나였다. 그러므로 우리는 노아가 '근원 언어'를 그와 함께 방주에 가지고 갔고, '바벨에서 언어의 혼란'이 일어나기 전까지 근원 언어가 순수하고 부패하지 않은 채 계속 사용되었으며 그때까지 "온 땅의 언어가 하나요 말이 하나였다."[28](창세기 11장 1절)이었음이 분명하다.

이제 이 언어가 전 세계의 어떤 곳에 아직도 남아 있는지 살펴보는 것이 우리 연구의 주요 주제이다. 이를 위해 우리는 노아의 방주가 세계의 어느 지역에 처음으로 머물렀는지, 니므롯

---

26 헤벨(Heber): '사귐'이란 뜻. 야곱의 증손자(창 46:17)

27 팔렉(Phaleg): 'Pheleg'로도 불리고, 'Heber'의 아들이다(창세기 11: 16~19).

28 [역주] 웹의 원문은 "The whole Earth was of one Language and one Lip"이다. 공동번역의 "온 세상이 한 가지 말을 쓰고 있었다. 물론 낱말도 같았다."보다 개역개정의 번역이 웹의 의도에 더 가까워 개역개정을 인용한다.

(Nimrod)[29]과 그의 군대가 시날 평원에 들어오기 전에 또는 '언어의 혼란'이 발생하기 전에 어떤 식민지(colony)들이 세워졌는지 살펴봐야 한다. 그렇게 세워진 식민지들은 혼돈된 언어의 저주에 걸리기 쉽고, 그들이 바벨에 없었으면 바벨에서 저지른 범죄에 연루되지 않았을 것이다.

홍수 이후 노아의 방주가 머물렀을 장소에 대해 성경의 창세기 8장 4절에 "방주가 아라랏 산 위에 머물렀다."라는 구절이 있을 뿐이다. 그러나 이 산은 어느 나라에 있는가? 성경은 이에 대해 말하지 않는다. 요세푸스[16]는 아라랏 산이 아르메니아의 언덕에 있다는 베로수스의 말을 인용하여 "배의 한 부분이 아르메니아의 코르디아(Cordiaean) 산에 아직 남아있고 여러 사람이 이 배에서 긁어낸 역청을 특히 부적으로 사용했다는 보고가 있다."고 말한다.[17] 다마스쿠스의 니콜라스(Nicholas Damascenus)[30]는 이 아라랏 산을 바리스(Baris)라고 부른다. 그러나 롤리 경은 여러 논거를 통해 노아의 방주가 아르메니아의 어느 지역에도 머물지 않았

---

29 니므롯(Nimrod): 구약성경에 나오는 인물. 함의 장남인 구스의 아들로 세상에 태어난 첫 번째 장사였으며, "야훼께서도 알아주시는 힘센 사냥꾼"으로 묘사되고 있다(창 10:8~12).

30 다마스쿠스의 니콜라스(Nicholas Damascenus): 유대인 역사가 및 철학자

고, 아라랏 산이 코르디안(Cordiaean) 산맥의 어떤 곳에 있지도 않고, 아라랏 산이 바리스(Baris)산이 아니라는 것을 완전히 증명한 후에, 아르메니아에 또는 바리스산에 아라랏 산과 같은 그런 산이 없다고 결론을 내린다. 이탈리아와 프랑스를 가르는 산맥에 있는 산을 알프스로 부른다. 스페인과 프랑스를 분리하는 산맥을 피레니아로 부른다. 아라랏은 그런 산맥에 있는 어떤 단일 산이 아니다. 그러나 이 산맥은 여러 산의 연속으로 여러 나라에서 하나의 이름으로 불린다. 그래서 리키아의 해안에서 시작하는 긴 산맥은 아르메니아, 메소포타미아, 앗시리아, 메디아, 수시아나, 파르티아, 카라마마, 아리아를 통과하면서 이 산맥의 북쪽 또는 남쪽에 이 모든 왕국을 지나고, 하나의 일반 이름으로 불린다. 플리니우스(Pliny)[31]가 이 높은 산의 산맥을 실리시아(Cilician)[32] 산맥, 파로파무스(Paropamusus) 산맥, 그리고 타우루스(Taurus)[33]의 보편어인 코카서스(Caucasus) 산맥이라 불렀듯이, 마찬가지로 모세

---

31 플리니우스(Pliny, 23-79): 로마의 정치가·박물학자·백과사전 편집자이다.

32 실리시아(Cilicia): 소아시아 남동부의, 타우루스(Taurus) 산맥과 지중해 사이의 고대 국가

33 타우루스 산맥(Taurus Mountains): 터키 남부의 지중해 연안을 동서쪽으로 뻗은 산맥

가 명명한 아라랏은 단일한 산을 의미하는 것은 아니라 일반적
인 명칭이다. 아라랏은 여러 지역과 여러 나라를 나누고 경계를
지으며 다양한 명칭이 생겨났다. 몇몇 해안에 따라 때때로 헬레
스폰트 해협(Hellespont), 폰투스 해(Pontus), 프로폰티스 해(Propontis)
및 보스포루스 해협(Bosphorus)로 불린다. 그러므로 모세가 니므롯
의 지휘 아래 시날 평원에 들어간 모든 백성이 동방에서 왔다고
가르쳤고, "사람들은 동쪽에서 옮아오다가 시날 지방 한 들판에
이르러 거기 자리를 잡았다."(창세기 11장 2절)라고 했다. 이를 고
려할 때, 나는 모세가 논쟁의 여지없이 노아의 방주가 타우루스
(Taurus) 산맥 즉 아라랏에 자리를 잡고 터를 잡았다라고 한 것임
을 확실히 말할 수 있다. 아라랏은 시날에서 동쪽으로, 동인도와
스키타이(Scythia)[34] 사이에 있는 곳이다. 시날의 북서쪽으로 메소
포타미아와 아르메니아 메이저 사이에 있는 곳이 아니다. 아라
랏 산에 대한 베로수스의 잘못된 정보 이후 대부분 작가가 그를
따라 아라랏 산의 위치를 잘못 알고 있다.

　　고로피우스 베카누스(Goropius Becanus, 1519~1573)[18]는 '인도 스키
타이(Indo-Scythia)'에서 노아의 방주가 타르타리아(Tartaria)[35], 페르

34　스키타이(Scythia): 흑해 북부의 옛 지방

35　타르타리아(Tartaria): 서유럽 문헌에서 카스피해, 우랄 산맥, 태평양,

시아 및 인도의 경계에 있는 코카서스산의 정상에 머물렀음을
여러 논거를 들어 주장한다. 그는 그 중에서 동방 국가의 높은 인
구밀구를 근거로 제시하지만 주로 앞서 언급한 성경 구절에 기
댄다. 헤이린[19]도 이 논의에 참여한다. 그는 "만일 그들이 성경
에 명백하게 나와 있듯이 동쪽에서 시날의 땅으로 왔다면, 시날
에서 북쪽으로 조금 휘어져 있긴 하지만 동쪽에 있는 코카서스
의 남쪽에 있는 아시아 지역에서 왔을 것이다. 아르메니아는 시
날의 완전 북쪽에 있을 뿐만 아니라 서쪽으로 많이 기울어져 있
으므로 그들이 아르메니아 메이저의 코르디안 산맥 쪽에서 오는
것은 불가능하다."고 말한다.

성경에 노아가 방주에서 나온 후 한 첫 번째 일은 하느님께 제
를 올리고 구원하심에 감사한 후에 땅을 갈고 씨앗을 심는 것이
었다. "한편 노아는 포도원을 가꾸는 첫 농군이 되었다."(창세기 9
장 20절) 그가 포도나무를 구하기 위해 멀리 가지 않은 것이 명백
하다. 노아가 자식들에게 땅을 배분하기 위해 어떤 조언을 듣기
전에 그곳의 정착지를 기억하고 있었다. 많은 사람은 노아가 처
음 방주에서 나왔던 곳에 머물거나 근처의 동쪽에 자리를 잡았

중국과 인도의 북부 국경으로 둘러싸인 아시아의 광대한 부분을 지
칭할 때 사용하는 포괄적인 용어이다[위키피아].

고 결코 시날에 오지 않았다는 것에 동의한다. 노아는 매우 중요
한 인물이므로 만일 니므롯과 함께 시날로 왔다면 그가 잊히거
나 간과될 수 있는 인물이 아니었다. 롤리 경[20]은 노아가 니므롯
의 군대와 바빌론에 왔다는 언급을 어디에서도 찾을 수 없고, 또
한, 그 이후 히브리인의 이야기에서 노아—그의 생애를 제외하고
는—를 전혀 언급하지 않았다고 말한다. 셈(Sem)이나 노아의 직
계 자손 누구라도 이 복종하지 않는 무리에 속하였거나 바벨의
건축자들에 있었다는 언급도 없다. 그러므로 노아가 방주가 정
박한 곳에서 멀지 않은 곳에서 자리를 잡았을 개연성이 매우 높
다. 노아는 처음 인도에 거주하였고, 니므롯과 그의 무리를 새로
운 곳을 발견하도록 보내기 전에 그의 정착지와 가장 가까운 모
든 지역에 사람을 대거 보냈을 것이다.[21] 롤리 경[22]은 만물에 대한
최초의 지식은 동양에서 왔으며 처음 문명화된 곳은 세계의 동
쪽이며 노아는 그곳의 스승이었다고 말한다. 이로써 오늘날까지
동쪽으로 갈수록 더 문명화되고, 서쪽으로 갈수록 더 미개했다.

　헤이린[23]도 롤리 경의 논점이 매우 설득력이 있다고 하며 이러
한 주장에 동조한다. 헤이린은 노아가 동쪽에 정착하였고 니므
롯과 그의 무리를 다른 정착지를 찾도록 밖으로 보내기 전에 그
가 정착한 곳과 가장 가까운 모든 지역에 이미 사람을 보낼 필요

가 있었다고 말한다. 또한, 헤이린은 노아의 아들의 몇 세대와 이들의 이산을 샅샅이 뒤진 후 연구 결과를 밝혔다. 그의 연구에 따르면, 이들은 성경에 기록된 인물로 몇몇 부족의 족장과 지도자들로 바벨의 건설 기획에 참여하고 이후의 이산과 관련된다. 노아의 긴 계보를 이은 것은 이들이었다. 그들이 100년 동안—적어도 대홍수로부터 바벨이 건설되기까지의 긴 시간이었음이 분명하다—세상을 새로운 사람으로 채웠다면 총 16명의 아들과 그 16명 중 자식이 없이 죽은 10명으로는 불가능했을 것이다. 홍수 이후 지금까지 태어난 모든 사람이 영감을 받아 한곳에 모일 수 있다고 생각하는 것도 무리이고, 모인다고 해서 실익이 없는 그런 일에 참여할 것이라는 추정하는 것도 무리이며, 노아나 셈이 그들 가운데 있으면서 그들이 하는 어리석은 짓을 방치했을 것으로 생각하는 것도 무리이다. 그래서 나는 롤리 경과 헤이린에 동의한다. 이들에 따르면, 노아는 방주가 머문 땅에서 가장 가까운 지역에 정착한 후에 가능한 한 면 동쪽의 편안한 곳에 플랜테이션을 심고, 남은 나머지 사람들은 한 두 사람의 인도로 그가 홍수 이전에 거주했던 곳인 시날 땅으로 보냈을 것이다. 그들은 매우 부지런한 사람이다. 그럼에도 누구도 노아나 셈과 야벳이 세운 나라와 노아의 후손 중 한 사람이 세운 플랜테이션에 대해 전혀 언급하지 않는다. 헤이린은 이 점이 그들이 나머지 사람들과 함께 시날 평원에 온 것이 아니라 하느님께서 그들을 심으신 그 장소에 그대로 머물렀다는 것을 보여주는 매우 강력한 논증이라고 말한다.

퍼차스(Samuel Purchus, 1577~1626)[24]는 노아가 홍수 이전에 시리아—아마 그는 '세리카(Serica)'를 '시리아(Syria)'로 착각했을 수도 있다—에 살았다고 생각한다. 그곳이 시리아든, 시날 땅이든, 아니면 다른 어느 곳이든 상관없다. 요세푸스는 노아가 태어난 곳을 버리고 아내와 가족과 함께 다른 지역으로 가서 그곳에서 방주를 지었다고 확언한다. 지금은 그가 어떻게 되었는지, 어디로 갔는지 불확실하다. 그럼에도 윌렛[25]은 노아가 니므롯, 그의 무리와도 함께 하지 않았고, 그들과 전혀 관련이 없었음이 확실하다고 말한다. 성경은 노아의 나머지 행적에 대해 언급하지 않지만, 그는 종교를 전파하고 인류의 유익을 위해 가장 훌륭한 일을 했을 것이 틀림없다. 모세가 이에 대한 언급과 신성한 선조들의 계보에 대한 언급을 생략한 것은 아브라함의 이야기를 서둘려야 했기 때문이다.

고로피우스[26]는 노아가 뒤에 남았고 나머지 사람들과 함께 시날 평원에 오지 않았다는 의견에 동의한다. 마찬가지로 그는 홍

수 이후 사람들이 처음에는 아라랏에 정착하고 그 이후는 시날
평원에 정착하고 둘 중 한 장소에서 세계 여러 곳으로 흩어진 것
이 분명하다고 단언한다. 고로피우스의 말에 따르면, 노아 일행
의 누구도 뒤에 남지 않고 모두 함께 시날에 갔다고 생각하는 사
람이 있다면, 그 사람은 인류의 두 번째 조상들이 모두 불확실
한 거주지를 찾아 확실한 거주지를 떠나고, 열린 들판 찾아 안
전한 집을 떠나고, 미지의 목초지를 찾아 잘 아는 목초지를 떠
날 정도로 몰상식한 사람으로 비판하는 매우 어리석은 사람이
다. 요세푸스뿐만 아니라 에우세비우스(Eusebius), 성 예로미모(St.
Hierome) 및 여러 사람이 단어 하나하나까지 모두 기억하는 시빌
라(Sibylla)[36]의 시구절 또한 모두가 함께 시날에 온 것은 아닌 것
같다고 말한다. 고로피우스는 시빌라의 이 구절을 "모든 사람이
하나의 동일 언어를 사용할 때, 그들 중 일부는 하늘에 오르는 듯
가장 높은 탑을 쌓았다."[27]로 옮긴다. 롤리 경이 언급한 것처럼 시
빌라가 '그들 중 일부'―단지 일부만―가 탑을 지었다고 한정해
서 말한 것과 모세가 바벨을 건축한 사람들이 동쪽에서 서쪽으
로 왔다고 한 증언으로 판단해 볼 때, '모두'가 니므롯과 함께 시

---

36 시빌라(Sibylla): 그리스 신화를 비롯하여 여러 신화에 등장하는 무녀
이다.

날에 온 것은 아니었고 나머지는 동쪽 지역에 남아 있었다는 것
이 명백하다. 그러므로 그들 '모두'가 함께 시날에 간 것은 아닌
것으로 보아 모두가 탑을 건축할 때 있었던 것은 아니다. 성경도
그들이 그렇게 했다고 말하지 않는다. 성경에 '모두' 한 언어였다
고 분명히 표현하지만, 이와 달리 그들 '모두' 갔다는 명확한 표
현은 없다.

　더욱이, 세계의 동쪽 지역에 무수한 인구가 먼저 번성했고,
언어의 혼란 이후에 그 땅에 들어간 사람 중 누구도 그 전에 어
떤 식민지를 세웠다는 보고가 없다. 그런 점에서, 바벨로 이동하
기 전에 동쪽 나라에 사람들이 살고 있었다는 것을 무수한 사람
들이 확신한다. 사실, 바벨로 이동했다고 해서 동쪽 나라가 폐허
가 된 것이 아니었다. 그곳에는 여러 도시와 그 도시를 형성하기
에 충분한 사람들이 있었다. 이것은 조로아스터와 스타우로바테
스의 군대가 대규모였다는 것에서 알 수 있다. 조로아스터는 그
의 왕국인 박트리아(Bactria)에서 들판으로 나아가 전사 40만명의
군대를 가진 앗수르의 군주인 니누스에 맞선다. 헤이린[28]은 이것
은 박트리아가 대홍수 이후 어떤 지역보다 빨리 인구가 증가했
다는 것을 명백히 보여준다고 말한다. 만약 박트리아가 시날에
서 보낸 식민지로 세워졌다면 조로아스터는 니므롯의 세 번째

계승자인 니누스 시대에 그토록 강력한 군대를 일으키지 못했을
것이다. 인더스강 너머에 있는 인도의 왕인 스타우로바테스는
세미라미스의 침략을 받았다. 당시 세미라미스의 군대는 300만
명의 보병과 100만 명의 기병, 그 외에 육지와 바다를 지키는 다
른 강력한 군대도 가지고 있었다. 롤리 경[29]은 우리가 단지 그 수
의 1/3만이라도 사실이라고 믿는다면 인도는 홍수 이후에 사람
들이 들어가 세운 첫 나라라는 것을 증명하기에 충분하다고 말
한다. 왜냐하면 스타우로바테스는 세미라미스의 군대보다 많은
군대로 맞섰기 때문이다. "스타우로바테스는 자신의 백성으로
세미라미스보다 많은 군대를 일으켜"[30]—디오도로스 시쿨루스
(Diodorus Siculus, B.C. 60~B.C.30)에 따르면—그녀를 물리쳤다.

　이제 도시와 탑의 건설에서 볼 수 있듯이 니므롯이 바벨로 이
끈 대규모 군대를 고려할 때, 세미라미스가 니므롯보다 더 많은
수의 군대를 쉽게 징집할 수 있었다. 왜냐하면 니므롯의 아들이
벨루스(Belus)이고 벨루스의 아들이 니누스이고 세미라미스는 니
누스의 아내였기 때문이다. 만약 바벨과 언어의 혼란이 일어난
이후 보낸 식민지로 인도의 인구가 증가했다면, 하느님께서 돌
로 군대를 일으키는 그런 기적이 일어나지 않는 한, 스타우로바
테스의 군대 규모가 세미라미스를 능가하는 그런 일은 불가능했

을 것이다. 롤리 경에 의하면, 그런 경우 어떤 자연 증식으로도 세미라미스의 군대보다 많은 사람을 낳을 수가 없기 때문이다. 당시 인더스강 너머의 인도는 스타우로바테스 시대이었다. 노아와 함께 남아 있던 사람들이 이미 그곳에 번성했고 그들은 시날로 결코 내려오지 않았다. 또한, 그들이 그 당시 더 먼 지역으로 갔다는 것을 의심할 필요가 없다. 인구가 증가하고 새로운 곳에 가고자 하는 열망으로 그들은 다른 곳으로 이동하거나 아시아의 더 먼 지역으로 식민지를 보냈다. 이들은 마침내 가장 먼 지역인 중국에 정착했다. 헤이린[31]은 중국에는 원래 바벨의 사건이 있기 전에 노아의 후손 중 일부가 살고 있었다고 결론 내린다. 이에 대해서는 나중에 논의하겠지만, 나는 마케도니아의 알렉산더 대왕의 행적을 기록한 사람들이 그의 모든 이동과 과업 중에서 인더스강과 나란히 놓여 있는 그 작은 포루스 왕국에서 가장 많은 도시와 사치를 발견했다고 말한 것을 이러한 주장의 추가 증거로 제시하겠다.

그러나 여기서 우리는 헤이린[32]의 말을 추가로 들을 필요가 있다. 그는 인도의 오래된 거주민들을 열거하면서 그들이 "시날로 가기 위해 이 동쪽 지역을 떠나기 전"의 노아의 아들들의 후손이었다고 한다. 그렇지 않으면 우리는 이곳이 세미라미스 시대

에 인구가 그토록 많은 것을 발견할 수 없었을 것이다. 스타우로
바테스가 세미라미스에 대적하기 위해 그 당시 오로지 인도 출
신으로만 구성된 4백만 이상의 대규모 군대를 일으켰는데, 이는
몇 개의 나라를 세울 수 있는 정도로 큰 규모였다. 만약 그 인도
인들이 바벨에서 보낸 식민지의 일부라면 즉 첫번째 모험가의
통솔로 그곳에 가서 세운 식민지이거나 이 이후 두 번째 또는 세
번째 무리가 세운 식민지이라면 그 규모는 400만명의 4분의 1인
100만명도 되지 못했을 것이다. 왜냐하면, 바벨탑 건설에 참석한
최초의 모험가 중 어떤 이가 먼 동방으로 이동하여 정착지를 세
웠는지를 연구자들이 열심히 찾았지만 이를 확인하지 못했기 때
문이다. 그래서 누가 만들었는지 확실히 말할 수 없지만 나는 '인
도의 플랜테이션이 바벨의 플랜테이션보다 앞선다'는 것을 부
정할 수 없는 것으로 받아들인다. 그러나 내 생각을 자유롭게 표
현할 수 있다면, 그가 다음과 같이 말한 것으로 믿고 싶다. 페르
시아의 모든 동쪽 지역과 중국, '그리고 두 개의 인도에 셈의 아
들들이 살았고 그들은 다른 사람들과 함께 시날로 가지 않았다.'
야벳의 후손들이 소아시아의 가장 큰 부분과 유럽의 전체 대륙
과 섬에 정착하고, 함의 후손들이 바빌로니아, 팔레스타인, 3개
의 아라비아 및 아프리카 대륙 전체에 퍼지는 동안, 셈의 후손들

이 다른 모험가들이 차지한 일부 속주보다 작은 큰 아시아의 한 구석에 틀어박혀 있었다고 추정하는 것은 타당하지 않기 때문이다. 그래서 셈의 후손들에게 동일 넓이의 땅을 허용할 수 있다. 나는 그들이 이들 동쪽 나라에 정착한 후 이런 식으로 뻗어 나가는 것이 불가능한 일이라고 생각하지 않는다. 그들의 인구는 '다른 모험가들이 새로운 행운을 바벨탑에서 구하기 전'에 증가하였기 때문이다. 헤이린의 의견은 이러하다. 그는 동일 단락에서 바벨에서 이산하기 전에 세워진 플랜테이션을 연구하는 우리의 현재 조사와 관련된 네 번의 의미심장한 언급을 하였다.

그러나 여기서 나의 견해는 아타나시우스 키르허(Athanasius Kircherus, 1602~1680)가 『중국 도설(China illustrata)』에서 한 주장과 대립된다. 키르허는 함이 이집트에서 나온 후 그의 후손들이 중국에 갔으므로 셈의 아들들 중 누군가가 그곳에 가거나 바벨의 혼란 전에 그곳에 가는 것은 가능하지 않다고 말한다. 나는 키르허 자신의 말을 인용하여 그를 반박하고자 한다. 이를 통해 독자들은 그의 주장의 근거가 약하다는 것과 그처럼 매우 학식 있는 사람이 그런 엉뚱한 생각을 할 수 있는지 놀랄 것이다. 그의 주된 유일한 주장은 함의 후손인 이집트인들이 상형 문자를 사용했고 중국인들도 상형 문자를 사용했기 때문에 그들이 함의 후손이라

는 것이다. 만약 멕시코인들이 조상을 원하면 키르허에게 물어
볼 수 있다. 그럼 그는 즉시 그들이 이집트인처럼 상형 문자를 사
용하므로 함의 자손 중 일부가 멕시코에 왔다고 알려줄 것이다.
그러나 그의 논리대로라면, 애굽 사람이 히브리인과 마찬가지로
할례를 받으므로 히브리인은 함의 후손이라고 해야 하지 않겠는
가. 키르허는 "나는 확실히 중국의 고대 문자가 모든 것에서 상
형 문자를 모방하므로 이것은 매우 타당한 주장이라 믿는다."[33]
라고 말한다.

　　그러나 롤리 경[34]이 중국인이 이집트인과 페니키아인보다 훨
씬 앞서 문자를 사용하고 있었다는 점을 확실히 보여줄 것이다.
알바레즈 세메도(Alvarez Semedo, 1585~1658)[35]는 키르허가 중국에 함
의 플랜테이션을 도입하기 수년 전에 당시 중국인들은 상형 문
자에서 추상화한 오늘날 사용하는 글자와 동일한 글자를 사용했
다고 한다. 보시우스[36]는 그들이 지구상에 존재했던 그 어떤 사
람들보다 훨씬 앞서 문자를 사용했다고 주장한다. 마르티노 마
르티니(Martino Martini, 1614~1661)[37]는 중국은 아시아의 다른 모든
지역보다 일찍 문자를 사용했으며 "홍수 발생 여러 해 전에 중국
인들이 문자를 발명했다."[38]라고 주장한다. 무슨 말이 더 필요하
겠는가? 키르허[39]—그의 계산대로라면—도 바벨의 이산이 있기

몇 세기 전에 중국에 정착지가 심어졌다는 것과 이들이 그들의 문자를 만들었다는 것을 인정하게 될 것이다.

이것으로 키르허를 반박하기에 충분하지만, 그가 함이 식민지를 어떻게 이끌었다고 주장하는지 살펴보자. "함은 처음에 이집트에서 페르시아를 거쳐 그곳에서 박트리아로 그의 식민지를 이끌었고, 우리는 그가 박트리아의 조로아스터 왕과 동일인이라고 결론 내린다. 그러나 페르시아의 가장 먼 지역인 박트리아는 모고르(Moger) 왕국 또는 인도스탄(Indostan)과 경계를 이루고 있으며, 따라서 아주 적절한 기회에 자극을 받아 그곳에서 거주 가능한 세계의 가장 큰 나라인 중국으로 식민지를 쉽게 이전했을 것이고 이때 문자의 초기 요소를 가지고 갔을 것이다. 그들은 아버지 함과 그의 아들 미스라임(Misraim)[37]의 고문관인 머큐리우스 트레즈메기스투스(Mercurius Tresmegistus)와 상형 문자의 첫 번째 발명가로부터 이 문자에 대한 초보적인 지식을 얻었다."고 말한다. 함은 애굽에서 나가 박테리아로 갔다고 볼 수 없다. 롤리 경[40]은 함이 이집트에 도착한 후 그곳을 떠나지 않고 살다 대홍수 이후 352년 되는 해에 사망했다고 말한다. 헤이린은 최근에 박트리아

──────

37 미스라임(Mizraim): 함의 아들이다. 또한 함의 후손들이 거하는 땅인 애굽(Egypt)을 가리키는 히브리어이다.

가 대홍수 이후 어느 나라만큼 빨리 인구가 번성했고, 박트리아에 시날에서 보낸 하나의 식민지만 있었다면 그들은 대규모 군대를 끌고 온 니무스에 대적할 수 없었을 것이라고 말한다. 하물며 훨씬 더 많은 시간이 경과한 후 애굽에서 온 식민지가 박트리아에 정착했다면 그 결과는 말할 필요도 없을 것이다. 롤리 경은 함이 대홍수 발생 191년 후 이집트에서 왕국을 시작했다고 본다. 그리스인들이 헤르메스라고 불렸던 머큐리스 트리스메기투스도 이름이 많이 있었는데, 이들을 구별하기는 어렵다. 그들 중 두 명은 이집트에서 유명했고 신으로 숭배되었다. 아마 여기서 의미하는 한 사람은 힐루스(Hylus)의 아들이었다. 보카치오(Giovanni Boccaccio, 1313~1375)[41]는 유대인들이 신성사문자(Tetragrammaton)[38]를 말하는 것을 두려워하듯이 이집트인들은 힐루스의 아들의 이름을 말하는 것을 두려워한다고 말한다. 다른 한 사람은 트리스메기투스(Tres-Megistus)의 아들로, 그의 아버지는 지혜로운 그를 '캐스(Cath)'라고 불렀다. 그러나 이 두 사람 중 누가 이집트인에게 문자 사용법을 가르쳤는지에 대해 작가들의 이견이 크다. 그들

---

38 테트라그라마톤(tetragrammaton): 야훼의 4자음 문자(히브리어에서 [하느님을 나타내는 4자; YHWH, YHVH 등)

이 살았던 시대에 대해서도 마찬가지이다. 이삭슨(Isaackson)[39] 등
은 그들을 아브라함이 하란이나 차란에서 가나안 땅으로 부르심
을 받은 때와 동시대의 인물로 본다. 다른 사람들은 야곱의 아들
인 요셉이 가장 먼저 문자를 가르쳤다고 생각한다. 다른 사람들
은 모세라고 생각한다. 롤리 경과 일부 역사가들은 중국인들은
적어도 모세 시대보다 500년 전에 오늘날의 문자를 향유했지만
유대인들은 모세 시대가 되어서야 비로소 문자를 향유했다고 말
한다.

요세푸스[42]는 유프라테스에서 시작하여 인도양까지 확장된
아시아의 나라에 거주했던 이는 바로 셈(Sem)이라고 말한다. 퍼
차스(Purchas)[43]는 셈의 후손들은 유대에서 동쪽인 아시아 지역으
로 갔다고 말한다. G. J. 보시우스(G. J. Vossius, 1577~1649)[44]는 셈의
후손들이 아시아의 동쪽 지역과 일부 남부 지역에 살았다고 말
한다. 릴리와 헤이린과 아인워스(Henry Aynsworth, 1571~1622)[45]는 지
금까지 살펴보았듯이 그들의 주장에 동의하지만, 함과 그의 후
손들이 아시아의 남부와 아프리카를 차지했다고 주장한다.

또한, 롤리 경[46]은 함은 조로아스터가 될 수 없으며 그것은 가

_____

39 [역주] Isaackson: Geradus Vossius의 아들인 'Issack Vossius'로 추정
    됨.

능성이 희박한 공상이라고 말한다. 함은 니누스의 부계 조상이고, 구스(Chus)의 아버지이고, 니므롯의 할아버지이고, 니므롯은 벨루스(Belus)의 아버지이고, 벨루스는 니누스의 아버지이고, 니누스가 박트리아에서 조로아스터를 죽었다는 것에 역사학자들이 만장일치로 동의한다. 그러므로 함은 이집트에 정착한 후 그곳을 나가 박트리아로 간 적이 없다. 함은 박트리아의 조로아스터 왕이 될 수 없다. 또한 함이 그때부터 계속 식민지를 중국으로 보냈다는 키르허의 주장과 달리 함은 그렇게 할 수 없었다. 노아가 직접 혹은 셈의 아들 중 누군가가 홍수 이후 처음 중국에 식민지를 세웠을 개연성이 높다. 이것은 시날로 이동하기 전의 일이다. 우리는 중국인의 신학 원리는 사악하고 우상 숭배하는 저주받은 함의 족속이 아닌 하느님의 도성 사람들의 것임을 곧 알게 될 것이다.

제2장

근원 언어

동방의 가장 외딴 지역은 바벨의 이산이 있기 전에
식민지가 세워졌다. 언어의 혼란이 있기 전 온 땅은 하나의 언
어와 하나의 말을 사용했다. 반박하기 어려운 것은 노아와 그와
함께 남은 사람들은 시날 평원에 오지 않았고 결과적으로 그곳
에 없었으므로 바벨탑 건설의 헛된 시도에 연루되지 않았다. 그
들은 바벨의 혼란과 관련이 없었으므로 언어 혼란의 저주를 받
지 않았다. 그리하여 그들은 노아에게서 받은 근원 언어를 유지
하였다. 니므롯과 그의 군대가 근원 언어를 시날 평원으로 가지
고 간 것과 마찬가지로 그들은 영원히 정착한 동쪽의 몇몇 플
랜테이션에 근원 언어를 가지고 갔다. 고로피우스[47]는 킴메르인
(Cimmerians)[1]은 바벨의 혼란 때 없었으므로 그들의 언어가 근원
언어임이 분명하다고 말한다.

그러므로 고로피우스[48]는 뒤에 남아 마르기아나[2]에 식민지를

---

1   킴메르인(Cimmerians): 인도-유럽어를 사용하는 민족으로 기원전 8세
     기 전에 러시아 남부에 살았다고 한다.
2   마르기아나: 마르기아네(Margiane[그리스어, 라틴에])라고도 함. 중앙아

세웠던 이들은 바벨탑이 건설될 때 그곳에 없었으며, 당시의 언어는 일부 제한된 곳이 아닌 시날뿐만 아니라 그 밖의 모든 곳에서 보편적으로 사용되었으므로, 바벨의 혼란 이전 세계 공통 언어였던 '고대' 언어가 바벨의 혼란에 연루되지 않는 마르기아나에 남아 있었다는 것은 당연하다고 말한다. 롤리 경[49]은 칼데아의 셈족은 니므롯의 군대에 속했고 그와 함께 시날 평원으로 이동하였지만, 그들은 하느님을 불신하는 바벨 건설에 동참하지 않았으므로 제1세대가 노아에게 물려주고 노아가 셈과 그의 후손들에게 물려주었던 가장 오래된 최초의 언어를 유지하였다고 추측한다. 헤이린[50] 또한 방주가 머문 장소에 가장 가까운 곳으로 식민지를 보낼 때 세워진 일부 플랜테이션은 언어의 혼란 전에 만들어졌으므로 언어의 혼란과 관련이 없다고 추정한다. 그러나 이에 대한 동의가 아무리 일반적이더라도 신성한 역사가 명백하게 우리에게 바벨에 있었던 '이들의' 언어만이 혼란을 겪었고 거기에 없었던 '이들의' 언어는 혼동을 일으키지 않았으며 그 그릇된 일에 대해 죄가 없다고 우리에게 가르치는데 세속적인 증언이 왜 필요하겠는가. 성스러운 필자인 모세는 창세기 11

───── 시아의 무르가브 강 유역의 지방을 부르는 옛 이름

장 5~8절에서 다음과 같이 말한다. "야훼께서 땅에 내려오시어 사람들이 이렇게 세운 도시와 탑을 보시고 생각하셨다. '사람들이 한 종족이라 말이 같아서 안 되겠구나. 이것은 사람들이 하려는 일의 시작에 지나지 않겠지. 앞으로 하려고만 하면 못할 일이 없겠구나. 당장 땅에 내려가서 사람들이 쓰는 말을 뒤섞어놓아 서로 알아듣지 못하게 해야겠다.' 야훼께서는 '그들을' '거기에서' 온 땅으로 흩으셨다. 그리하여 사람들은 도시를 세우던 일을 그만두었다."

이에 대한 유일한 해석은 바로 '그곳', 즉 인도나 다른 장소가 아닌 바빌로니아의 그 장소에 있던 언어만이 혼잡하게 되었다는 것이다. 마찬가지로 '그들의' 언어 즉 니므롯과 함께 이 서쪽 식민지로 왔던 이들의 언어가 혼잡하게 되었고 노아의 언어와 동양에 세운 그의 플랜테이션의 언어는 그렇지 않았다는 것이다. 다시 말하면 '그들', 정확히 말하면, 탑을 세웠던 '사람의 자손들이' '서로의 말을 이해하지 못했지', 그 일과 아무런 관련이 없었던 후손들은 그렇지 않았다는 것이다.

더욱이 주께서 '그들을' '거기에서' 밖으로 흩으셨다. 롤리 경[51]은 "주께서 '그들' 즉 이 탑을 세웠던 이들을 흩으셨다는 것 외의 다른 의미가 없다. 왜냐하면 이들은 '거기에서' —더 정확하게 말하자면 바벨—에서 북쪽과 남쪽의 모든 지역과 서쪽으로 흩어지게 되었기 때문이다. 동쪽은 그 이전에 사람이 살고 있었다."라고 말한다.

그러나 맥락을 살펴보자. 중요한 장면은 바로 시날 평원이었다. "그들이 시날 지방 한 들판에 이르러 거기 자리를 잡았다."(창세기 11장 2절) 그 죄지은 자들은 니므롯과 그의 군대였다. "또 사람들은 의논하였다. '어서 도시를 세우고 그 가운데 꼭대기가 하늘에 닿게 탑을 쌓아 우리 이름을 날려 사방으로 흩어지지 않도록 하자.'"(창세기 11장 4절) 심판에 대한 두려움이 그들에게 심판을 내리게 하였다. 죄지은 자들은 시날에 있던 자들에 한정되므로 시날에 있던 자들의 언어만이 혼잡해졌다. 주님께서 말씀하셨다. "당장 땅에 내려가서 사람들이 쓰는 말을 뒤섞어놓아 서로 알아듣지 못하게 해야겠다."(창세기 11장 7절) 벌은 죄가 있었던 곳 그리고 죄를 지었던 사람들에게만 정당하게 가해졌다. 아무도 타인의 잘못에 대해 책임지지 않을 것이다. 이것이 율법과 복음이다. "죽을 사람은 죄를 지은 장본인이다."(에스겔 18장 20절) "우리가 다 그리스도의 심판대 앞에 나가는 날에는 우리가 육체에 머물러 있는 동안에 한 일들이 숨김없이 드러나서 잘한 일은 상을 받고 잘못한 일은 벌을 받게 될 것이기 때문이다."(고린도후서 5

장 10절) 그리고 나는 우리 성경의 주석을 생략하지 않을 것이다. 왜냐하면 우리가 다루고 있는 성경을 명확히 설명하는 주석인 솔로몬의 지혜의 10장 5절에 다음과 같이 적혀 있기 때문이다. "더욱이, 그 악한 음모에 있는 열방들이 당황하여, 그녀[지혜]는 의인을 찾아내고 그를 하느님께 흠 없이 보호하고 그의 아들의 부드러운 긍휼에 대항하여 그를 강하게 하였다." 이것은 특히 아브라함이 이삭을 희생했음을 암시한 것으로 생각할 수 있지만, 일반적으로 가장 명백하고 가장 확실한 것은 탑을 건축한 음모에 죄가 있는 자들의 언어만이 혼잡스럽게 되었고 그들만이 죄가 있는 것으로 판결 받았다는 것이다.

이처럼 성경과 공인된 역사에서 다음을 명백하게 보여준다. 방주가 동방에 정박했고, 노아는 방주가 터를 잡은 곳에서 멀리 않는 곳에 자리를 잡았고, 그곳에서 노아와 그의 후손들이 거주하면서 세상의 동쪽 지역과 중국으로 갔고, 시날로 이동하기 전에 언어의 혼란이 있기 전에 이러한 플랜테이션을 기획하고 그곳에 심었던 이들은 절대 바벨로 오지 않았으므로, 그들은 그 주제넘은 일에 개입될 수 없었다. 그러나 롤리 경[52]은 노아의 자손 중 누가 그와 함께 있었는지, 욕단(Joctan)의 아들이었는지, 나머지 모든 사람 중—함과 그의 후손은 제외한다— 몇 명이 있었는지 알 수 없다고 말한다. 그럼에도 그 수가 노아가 정착시켰던 이러한 플랜테이션을 경작하기에 충분할 뿐만 아니라 상황이 요구되면 다른 곳으로 식민지를 내보내기에 충분할 만큼 컸다는 것을 의심하기 어렵다.

성경은 또한 '혼란스러운 언어'의 저주는 바벨에 있던 사람들과 그곳에서 개인적으로 그 불경한 계획을 행한 사람들에게만 내려졌다고 분명하게 선언한다. 따라서 우리는 다음 중 하나를 확실히 결론 내릴 수 있다. 첫째, 근원 언어는 바벨에 없었고 거기에서 죄를 짓지 않았던 이들이 바벨의 음모 전에 만든 플랜테이션에서 발견된다. 둘째, 그렇지 않다면 지금 현존하는 오늘날 알려진 어떤 나라에도 근원 언어가 사용될 수 없다. 이는 오직 죄를 지었던 바벨의 백성이 시날에서 사람이 살지 않는 땅의 다른 모든 곳으로 흩어졌듯이 마찬가지로 그들이 시날에 가지고 왔던 언어만이 유일하게 그들이 지은 죄 때문에 혼잡하게 되었다. 이 언어가 몇 개의 다른 언어로 나누어지게 되었고 오늘날 우리가 '모국어'로 부르는 언어의 수가 72개에 이른다. 이것을 흔쾌히 받아들이는 사람은 나를 불쾌하게 하지 않을 것이다.

이제 여기에서 헤이린은 나와 친구가 될 정도로 정중하게 이의를 제기한다. 노아와 뒤에 남았던 사람들이 홍수 이전에 선조

의 공통 언어—히브리어든 그 밖의 무엇이든—와 동일한 언어를
사용했다는 주장에 반대할 이유가 없어 보인다. 그러나 시간이
지나면서 다른 언어를 사용하는 나라와의 상업과 교류로 그 하
나의 공통 언어가 몇 개의 언어나 동일 언어의 방언들로 분기될
수 있다는 점에 대해서는 서로 의견이 다를 수 있다. 이에 대해
다음의 답변이 가능하다. 상업과 교류뿐만 아니라 시간과 정복
도 언어의 변화를 일으킬 수 있지만, 정복의 종류가 다양하고 교
류와 상업의 성격이 다르므로 언어의 변경은 모든 방식의 상업
과 정복에 영향을 받는 것은 아닐 수 있다.

　한편 침략자가 원주민을 완전히 추방하고 그들의 것을 빼앗
겠다는 결의에 차서 한 나라에 들어갈 경우, 필연적으로 그 나라
의 말은 정복된 상태에서 절대적인 변화를 겪게 된다. 그리하여
이 정복자가 가지고 온 언어만 남고 그외 다른 언어는 살아남지
못한다. 이것이 성공한 예는 이스라엘인들이 가나안 땅을 정복
했을 때이다. 이스라엘인들은 일반적으로 가나안 사람들을 추방
하고 자기들의 언어—무엇이든 간에—를 들이고 가나안의 언어
를 말살했다. 또한 정복자가 한 나라를 제거하거나 —내가 말할
수 있는 것처럼— 피정복국의 온 나라 사람들을 포로로 끌고 갈
정도의 완전한 정복을 이룰 수 있다. 그런 경우 피정복민의 언어

는 명백한 변화를 거친다는 것이 의심의 여지가 없다. 그리하여 바빌론에서의 포로 생활이 그토록 짧았음에도 유대인들은 말을 완전히 잃어버려 집으로 돌아왔을 때 그들 자신의 율법서를 해석해주는 사람이 없으면 율법을 이해하지 못할 정도였다. (느헤미야 8장 7절, 8절)

　다른 한편 침입자가 들어가서 새로운 거주지를 소유하고 자신과 백성들이 살기 위해 들어오는 경우가 있다. 그가 원주민을 포로로 다른 곳에 데려가거나 완전히 추방하지 않을 때 그 나라의 오래된 언어는 근절될 수 없지만 변할 수 있다. 새로 온 자들과의 오랜 섞임으로 일반적으로 새로운 유형의 언어가 된다. 따라서 훈족, 고트족, 롱고바르드족의 침략과 그들의 정복은 이탈리아에 새로운 언어를 가져왔다. 그리고 고트족과 반달족, 사라센족, 무어족이 스페인으로 들어왔다. 마찬가지로, 외국의 적이 명예와 영광에 대한 야심 찬 열망과 그의 이름을 영원하게 하려는 목적으로 한 나라를 침입하였다가 승리를 거둔 후에 토착민이 복종을 인정하기 위해 경의를 표하는 특정 공물을 받은 후 그 나라를 다시 방면하는 경우가 있다. 그러면 그 나라의 언어가 변하는 것은 불가능하다. 알렉산더 대왕이 들어가자마자 바로 나왔던 포루스 왕국이 그러한 정복을 통해 그 언어가 변경되거나 타락하게 될 것이라 상상하기 어렵다. 영국의 스코틀랜드 침공이 픽트어[3] 또는 스코틀랜드어를 전혀 바꾸지 못했듯이 프랑스인의 이탈리아 정복은 이탈리아어를 바꾸지 않았다.

승리자가 피정복자의 예절과 관습을 따르고 그가 정복한 자의 언어, 예술 및 과학을 자신의 나라로 가지고 오는 다른 유형의 정복이 있다. 로마인들은 그리스를 정복한 후 그리스의 조각, 회화 및 언어를 로마로 가져왔다. 플루타르크(Plutarch)는 카토(M. Cato)의 생애에서 대부분의 로마인들이 그리스를 연구했다고 우리에게 말한다. 그러나 그로 인해 라틴어가 부패된 것이 아니라 오히려 세련되어졌다. 라틴어가 세련되어졌다면, 모든 세련은 변화이므로 라틴어는 변했다. 그러나 혹자는 이것은 목표한 것과 완전히 반대된다고 말할 것이다. 이 경우에는 정복자가 피정복민의 언어를 변경한 것이 아니라 피정복민이 정복자의 언어를 바꾼 것이다. 마찬가지로 로마인들은 아시아를 정복함으로써 사치와 폭동을 배우고 비단을 입고 나약하게 사는 법을 배웠다. 한편 아시아인들은 총독이자 주인인 로마인들에게 고대의 절제, 검소 그리고 규율을 배웠다. 또 한 예에는 마케도니아인이 오래

3 　픽트어(Pictish): 픽트인(로마 제국 시기부터 10세기까지 스코틀랜드 북부와 동부에 거주하던)이 사용하던 언어로 현재는 사어이다.

전에 페르시아를 정복했을 때 언어와 의복뿐만 아니라 규율과 관습에서 페르시아인이 마케도니아인이 된 것이 아니라 마케도니아인이 페르시아인이 되었다. 이런 일은 모든 역사가 알려주는 바와 같이 정복자가 야만족이거나 피정복민만큼 문명화되지 않은 곳에서 자주 발생하는데 때로 정복자는 정복이 성공한 이후 나약해지고 방탕한 삶에 푹 빠져 모국의 관습을 멸시한다.

'시간'이 언어 변경의 결정적인 요소가 될 수 있다. 특히 상업이 수반될 때 그러하다. 우리는 이제 초서 시대에 사용된 언어를 거의 이해하지 못한다. 그러나 라틴어는 카이사르 시대부터 모든 정복과 교류에도 불구하고 전혀 변화하지 않았다. 전반적으로 1,500년 전보다 오늘날의 우리가 라틴어를 더 잘 이해하는 것으로 볼 수는 없지만, 그때와 마찬가지로 우리는 라틴어를 읽고 쓸 수 있다.

마지막으로, '교역 및 상업'이 변화의 요인이 될 수 있다. 한 나라의 내륙뿐만 아니라 국경이나 해안에서 일반적인 상업이 허용되고 모든 이방인에게 무역과 거주에 대한 자유로운 접근이 허락되는 나라에서, 언어의 변화가 점진적으로 일어날 수 있다. 그리고 그러한 예는 우리 가까이에 있다. 우리 영국인에게는 색슨어가 주로 이 방법에 의해 노르만 시대 이후 완전히 사라져 버렸다. 라틴어화, 이탈리아어화, 프랑스어화, 그리고—우리가 진정 붙여야 할 표현인—'세련화', 또는 '무-의미화함'으로써 우리 고대 언어는 너무도 부패하고 변화하여 우리는 색슨어로부터 매우 멀어져 오늘날 우리의 '모국어'에 중요한 단어가 단 하나도 남아 있지 않을 정도이다.

반대로 해안과 국경에서만 상업과 교류가 허용될 때 내륙 지역에서는 토착민의 언어가 변화를 전혀 겪지 않고 그대로 남아 있을 수 있다. 카이사르는 영국 해안에서 갈리아어(Gaulish Language)의 일부 발자취를 발견할 수 있었지만 내륙—그가 깊이 들어가지 않았지만—에서는 순수 영국어가 사용되었다고 말한다. '이세(Ise-and)'는 노르웨이인이 정복한 지 약 400년이 지났지만, 바닷가 일부 지역만 접근 가능하고 그 외는 이방인의 접근이 거의 허용되지 않는다. 경험이 없는 젊은이가 해외로 나가지 않으므로, 오래된 룬어(runique) 또는 고트어(Gothique)가 여전히 계속 사용되고 여러 주민들이 그 언어를 알고 있다. 그러나 다른 북유럽 지역에서 그 언어는 완전히 잊히고 멸종되었다. 그러나 바스크어(Basque language) 또는 스페인의 고대 언어는 어떤가? 카르타고인, 로마인, 고트족, 반달족, 무어족의 모든 침략에도 불구하고 스페인은 계속 상업과 교류를 했지만 여전히 고대 스페인어

는 비스케이(Biscay)에 순수하게 남아 있다. 오르두니아산에서 빌
바오까지 이어지는 강의 한쪽에서 제철소를 운영하며 모국어를
사용하는 주민들은 통역사가 없으면 강 건너편에 있는 사람들의
말을 한마디도 이해하지 못한다. 아일랜드어는 어떠한가? 이 나
라는 영국이 합법적 방법으로 정복하여 지배했다. 영국은 거의
500년 동안 이곳에 많은 영국민을 이주시켜 정착시키고 지속적
으로 자유로운 상업을 허용했지만 그럼에도 그 나라의 모국어는
아일랜드 왕국의 대부분 지역에서 오늘날 오염되지 않는 순수
한 언어로 계속 사용되고 있다. 그리고 놀라운 것은 부모가 영국
인인 아이는 아일랜드에서 태어나 토착 아일랜드인의 말을 듣지
않도록 가능한 한 세심한 감독을 받더라도, 그 아이가 아일랜드
어 한마디를 우연히 듣게 되면 아이 앞에서 스무 번 되풀이해서
들려준 영어 단어보다 그 아일랜드 단어를 더 빨리 기억하고 반
복할 것이다. 고대 영국인의 말은 어떠한가? 로마인, 색슨인, 덴
마크인, 노르만인의 그 모든 정복을 당하고 세계 대부분의 나라
와 끊임없는 교류를 했지만 이 언어는 일반에 통용되고 아직 웨
일즈에 남아 있다. 마찬가지로 아라비아어는 그라나다의 구릉지

에서, 그리고 고대 에피루스어는 에피루스(Epirus)[4]의 고지대의 숲
이 무성한 산악 지역에서 오염되지 않는 언어로 남아 있다.

어떤 유형의 정복으로도 토착민을 모두 추방하거나 다른 곳에
이식하지 않는 한 민족이 자연스럽게 사용하는 언어를 완전히
변경하거나 근절시킬 수는 없다. 그리고 여러 나라가 섞이는 상
업과 교류가 완전 허용되는 곳에서 그 나라의 언어가 오랜 시간
에 걸쳐 완전히 변할 수 있다. 그러나 해안가나 제한 구역에서만
교류가 이루어지면 그 언어는 바뀌지 않고 몇 개의 방언으로 분
기되지도 않는다. 그러나 내륙 지역에서 그들의 '모국어'가 순수
하게 사용되는 반면에 이들 교류 지역의 언어는 오염될 수 있다.

아담이 에덴동산에서 네덜란드어를 사용했다는 말은 매우 유
명한 우스개이다. 히브리인들은 그들 언어의 기초를 현인들이라
면 따르지 않고 신뢰하지도 않는 매우 악명 높은 그들의 역사가
가 전해주는 전승의 토대 위에서 세운다. 사마리아인들은 빈번
한 이동으로 단일 민족이 아니고, 그들의 언어 또한 다른 언어를
사용하는 국가들과의 계속된 교역과 항상 전쟁과 정복의 많은
폭풍과 폭풍우 하에서 혼종 언어였다. 물론 사마리아인들은 자

---

4   에피루스(Epirus): 그리스 북서부의 지방으로, 그 지역과 현재의 알바
니아 남부의 고대 국가

신들의 고유한 특정 어휘를 일부 가지고 있었지만 그럼에도 그
들은 때로 아라비아어를 사용하고, 명사와 동사 형성에서는 때
로는 히브리어를 따르고, 때로는 그들의 언어와 가까운 칼데아
어를 따른다. 그리고 그들이 사마리아어라고 부르는 이상한 문
자로 기록된 모세 오경(Pentateuch)[5]을 가지고 있는 척하고 실제 가
지고 있었을지 모른다. 그러나 그것의 보유가 그들 언어의 고대
성에 조금도 기여하지 않고 그들 언어를 근원 언어로 보기도 어
렵다. 사마리아어는 필사가의 태만이나 사본의 다양성으로 인해
약간의 차이점이 나타나는 것을 제외하곤, 오늘날의 히브리어와
별반 다르지 않다. 체스터의 고(故) 브라이언 월튼(Brian Walton)[53]
주교는 『동양어 읽기 입문서』에서 이처럼 매우 학문적인 관찰을
했다. 일반적으로 죄지은 함의 사악한 후손이며 바벨에서 그 대
담한 음모의 주동자이자 범법자로 추정되는 페니키아인들이 심
지어 순수의 시대에 하느님과 인간 사이의 성스러운 언어를 품
을 만큼 그렇게 대단한 특권을 누린다고 생각하는 것은 진리의
개연성이 없다. 그렇다면 우리가 중국 언어에 대해 숙고하지 않
을 이유가 있는가? 우리는 노아가 직접 아니면 셈의 일부 후손들

---

5   Pentateuch: 모세 5경(구약성경의 맨 앞의 5권, 창세기·출애굽기·레위기·민수기·
신명기)

이 니므롯이 시날로 이동하기 전에 그리고 바벨에서 언어의 혼
란이 있기 전에 최초로 중국으로 이주했음을 밝힐 것이다. '그들
의' 현재 언어는 최초로 이주했을 그 당시와 동일하다. 그 나라는
언어에 해악을 미칠 수 있는 정복을 당한 적이 없고 오히려 그들
의 언어는 확산되었다. 중국은 법으로 항상 외부와의 상업과 교
류를 금지했다. 중국은 이방인이 들어오지 못하게 문을 닫아 누
구도 대사관을 통하지 않고서는 제국 내에 발을 딛을 수 없다. 또
한 자국민은 황제의 특별 허가 없이는 외국으로 갈 수 없다. 중
국은 자국의 언어와 관습이 오염되지 않도록 항상 세심하게 주
의를 기울였다. 이와 함께 이곳의 무수한 백성들은 전 세계의 모
든 나라가 한 번 이상 정복당하거나 침략을 받은 것과 달리 영속
적인 평화와 예술과 학문의 번영을 누렸다. 이런 여러 사실을 고
려할 때, '중국 제국의 언어는 홍수 이전에 전 세계에 공통적으로
사용되었던 근원 언어'라는 매우 개연성이 높은 주장이 가능하
다. 그들이 다른 나라와 상업과 교류를 한 적이 없으므로 그들의
언어는 다른 언어를 사용하는 나라들과 맺은 상업과 교류의 결
과로 생길 수 있는 여러 언어 또는 동일 언어의 방언으로 분기되
지 않는다. 또한 포르투갈과 스페인 사람들이 이곳을 발견하기
약 150년 전까지 이 지역은 세계에 —인접한 이웃에도— 알려지

지 않았다.

그러나 나는 성 예로니모(St. Hierome)[6]와 그를 따르는 사람들이 대홍수와 그 직후의 모든 사람의 고유 이름이 자연스럽게 히브리어처럼 보이므로 히브리어가 근원 언어라고 주장하는 것을 안다. 그들은 또한 아담과 나머지 사람들이 홍수 이전에 사용했던 그 언어로 성경이 전달될 필요가 있다고 주장한다. 그들의 주장에 명확하게 답변할 수 있다. 고유 인명이 처음에 근원 언어로 지어졌을 수 있다. 그 이후 세대들이 전승으로 그 이름의 의미를 알아서 히브리어로 옮기는 것은 쉬운 일이었다. 지명도 인명과 유사한 경로를 거칠 수 있다. 왜냐하면 모세서와 여호수아서의 전체를 살펴보면 가나안의 지역명과 성읍명, 즉 이스라엘인이 가나안에 거주하기 전에 불린 고대 이름들이 히브리어 이름인 것이 명백하기 때문이다. 하느님의 신성한 예언이 최초의 가장 완벽한 말로 기록될 필요는 없는 것은 그리스도께서 가장 존귀하고 가장 부유한 부모에게서 태어나 가장 훌륭하고 멋진 삶을 살 필요가 없는 것과 같다. 인간의 공로나 위대함이 자신의 것이 아

---

6   성 예로니모(St. Hierome): 본 이름은 'Eusebius Hieronymus.' 성경학자, 라틴 교부, 교회 박사, 가톨릭 성인. 특히 그리스어 역본인 70인역을 히브리어 원문과 직접 대조하면서《시편》등의 라틴어 역본을 처음 개정한 것으로 유명하다.

니라 하느님께서 모든 은혜를 무상으로 주신다는 사실을 세상에
알리기 위해 하느님께서는 겸손하고 비천한 자 가운데서 은혜의
사역자를 택하셨다. 이와 같이 하느님께서 우상 숭배자의 아들
이며 우상을 만드는 자의 아들이었던 아브라함을 할례의 첫 번
째 창시자로 삼으셨다. 그리스도께서 태어나실 때, 어머니의 자
궁에서 나오실 때, 가혹한 바람을 막아 줄 지붕이 없는 곳에서 태
어나셨다. 그리스도께서 우리를 죄와 죽음에서 구속하시려고 오
셨을 때, 온 세상에 복음을 전파하기 위해 철학 학파, 데모스테네
스 학파, 키케로 학파에 속한 자들을 택하지 않고 어부나 뱃사공
처럼 거친 삶을 살아가는 자들을 택하여 그의 승리를 선포하는
전령으로 삼으셨다. 또한 이스라엘 백성을 애굽의 노예 상태에
서 구한 것은 왕이나 군주가 아니라 잔인한 파도에 흔들리고 무
자비한 악어의 잔혹함에 노출된 '비천한 자'였다. 우리가 모든 것
을 두루 섭렵한다면 하느님을 가장 기쁘게 하는 자들은 사람들
을 가장 불쾌하게 하는 자들임을 알게 될 것이다. 그러므로 '정통
율법'과 그 '율법의 완성'을 언어 중 가장 우수한 언어로 기록해
야 한다고 생각하는 것은 하느님의 교리에 매우 어긋난다. 그러
나 주로 이방인과 관련된 율법은 그리스어로 완성되었다. 그리
스어가 당시 널리 알려진 언어이고 열방이 그리스어 성경을 읽

을수록 더 빨리 개종하여 그리스도의 양우리 안으로 들어갈 수
있기 때문이었다. 그러므로 이스라엘 교회가 전적으로 관심을
갖는 '정통 율법'을 근원 언어가 아닌 더 나은 가르침을 위해 고
대 히브리어로 기록한 것은 당연하다. 고대 히브리어는 아브라
함이 갈데아에서 나올 때 가져온 언어가 아니라 아브라함의 후
손들이 가나안 땅에서 배운 언어이다. 아브라함의 후손들은 이
속어를 바빌로니아의 포로가 되기 전까지 사용하였다. 성경은
직접적인 표현으로 이것을 증언한다. 이집트인이 부름을 받았을
때 "그날에 애굽의 다섯 성읍은 가나안 언어를 말하며 만군의 여
호와에게 맹세하게 될 것이다."(이사야 19장 18절)라고 한다. 이를
통해 우리는 이집트인들이 이스라엘 사람들처럼 주님께 동일한
희생제물과 예물을 바치도록 가르침을 받았을 뿐만 아니라 가나
안 땅의 언어와 동일 언어로 말하게 된 것을 알 수 있다. 이제 우
리는 여기를 떠나 중국으로의 여행을 시작할 것이다.

제3장

노아와 요임금

마르티노 마르티니(Martino Martini)[54]는 그의 유명한 『중국지도』에서 아시아를 우리의 첫 번째 조상이 있었던 장소이자, 낙원이며, 만물의 기원으로 전반적으로 찬양한 후 특히 고대 중국을 예찬한다. 그는 아시아에서도—적어도 전 세계적인 대홍수 이후—이 극동지역보다 통치와 문자사용 그리고 산업 분야에서 고귀하고 유구하며 비옥한 곳은 없다고 말한다. 중국인들이 고대문서를 토대로 쓴 중국 역사서를 보면 중국 역사는 약 기원전 3,000년으로 이어진다. 이는 '연년기'에서 선별한 '사략'과 '연대기'로 더욱 분명하게 알 수 있다. 기원전 3,000년부터 중국에는 문자와 도덕 철학, 특히 수학적 학문이 있었다고 한다. 그들의 고대 천문학적 관찰과 오늘날에도 현존하는 매우 오래된 통치 관련 기록서가 이 사실을 충분히 증언한다. 마르티니는 그의 『중국지도』의 헌사에서 이렇게 전제한다. "이 지도에서 나는 전체 유럽과 맞먹는 매우 광대한 중국 제국의 위치와 영토를 당신이 볼 수 있도록 제시한다. 노아의 홍수 이후로 이곳에 매우 근면한 문명인이 살았지만, 지금까지 이방인이 전혀 접근할 수 없었다. 마침내 우리 예수회가 중국인의 영혼을 구제하기 위해 큰 어려움과 근심을 겪은 후 그곳에 들어갈 수 있었다."

　보시우스(Isaacus Vossius)[55] ―작고하신 유명한 아마주(Armagh)[1]의 대주교이신 어셔(Usher) 박사님께서 보시우스를 어쩔 수 없이 가장 학문이 뛰어난 학자로 인정해야 한다고 증언했다―는 세계의 실제 나이를 논한 논고에서 가장 오래된 고대인으로 간주되는 히브리인, 사마리아인, 칼데아인, 이집트인을 다룬 후 실제 가장 오래된 고대인으로 중국인을 제시한다. 중국인들은 자신들을 '시누아(Chinois)'라 부르지 않는다. 이것은 이웃나라에서 그들을 부르는 명칭이다. 보시우스는 중국인을 세리안(Serians)으로 부른다. 중국인은 지금까지 존재했던 모든 민족 중 단연코 문자에 가장 능숙한 민족이다. 그들은 기념물과 4,500년의 연간 기록물에서 편찬된 유구한 역사를 보존한다. 중국에는 모세보다 더 이전의 저자들이 있다. 중국은 단일 국가를 형성한 이후 이방인과의 교류로 결코 오염된 적이 없었고, 전쟁과 분쟁의 의미를 알지 못했고, 단지 고요와 기쁨, 자연 명상에 빠져 '4천 년'이 넘는 공간을 달렸다. 중국은 다른 나라에는 전혀 알려지지 않았지만, 자신

1　아마주(Armagh): 영국 북아일랜드의 카운티

들의 행복을 만끽했다.

보시우스가 중국인들을 세리안(Serians)으로 명명하는 것과 관련하여 이 부분을 자세히 살펴보겠다. 마르티니[56]가 아시아의 극단이라고 부르고 우리가 알고 있는 세계에서 가장 먼 곳에 위치한 이 지역의 사람들을 어떤 사람은 세리카(Serica), 시나(Sina), 시누아(Chinois)라 부르고, 타타르인은 그들을 캐세이(Cathay)와 만진(Mangin)이라 부른다. 모든 사람이 의아해하는 것은 중국인은 '만진'이라는 명칭을 제외하곤 이 모든 명칭 중 어느 이름도 모른다는 점이다. '만진'은 타타르어로 야만족을 의미하는데 타타르인들은 중국인들이 지나치게 교만하고 예의범절을 자랑하는 것을 비꼬아 그들을 조롱하기 위해 '만진'이라 불렀다. 그러나 중국인들은 자신들의 제국을 '중화(中華)'와 '중원(中原)'으로 부른다. 마르티니는 이 두 이름이 중국의 우수성을 나타내기 위함이라고 말한다. 중국인은 자신들이 세계의 중심에 있다고 생각하므로 자신의 나라를 정원의 중심 또는 꽃의 중심으로 표현한다. 그러나 이러한 신비한 명명의 이유가 어느 정도로 그들의 언어를 근원 언어로 볼 수 있는 근거를 제시해 줄 수 있는지 알아보기 위해 먼저 마르티노, 고로피우스 및 다른 학자들의 연구를 살펴본 후에 그 다음 우리의 담론을 마무리할 것이다.

그러나 마르티니[57]는 우리를 그의 '중국사 개요'에 주목하게 했다. 우리는 그의 말을 무시하기 어렵다. 그는 "중국 역사의 대홍수는 불가 성경 추산 기원전 3,000년경 발생한 노아의 홍수와 그렇게 멀지 않은 시기에 발생한 것이 분명하다."[58]고 말한다.

이제 우리는 마르티니의 권위를 최대한 이용할 것이므로 그의 공언을 당신에게 알리는 것이 부적절하지 않을 것이다. 마르티노는 중국에서 수년을 산 경험을 바탕으로 중국이 통일 국가가 된 첫 시기부터 심지어 오늘날까지 현존하는 중국 연대기 원서들과 기타 무수한 서적을 오랫동안 꼼꼼히 읽고 연구하여 그의 중국사의 개요를 적었다고 공언한다. 또한, 그는 중국사의 개요를 기원전과 기원후 오늘에 이르기까지의 시기를 매우 명확하고 충실하게 기록했다고 공언한다. 그러나 기원전의 부분은 공개할 정도로 그렇게 만족스러운 것은 아니다.

마르티니[59]는 대홍수의 시기를 다룬 중국의 역사서를 매우 신뢰하는 경향이 있다. 그는 독자에게 전하는 편지에서 이렇게 말한다. 중국인은 오직 자신들을 위해서 역사를 기록하므로 그들의 역사서의 진실성을 신뢰할 수 있고, 그들은 중국 밖의 나라들을 경멸하거나 알지 못하는 관계로 이방인을 기쁘게 할 생각도 없고, 자신들의 행적을 자랑할 생각도 없으므로, 진리가 아닌 것

을 전달할 이유도 없고, 꾸민 이야기를 보고할 이유도 없었다. 그
들은 아부해야 할 누대 명문 귀족이 없으므로 역사의 사실에 충
실하다. 가장 가난한 사람이라도 누구든지 학식이 뛰어나면 최
고의 우대를 받을 수 있다. 마르티니는 그들의 역사에는 논쟁하
거나 반박할 것이 없고, 황제의 계승이나 왕가의 계보에서 차이
가 없다고 말한다. 이것은 매우 부주의하여 연대기마다 서로 내
용이 다른 우리의 역사서와 매우 다른 양상이라고 말한다.

　마르티니[60]는 대홍수 이후를 다룬 중국 연대기의 진실성을 높
이 평가한다. 그러나 중국인들 자신은 족장이 통치하던 시기를
기록한 대홍수 이전의 시대를 다룬 역사서를 그다지 신뢰하지
않는다. 중국의 군주 정치는 그때부터 시작되었다. 이에 대해 기
회가 되면 더 논의하겠지만 현재로서는 다음만 말하고자 한다.
중국의 역사에서 복희씨(Fohius)는 기원전 약 3000년에 중국을 다
스린 최초의 군주이었다. 마르티니[61]는 일반적인 연대기를 근거
로 이렇게 말하지만, 연대기의 정확성은 자신이 판단할 문제가
아니라고 말한다. 중국의 연대기는 우리의 연대기 학자들의 판
단과 일치하지 않는다. 우리는 노아의 홍수에서 그리스도의 탄
생까지 훨씬 더 짧은 시간을 부여한다. 마르티니는 중국인의 판
단을 모두 거부할 필요는 없다고 말한다. 유럽의 일부 연대기 학

자가 이를 선호하고, 70인역 해석가는 중국의 연대기를 수용한다. 또한 삼사테누스(Samsatenus)와 다른 이들도 그러하다. 로마 순교열전과 그리스 순교 열전의 연대기는 중국 연대기와 크게 불일치하지 않는다.

그러나 보시우스[62]의 말―마르티니[63]는 그에게 동의한다―을 들어보자. "자연과 예술 모두의 놀라운 작품은 이 제국의 발견으로 우리에게 도달했다고 한다. 여기서 이것을 언급하지는 않겠다. 우리는 적어도 한 나라의 나이와 고대성에 대해 알아낸 것을 이야기할 것이다. 그러므로 세리안의 역사 시대는 기원전 2,847년에 시작된다."[64] 보시우스는 이 말을 한 다음 역사시대부터 황제들의 통치시기를 몇몇 왕조 별로 나눈 후 다음과 같이 결론을 내린다. "중국 제국의 역사시대 시작부터 금년 말인 기원후 1658년을 더하면 4505년이 된다."[65] 마르티니가 지지하는 불가 성경의 연대기에 따르면, 창조부터 노아의 홍수까지 1656년이고 노아의 홍수부터 그리스도께서 세상에 오신 날까지 2294년이다. 중국의 역사시대는 대홍수의 몇 세대 전, 정확하게 말하면, 대홍수 전 553년에 시작한다. 여기에 보시우스가 한 것처럼 기원후 1658년을 더한다.

당대의 부지런한 작가인 세메도[66]는 약 30년동안 중국에 체류

했던 경험에 대해 적으면서, 중국의 첫 세대 황제들에 대해 논의
하지만 복희씨를 완전 생략하고 요임금까지 복희씨 뒤에 오는 5
명의 황제를 다룬다. 그는 홍수 이전의 연대기를 별로 신뢰하기
어려우므로 그때의 기록은 사용하지 않는 것이 좋다고 보았다.
그가 허용하는 가장 우호적인 판단은 요임금이 홍수가 발생하기
12년 전의 인물이라는 점이다. 요임금과 요임금의 계승자인 순
임금과 우임금의 역사 추정에서 오산이 있을 수 있지만 그럼에
도 그는 우리에게 "그들에 관한 문제는 그들의 왕위 계승이 매
우 일관성이 있다."[67]라고 말한다. 그는 또한 우리에게 이 세 명의
황제가 중국인들이 가장 많이 언급하는 중국의 유명한 성인이고
위대한 철학자이지만 그들의 철학은 확실히 도덕에 많이 치우쳐
있다고 말한다.

　　그러나 마르티니가 『중국 전쟁사』와 『중국 지도』에서 고대 중
국의 기록으로부터 노아의 시대 이후 중국 역사를 추론하고 선
택했다고 전제한다. 그러므로 우리는 대홍수에서 시작하여 이제
홍수 이전의 고대 중국으로 돌아갈 것이다.

　　중국 작가들은 대홍수를 많이 언급하지만, 지금까지 조사한
바로는 홍수의 기원과 원인에 대해서는 거의 언급하지 않는다.
그것이 노아의 홍수인지 아니면 아테네(Atica)의 고대 오기게스

(Ogyges) 왕 때와 테살리아(Thessaly)의 듀칼리온(Deucalion) 때처럼 한 지역에 국한된 홍수로 중국에서만 발생한 홍수인지 알기 어렵다. 이에 대한 명백한 이유는 그들이 스스로를 항상 세계의 유일한 위대한 민족으로 보기 때문에 자기 나라 이외의 다른 나라를 기록에 거의 또는 전혀 포함하지 않기 때문이다. 일반적으로 다른 나라를 매우 멸시하여 정복할 가치가 없다고 여겼으므로 다른 나라가 경험하는 성공이나 재난에는 더욱 관심이 없었다. 그러므로 나는 우리 저자들과 함께 중국의 7번째 왕인 요임금 시대에 발생한 홍수는 범세계적인 홍수라고 믿기로 단단히 결심했다. 우리의 유럽 연대기는 노아의 홍수를 요임금의 통치 때 발생한 것으로 언급하고, 중국인들도 그들의 연대기에서 요임금의 통치 동안 많은 사람이 그들의 나라로 몰려들었다고 말한다. 그와 같은 시기에 중국은 물에 잠기고 범람했는데, 이것은 대홍수로 유입된 물이었다[68]고 마르티니는 요임금의 생애를 다룬 글에서 말한다. 각 사건의 연대기를 대조해 보았을 때 중국을 물에 빠트린 이 대홍수는 다름 아닌 전 세계를 물에 잠기게 했을 수 있다. 그 사람들이 대규모로 중국에 몰려든 것도 이 추정을 확인시켜주는 것 같다. 거기에는 대홍수의 파괴적인 위험을 피하고 인근의 저지대와 샹파인 지대를 벗어나기 위해 급히 중국 지역을

경계짓는 중국을 둘러싼 크고 높은 산에 이르게 되었을 때의 희망도 발견되지만 그뿐만 아니라 일반적으로 모든 나라를 사로잡았던 큰 두려움도 분명히 발견된다.

　그러나 마르티니[69]의 논의를 따라가 보자. 왜냐하면 중국의 역사가 대홍수라 부르는 물이 모이는 것에 대한 언급이 요임금 시대에 있었기 때문이다. 또한 유럽의 연대기 저술가는 보다 확실한 근거—아마도 모세가 한 추산에 근거해서—에서 노아의 홍수를 요임금 시대의 홍수로 한정하기 때문이다. 마르티니는 요임금 시기까지 중국의 모든 역사가 전설이거나 아니면 다행히 방주에 홍수 이전에 발생한 일에 대한 기억이 보존되어 있어 그 일을 포함한다고 말한다. 또한 방주 덕분에 우리의 믿음에 속한 다른 많은 것들이 망각되지 않고 동일 장소에서의 완전한 파괴로부터 보존되었다는 것이 학자들의 견해이다. 그는 더 나아가 아시아의 이 극단 지역은 홍수 이전에 분명 사람이 살았다고 말한다. 그러나 모든 인류가 멸망했을 때 어떤 수단으로 만물의 기억이 거기에 보존될 수 있겠는가. 노아의 가족이 없었다면, 우리는 이것을 알 수 없다고 그는 말한다. 그의 말을 직접 들어보자. "나는 지금 기술하고 있는 아시아의 극단 지역에 대홍수 이전에 사람이 살았던 것을 확신한다."[70] 그리고 이것이 아니라면, 그들은

홍수보다 오래된 행적에 대한 기억을 전승으로 받을 수 있고, 그
전승의 진실 여부 또한 노아 자신이나 그의 아들 중 어느 아들이
확인해줘야 한다.

　중국에서 섬서성(Xensi)의 역사가 가장 오래되었다. 중국에 발
을 들인 사람들 중 최초의 사람이 처음 이곳에 깃대를 꼽고 정착
하였다. 마르티니[71]는 지형도로 아시아의 극단 지역에 위치한 섬
서성은 매우 고귀한 성으로 다른 지역과 그 위대함과 고대성을
다툴 수 있다고 확언한다. 섬서성은 심지어 중국의 시조부터 기
원 후 264년 한나라의 멸망까지 거의 모든 중국 황제가 살았던
곳이다. 또한 섬서성은 가장 오래된 연대기에서 볼 수 있듯이 최
초의 이주자들이 거주한 곳이었고, 그들은 서쪽에서 점차 동쪽
으로 이동 후 세계의 대홍수 직후에 그곳에 왔다. 마르티니는 가
장 확실한 여러 논거를 통해 이를 확신할 수 있었다고 말한다.[2]

　네덜란드의 동인도 회사에서 중국 황제에게 파견한 최근 사

2　[역주] 마르티니의 『중국지도』에서 산서(山西, Xansi), 섬서(陝西, Xensi)
　　로 되어 있고, 웹이 책에 삽입한 지도에서도 오늘날 'Xansi'는 산서,
　　'Xensi'는 섬서로 구분된다. 웹은 'Xansi'를 이 책 전체에서 2번 언급한
　　다. 첫 번째, 마르티니가 자연 포도가 나는 곳은 섬서(Xensi)이지만 가
　　장 맛있는 포도가 나는 곳은 요임금이 거주했다는 평양성이 있는 산
　　서(Xansi)라고 말한다. 두 번째는 17세기 중국 예수회 선교사가 미사
　　를 위해 'Xansi'에서 포도주를 확보한다고 말한다.

절단에 있었던 뉴호프(Jean Nieuhoff)[72]가 한 유사한 발언에 주목해
보자. 뉴호프는 이 섬서성이 키질 이르마크 강의 북쪽(Higher Asia)
의 모든 지역과 그 장엄함과 고대성을 겨룰 수 있을 정도로 매
우 유명하다고 말한다. 중국 황제의 황궁은 대홍수 이후부터 한
나라의 통치까지 계속해서 섬서성에 있었기 때문이다. 뉴호프가
단언하듯이 섬서성이 키질 이르마크 강의 북쪽(upper Asia)에서 가
장 오래된 국가라면, 그리고 학자들이 만장일치로 주장하듯이
바빌론을 하나의 국가로 보면, 북동 아시아에서 섬서성이 바빌
론보다 오래되었고 결과적으로 니므롯과 그의 군대가 시날 평원
으로 들어가기 전에 섬서성에 식민지가 세워졌다는 것을 반박하
기 어렵다.

중국인 자신들도 복희씨 이전의 중국 연대기를 의심하듯이
우리가 홍수 이전의 중국 연대기의 신뢰성을 의심한다면, 우리
는 중국인들이 그들의 최초의 지도자로 보는 반고(Puoncuus)가 바
로 대홍수 이후 그리고 언어의 혼란 이전에 처음으로 중국에 식
민지를 세운 통솔자라고 생각할 수 있다. 이에 대한 권위 있는 증
거는 부족하지 않다. 다른 논거들과 별개로, 마르티니[73]는 반고와
그의 부하들이 홍수가 그친 후 그리고 바벨탑의 기획 이전에 중
국에 들어왔다고 생각하는 것이 타탕하다고 말한다. 홍수가 그

친 후 중국에 식민지가 세워졌을 때의 인구는 바벨탑을 착수하기 전에 훨씬 더 많았고, 그리고 언어의 혼란 전에 훨씬 더 많았던 것이 틀림없다. 저자들은 니므롯과 그의 군대가 바빌로니아와 같은 황량한 저지대에서 바벨탑을 세우기 위한 방대한 기초 공사를 진행하고 엄청난 건축 자재가 필요한 그러한 경이로운 일을 하기 위해서는 하느님께서 혼란스러운 언어라는 심판으로 그들의 작업을 중지시키고 그들을 이산시키기 전까지 40년의 시간이 걸렸다는 것에 모두 동의한다.[74]

그러나 마르티니의 이러한 주저함으로 보아 그가 세상에 알리는 것이 적절하다고 생각하는 기준보다 그 자신은 중국인을 훨씬 더 높이 평가하고 있을 지도 모른다는 상당한 의심이 든다. 보시우스는 "『중국 지도』의 해석자는 스스로를 매우 잘 아는 사람으로 그가 생각하는 것보다 훨씬 더 온건하게 중국인들의 완벽함에 대해 썼다."[75]라고 말한다. 그러므로 만약 요람에서 무덤에 이르기까지 중국인의 관습에 대해 연구한 마르티니가 생각한 것을 분명하게 밝히고 숨긴 논거들을 제시하였다면, 훨씬 더 많은 것을 알 수 있어 불명확한 부분을 틀림없이 제거할 수 있었을 것이다.

반고가 첫 번째 식민지의 우두머리일 가능성의 여부와 상관

없이 노아가 대홍수 전후 모두 중국에 살았을 가능성이 매우 높
다. 요세푸스[76]는 노아가 하느님으로부터 홍수에 대한 경고를 받
고, 그 시대의 사람들에게 회개하고 생명을 새롭게 하라고 설득
했지만, 시대의 파괴에 아무런 효력을 미치지 못함을 보고, 그의
열의로 말미암아 그 시대의 폭력이 그에게 가해질까 두려워, 아
내와 아이들과 함께 고향을 떠나 다른 곳으로 이동하였다고 선
언한다. 요세푸스는 "[노아가] 추종자들과 같이 물러나 이주하였
다."[77]고 말한다. 이제 노아가 물러난 이 다른 지역이 중국이 아닐
이유가 있는가? 그리고 사람들은 신앙심이 깊은 것으로 널리 알
려진 노아의 설교를 듣고자 하는 열망으로 마지막 보루인 그곳
에 합류—당신이 최근에 들은 바이다—하여 다가오는 파멸에 대
비하는 것이 낫다고 생각했다. 왜냐하면 그들은 홍수 때문만이
아니라 요임금이 덕이 높고 의로운 군주라는 명성을 듣고 마치
아버지의 품속처럼 그의 보호를 바라며 그에게 몸을 던졌다. 그
무리의 규모는 당시 중국 제국이 모두 감당할 수 없을 정도였다.
게다가 관찰한 것으로 볼 때, 그 무리의 수가 많으면 많을수록 그
들이 홍수로부터 자신을 구하고자 하는 희망으로 그곳에 모였을
가능성이 더 커진다. 마르티니는 특히 당시 중국은 홍수로 파괴
되었다는 중국의 역사적 기록을 고려하며 그 물은 노아의 홍수

이후 오랫동안 평원과 지대를 잠기게 한 노아의 홍수로 인한 물이거나 아니면 중국에 국한된 특정 범람으로 물에 잠겼다는 견해를 분명히 한다.[78] 그러나 그는 중국의 이 홍수는 특정 지역에 국한된 홍수가 아니라 전 세계적인 대홍수라는 점을 매우 진실되게 설득한다. 마르티니와 마찬가지로 세메도 또한 "일부 사람들은 이 물이 대홍수 때 남아 있던 물이라고 믿고 있다."[79]고 주장하지만, 중국의 역사는 그 물의 기원과 증가에 대해서는 침묵한다. 보시우스도 마찬가지로 자신있게 "우리의 계산에 따르면 중국의 대홍수가 노아의 홍수와 정확히 일치한다."[80]고 단언한다. 그리고 반드시 언급해야 할 기록은 요임금(Jaus)이 적절한 시기에 홍수로 인해 발생한 성가신 일들을 제거하는 일에 착수했다는 것이다. 그는 노아의 홍수 급의 범람으로 폭우에 쓸려 내려온 진흙과 모래로 강의 수로와 입구가 막히자 막힌 곳을 텄다. 영토 내에 강둑과 도랑을 만들고자 했지만 고용한 사람들의 기술 부족으로 인해 또는 그가 시작하는 새로운 세계에서 그를 도와줄 인력의 부족으로 이 작업을 하는데 오랜 시간이 걸렸다. 오랜 시간이 지난 후 그의 두 후계자들의 치세 동안에 결국 홍수를 완전하게 다스릴 수 있게 되었다. 중국인들은 특히 우임금이 '이 물들'을 '다스린' 공이 크다고 생각한다.

그렇다면 노아가 이동해서 들어간 다른 지역이 중국일 수도 있지 않은가? 이 'Jaus' 또는 'Yaus'—마르티니와 키르허 등은 'Jaus' 또는 'Yaus'로 별 차이 없이 부른다—를 보면, 'Jaus'에서 가운데 N만 첨가하면 'Janus'가 되고 고유인명에서 때로 가운데 음절을 빼는 것은 동양 언어의 과거와 현재에서 빈번한 언어현상이기 때문에 'Jaus'가 대부분의 작가들이 노아라고 주장하는 그 'Janus'가 아닐까? 뉴호프[81]가 요임금에 대한 역사를 썼고, 마르티니[82]는 주로 요의 생애와 요의 선임자가 통치하던 시기에 있었던 요와 관련된 몇 가지 상황에 대해 쓴다. 나는 노아와 요임금을 나란히 대비하는 것이 두 사람을 가장 효과적으로 보여주는 것이라 생각하여 다음과 같이 제시한다.

첫째, 노아는 위안을 의미한다. 노아의 아버지는 아들로 위안을 받고 싶어 아들의 이름을 노아로 지었다. '요'는 행복을 의미한다. 요의 아버지는 아들에게서 행복이 나오기를 희망하여 요로 지었다.

둘째, 노아는 그 시대의 다른 모든 사람들보다 뛰어난 매우 바르고 의로운 사람이었다. 요는 그 시대의 모든 사람들을 능가하는 매우 경건하고 덕스러운 사람이었다.

셋째, 노아는 설교가로 하느님의 말씀을 가르쳤다. 그리고 요는 신성하고, 성스러운 예법을 정하여 하느님께 기도드렸다.

넷째, 노아는 농부이고, 요는 그의 백성에게 농사법을 미리 정해주었다.

다섯째, 노아의 시대에는 온 세상이 물에 잠겼고, 요의 시대에도 온 세상이 물에 잠겼다.

여섯째, 노아의 범람 이전에는 모든 행성이 결합하여 하나의 기호로 보여주었다. 그리고 요의 시대의 범람 이전에 모든 행성의 유사한 결합이 있었다.

일곱째, 노아의 아들 함은 배덕자이므로 노아는 그를 그의 형제들의 종이 되게 했다. 요의 아들 주(朱)는 배덕자로 요는 그를 왕위 승계에서 제외하였다.

마지막 여덟째, 노아의 홍수는 기원전 2294년에 발생했다. 요의 시대에 중국을 파괴한 홍수는 정확히 이와 일치한다. 요는 기원전 2357년에 중국에서 통치를 시작했기 때문이다.

베일리(Lewis Bayly, 1575~1631)가 『경건의 실천(Practice of Piety)』에서 말한 것처럼, 모세의 시대 이전에 여호아(Jehovah) 또는 하이아(Haiah)라는 이름이 이스라엘 사람들에게 전혀 알려지지 않았다. 그 이름이 'Jaus'에서 파생되었다고 가정하는 증거는 부족하지 않다. 그러나 내가 퍼차스(Purchas)[83]에서 찾은 사마리아인들은 여호아, 또는 하이아로 그들의 연대기를 시작했다. 이스라엘의 하느님인 야훼(Jah)의 이름에는 'Jah our God', 'one Johova', 'God of Gods', 'Lord of Lords', 'a great God strong and terrible'와 같은 것은 없다. 모세는 이스라엘을 파라오의 위험으로부터 지켜 달라 기도하며, "야훼는 나의 힘이요 노래시며"[3](출애굽기 15장 2절)라고 하였다.[84] 그러므로 아기가 태어나서 하는 첫 말이 '야(ya)', '야(ya)', '야(ya)'라고 하는 것을 관찰할 수 있다. 이것은 마치 주께서 우리가 태어날 때 '야훼(Jah)'를 우리의 입에 가지고 태어나도록 명하신 것 같다. 주가 존재 중의 존재이고 시작이며, "사람들에게 생명과 호흡과 모든 것을 주시는 분"(사도행전 17장 25절)이기 때문에 놀라운 구원이나 혜택이 주의 이전 약속에 따라 일어날 때 주를 부르는 대표적인 이름이 야훼(Jah)이다. 또는 우리가 포대기에서 말을 배우도록 가르침을 받은 것처럼 나중에 언어가 혼잡해질 때까지 근원 언어의 어떤 것을 가지고 있어야 한다고 정해 주신 것 같다. 그러나 중국인들은 'yà'로 'Excellens'[4]를 의도한다.

---

3 [역주] 공동번역은 '야훼는 힘 있게 나를 붙드시어 나를 살려주셨다.'이다. 웹의 "Jah is my strength and song."는 개역성경의 "여호와는 나의 힘이요 노래시며"에 더 가까운 것 같아 웹의 문맥에 맞게 '여호와'만 '야훼'로 교체하여 인용한다.

4 [역주] 키르허는 『중국도설』 4권 5장 결말부분에서 'yà'는 'excellent'라

그리고 중국인들이 세계에 알려지지 않고 지난 기간이 얼마인지 모르겠지만 고대의 이스라엘 사람들은 중국을 알고 있었던 것처럼 보인다. 이는 선지자 이사야의 말로 추론할 수 있다. "먼 곳에서 돌아가는 이 사람들을 보아라. 북에서도 서에서도 돌아가고 시님족의 나라⁵에서도 돌아간다."[85](이사야 49장 12절) 그러나 우리의 논고 전체에 나타나게 될 신학, 도덕, 그 무엇이든, 그들 모두에서 발견되는 여러 유사한 관습을 고려할 때, 당신은 확실히 중국인과 히브리인이 고대에 서로에 대해 알고 있었다기보다는 중국인은 히브리인과 마찬가지로 노아의 직계 즉 노아라는 하나의 동일한 줄기에서 나왔다는 것을 알 수 있다.

따라서 만약 서로의 공감, 이름의 친연성과 시간의 일치성, 사건의 동시성, 또는 가장 유명한 예측들이 그 경우에 유효하다면,

─────

고 하며 이에 해당하는 한자를 제시한다. 그러나 키르허가 제시한 한자를 파악하기 어렵다. 『창힐의 향연』의 저자인 다케야 하사야는 키르허가 제시한 'ya'에 해당하는 한자를 경청의 의미가 있는 '雅'로 본다.

5   [역주] 웹의 영문은 "Behold, these shall come from far: and lo, these from the North and from the West, and these from the land of Sina. Isai. 49. v. 12."이다. 이것은 킹 제임스 흠정역의 "보라, 이들은 먼 곳에서 오며, 보라, 이들은 북쪽과 서쪽에서 오고 또 이들은 시님 땅에서 오리라."가 웹의 문맥에 더 맞다. 웹은 KJV(1611)의 'Sinim'을 'Sina'로 교묘하게 바꾸어 '시나' 즉 중국을 연상하도록 만든다.

우리는 이 주제와 대홍수 이후 세계의 플랜테이션에 대해 밝힌
모든 저자의 호기심 어린 조사를 근거로 다음과 같이 결론을 내
릴 수 있다. 즉 노아는 고국을 떠나 중국에 거주하였고, 방주에
서 내린 그곳에서 온 세상에서 가장 비옥한 토양은 아닐지라도
그 땅에서 즉시 경작하고 나무를 심었다. 그리고 그의 자손을 지
구의 그곳으로 인도하였을 것이다. 이곳은 그 자신이 홍수 이전
에 처음 살았던 곳이거나 그들의 상황과 이익에 가장 부합하는
것으로 알고 있었던 곳이었을 것이다. 사제인 안니우스(Annius)의
베로수스(Berosus)와 그의 지지자들이 주장하는 것처럼 노아와 후
손들은 아르메니아에서 아라비아 펠릭스(Arabia Foelix), 아프리카,
스페인, 이탈리아 순으로 세계 전역에 걸쳐 있지 않다―롤리경은
노아는 농부이지 방랑자가 아니라고 말한다. 또는 고로피우스
(Goropius)가 그랬던 것처럼 노아를 모든 장소 모든 시대에 있었던
어느 사람 즉 사마지우스 또는 자그레우스(Sabazius or Zagreus)[6], 프
로메테우스(Prometheus), 헤라클레스(Hercules), 오기게스(Ogyges), 데
우칼리온(Deucalion), 트리톤(Triton)[7], 기타 등등의 인물로 만들지 않

------

6   자그레우스: 오르페우스 신화의 유아신(幼兒神), 헤라의 명령을 받은
     타이탄 족에게 살해당하였다, 뒤에 디오니소스와 동일시되었다.

7   트리톤(Triton): 그리스 신화에서 반인 반어(半人半魚)의 해신(海神)

아도 된다.

그러나 우리는 특히 마르티니가 다른 문제에 있어서 아무리 유보적이라 하더라도 이 문제에 대해 매우 강한 확신을 가지고 있기 때문에 그를 간과해서는 안 된다. 그는 "그러나 나는 그들의 이름과 시대의 친연성이 매우 설득력이 있으므로 우리의 요(Yaus)가 야뉴스(Janus)와 동일하고 많은 사람이 야뉴스(Janus)를 노아(Noah)라고 생각한다고 주장할 수 있다."[86]고 말한다. 그러나 이 증언이 매우 분명하다고 해도, 우리는 저자들이 야뉴스에 대해 말한 것과 야뉴스를 노아로 보는 이유를 검토해야 한다. 그들이 홍수 이전과 이후의 세대를 보고 알았기 때문에 '바이프론(Bifrons)'으로 부른 인물과 우리의 야뉴스(Janus)가 절대적으로 일치한다는 것에 그들이 일반적으로 동의한다는 것은 따로 언급하지 않겠다.

야뉴스의 고대성에 대해 롤리 경[87]이 인용한 파비우스 픽토르(Fabius Pictor)[8]는 다음과 같이 증언한다. "야뉴스의 시대에는 군주제가 없었다. 왜냐하면 그 당시에는 통치에 대한 욕망이 인간을 둘러싸고 있지 않았기 때문이다. 야뉴스는 먼저 사람들에게 포

---

8 파비우스 픽토르(Fabius Pictor): 초기 로마의 역사가. 최고의 연대기 편찬자로 평가받는다.

도주와 식사를 제물로 바치는 것을 가르쳤다."[88] 그는 먼저 제단을 세우고 그들이 기도하곤 했던 정원과 외딴 작은 숲을 만들고 다른 신성한 예식을 제정했다.

이제 우리의 야뉴스가 여기에서 어디까지 관련될 수 있는지 생각해 보자. 마르티니는 "그의 덕스러운 행동과 명예로운 행동을 진실로 제대로 평가한다면, 그는 중국의 모든 사람뿐 아니라 전 세계에 존재했던 모든 최고의 왕과 동등하거나 뛰어났다."[89]라고 말한다. 그는 자비의 열정으로 살았고, 기도의 씨앗을 뿌렸고, 가장 높은 신성과 자주 상의했다.[90] 그는 허영심을 발아래 짓밟았고, 신민들을 재난으로부터 해방시키기 위해 금식과 기도에 자신을 바쳤다. 그리고 그는 모든 일을 매우 신중하고 훌륭하게 처리했다. 그러나 자세히 보면 우리는 그에게 천계의 경건과 유일한 지혜라는 중국식 문구가 부여되어 있는 것을 알 수 있다. 모두가 그를 떠오르는 태양처럼 환영하고, 그를 목마른 들판이 구름과 비를 기대하는 것처럼 열정적으로 기대했다.[91] 그는 강력했지만 오직 바른 일만 행했다. 고귀하고 부유하지만 교만하지 않았다. 절제하는 습관이 있었고 먹을 것을 탐하지 않았다. 간단한 인사와 직함을 사랑하여 집안에 비싼 물건을 두는 것을 경멸하고, 진주와 다이아몬드를 하찮게 여겼다. 성적인 유혹에 귀를

기울이지 않았다. 화려하게 장식된 집에 거주하지 않았다. 그러
나 사슴 가죽으로 된 모직 옷을 입고 추위로부터 자신을 보호했
다. 그러나 이것은 바로 중국의 왕인 경건한 요임금이라기보다는
요세푸스가 유대인의 왕이라고 불렀던 바로 그 노아가 아닌가?
마르티니는 그들이 "중국의 황제가 아니라 오히려 신성계에 있
는 어떤 사람에 대해 말하는 것처럼 보인다."[92]라고 말한다. 그러
나 우리는 매우 유명한 그의 덕목을 아직 끝내지 않았고 끝낼 수
도 없다. 왜냐하면 그는 매우 부지런하고 모든 사람이 쉽게 다가
갈 수 있으며 어느 누구의 끈덕진 요구에도 결코 화를 내지 않았
다. 무지로 인해 그의 면전에서 저질러진 무례함에 대해서도 불
쾌해 하지 않았다. 그는 기꺼이 백성들 사이의 차이점을 듣고 스
스로 결정했다. 그의 인내는 끝이 없었다. 그의 애정은 일을 대할
때 흔들리지 않았고 냉정한 상태에서 자비롭고 온건한 목소리로
나쁜 점들을 판단했다.

그리고 군주제가 당시 중국인들 사이에서 운용된 것은 사실
이지만—파비우스 픽토르는 당시 알려진 것보다 더 많은 것을
알 수 없었고 아마도 로마인들이 알고 있는 나라가 지상의 전부
라고 생각했을 수도 있다—그럼에도 불구하고 세상은 유아기이
고 무해하므로 그 당시 인간의 마음은 통치에 대한 열망에 휩싸

이지 않았다. 우리 야뉴스는 통치에 지쳤거나 통치를 경멸하여 물러나 고독한 숲에 갇혀 그곳에서 하늘과 천상의 것들에 대해 명상하며 살았다. 천상계의 움직임을 관찰한 후에 신하들에게 기도 정원과 숲을 제정하는 법을 가르쳤을 뿐만 아니라 인류의 이익에 필수적인 식목과 경작에 대해 가르쳤다.

우리의 야뉴스는 은자의 고독—마르티니가 물의 감소의 관계를 우리에게 알려준 이후 은자의 고독에 대해 말하기 때문에 그가 홀로 방주에 들어간 것은 아닌지 시간이 지나면 밝혀지겠지만 충분히 그럴 가능성이 있다—에서 돌아온 후 중국 제국에 이전 보다 더 나은 나라 즉 새로운 형태의 나라를 세웠다. 그는 이 나라에 신성한 의식, 사원 및 제사를 제정하였고, 민사 및 형사 법률을 구성하고, 오늘날에도 완전한 효력을 유지하는 다음 시대의 총관뿐만 아니라 신민들의 더 큰 편의를 위해 여러 사법 재판관을 임명하였다. 요컨대, 그는 나의 저자들의 말처럼 선함을 타고난 것처럼 자연스런 적합성으로 모든 것을 덕에 따라 벌했다. 이로써 그는 자신의 정의롭고 경건한 행위로 중국을 채우고 오늘날 중국인들은 그를 성자로 기린다. 중국의 모든 시대가 그를 기억한 것으로 볼 수 있다.

요임금은 아들 주(Chus)가 "말이 많고 고집스러우며"[93]말과 행동이 다르고, 보기에는 덕스러우나 실제로는 사악하므로 아들에게 왕위를 계승하지 않았다.

그 후, 그는 자발적으로 생전에 통치권을 사임하기로 고민했고 순임금에게 통치권을 주고자 했다. 순은 뛰어난 능력으로 높은 평가를 받지만 그 일이 자신에게 너무 과중하다고 하며 거부했다. 이에 따라 우리의 야뉴스는 자신의 통치권을 바르고 경건하지만 가난한 시골사람인 순에게 양보했다. 순은 뉘마(Numa)[9] 처럼 쟁기에서 왕홀을 쥐게 된 인물로 뉘마가 로마인들 사이에서 용맹으로 유명했던 것 못지않게 순은 중국인들 사이에서 덕으로 유명했다. 나는 그의 두 가지 원칙 즉 첫째, 아버지가 아무리 사악하여도 그의 아들은 아버지에 순종할 수 있고, 둘째, 아무리 불경스러운 사람일지라도 가르치고 도움을 주면 정직하고 덕스러운 생활을 할 수 있다는 말을 받아들이기 힘들다.

이제 마르티니와 뉴호프는 최근 조사로 요임금이 홍수가 나기 약 63년 전에 중국 통치를 시작했다는 것을 발견했다. 그러나 세메도는 단지 12년이라는 시간을 허용한다. 12년이든 60년으로 계산하든 그는 홍수 이전과 이후에 모두 살았다. 노아는 홍수를

---

9   뉘마(Numa): 뉘마 폼필리우스(753~673B.C.). 로마의 2대 황제

피해 아내와 아들, 며느리들만 데리고 떠났다. 어느 것도 이보다 확실한 것은 없다. 그러므로 이 'Yaus', 'Jaus', 'Janus'가 노아라 아니라면 누구인지 나는 잘 모르겠다. 만약 우연히 누군가가 전 세계적인 대홍수가 세계 창조 1656년 훨씬 이전에 일어났다고 말하지 않는다면 말이다. 이는 사마리아인이 아닌 정신이 말짱한 사람이라면 감히 하지 않을 전제라고 나는 생각한다. 왜냐하면 사마리아인의 경우 실제로 자레드(Jared), 므두셀라(Methusalah) 및 라멕(Lamech)의 나이를 줄임으로써 홍수 이전은 히브리인의 계산보다 짧고 홍수 이후의 족장들의 족보는 히브리인의 계산보다 훨씬 더 길기 때문이다.

마찬가지로, 이전의 유럽인들이 여기서 우리가 다루는 주제인 한 고대 민족 또는 마르티니[94]가 보다 정확하게 말하듯이 알려지지 않은 보편 세계를 조사하려고 할 때 더 신뢰할 수 있는 것은 현대 저자들의 글이라는 점에 주목해야 한다. 왜냐하면 지금까지 이 나라의 역사는 판단력이 있는 사람들에게조차 우화에 불과한 것으로 치부되었기 때문이다. 심지어 중국이 처음 발견된 시기에 살았던 인물인 로도비쿠스 바이브즈(Lodovicus Vives, 1493~1540)가 어떻게 사람들이 그런 하찮은 일에 시간을 보낼 수 있는지 의아해 한 것에서 이를 알 수 있다.

보시우스는 "그럼에도 그들의 역사는 사실일 수 있다."[95]라고 말한다. 왜냐하면 타타르 전쟁 이후 마치 신적 힘이 고대 역사의 진실성을 밝히기 위해 중국이 정복되어야 한다고 명을 내리기라도 한 듯했다. '그들'에 대한 발견이 전반적으로 이루어졌다. '그들의' 고대는 확실히 알려졌고, '그들의' 언어는 적어도 현재까지는 우리의 조사에 도움이 될 정도로 분명히 이해되었다. '시간'이 지나면 그 나머지도 알려질 것이다. 왜냐하면 이제 자유로운 대화가 허용되고, '그들의' 도서관에서 즐겁게 공부할 수 있고 처음에 예수회가 서적을 수집하기 시작했을 때 칙령에 의해 금지되었던 '그들의' 책을 이제 사고 인쇄할 수 있는 완전한 자유가 부여되었기 때문이다. 우리가 섭리에 의해 우리에게 주어진 것을 부지런히 활용한다면, 곧 머지않아 그들의 학문이 어디에 존재하는지를 조사하게 될 뿐만 아니라 그들의 언어가 오늘날 전 세계적으로 알려진 다른 모든 언어 중 가장 오래된 고대 언어이며 가장 유쾌하고 무해한 언어임을 알게 될 것이다. 보시우스는 "마침내 이 시대의 중국의 재앙은 우리에게 중국에 대한 지식을 주었다."[96]라고 말했다.

노아가 세계의 어느 지역에서 방주를 지었는지 성경은 완전히 침묵한다. 고로피우스 베카누스를 제외하곤 어떤 공인된 저자도 이에 대해 쓰지 않았다. 우리는 단지 이것 즉 방주가 북쪽이나 북서쪽이 아니라 시날의 동쪽에 있는 세계의 그 부분에서 건설되었다는 것을 확신한다. 롤리 경[97]은 그가 이해하기론 방주를 세운 장소는 홍수 이후 정박한 곳에서 멀지 않은 곳이라 말했다. 노아는 돛대나 돛—다른 배에서와 같이—을 사용하지 않고 방주가 다른 방식으로 움직이지 않았기 때문에 배의 선체나 몸체가 잔잔한 바다에서 움직이는 것과 같았다. 또한 계속해서 끊임없이 비가 내리는 동안 바람이 불었을 개연성이 낮아 방주는 건설된 장소에서 거의 움직이지 않았다. 왜냐하면, 기록된 바, "하느님이 바람으로 땅 위에 불게 하시매 물이 그쳤느니라."(창세기 8장 1절)하였다. 이를 통해 홍수가 내리고 물이 차오르는 동안 방주를 처음 있던 곳에서 먼 곳까지 옮길 수 있는 폭풍이나 강한 바람이 전혀 없었다. 롤리 경은 그렇게 말했다.

고로피우스 베카누스는 '인도 스키타이'에서 방주가 코카서스의 산에 착륙했다는 자신의 견해를 유지하며 그 산에는 훌륭한 백향목이 있기 때문에 노아가 그 산 근처에 방주를 지었다고 가정한다. 그는 노아가 하느님과 자연에 반역한 타락한 거인족에게서 자신을 분리하고 방주의 건축에 방해를 받지 않기 위해서 이곳에 갔다고 가정한다. 또한 그는 노아가 이곳에 간 이유는 이곳은 다른 운송 기구를 사용하지 않고서도 목재를 운송할 수 있는 강이 있어 목재 운송이 편리한 곳이라는 이유를 추가했다. 여기서 우리는 고로피우스가 노아에게 그토록 큰일을 하는데 필요한 것을 매우 조심스럽게 제시하는 것을 볼 수 있다. 그리고 그가 방주가 정박한 장소에 매우 근사치에 가까운 추측을 하고 있다는 것을 고려할 때, 그가 기후의 성질이 허용하는 여러 상황에도 동일한 기준의 잣대를 강화해야 할 충분한 이유가 있었다.

그러나 노아가 부패한 세상에서 물러나 중국에 자리를 잡은 명백한 발자취가 그 반대되는 증거보다 압도적임을 알았으므로 이제 우리는 코카서스를 버리고 자신 있게 중국이 노아의 정착지임을 단언해야 한다. 중국은 사람이 거주할 수 있는 지구의 어떤 나라보다 노아에게 방주의 건축에 필요한 편리함과 건축 재료를 제공해 줄 수 있기 때문이다. 방주가 제네바 성경[10]이 'Gopher'로 옮긴 소나무(Pinetree)로 만들어졌다면, 키르허[98]는 8명으로도 에워싸지 못하고 38명이 들어갈 수 있는 소나무가 중국에 있다고 말한다. 만약 '백향나무(cedar)로 옮기는 랍비'를 따른다

___

10 제네바 성경(Geneva Bible): 킹제임스본보다 51년전에 만들어진 역사적으로 매우 중요한 성경본으로 16세기 영국 개신교들의 주요 성경이었다.

면, 퍼차스[99]는 당신에게 중국인들은 백향목을 장례식의 관과 무덤에 사용할 정도로 중국에 백향목이 지천이라고 말할 것이다. 만일 70인역의 네모난 목재에 대해 말한다면 또는 라틴어 성경의 부드러운 목재에 대해 말한다면, 뉴호프[100]는 목수를 위한 모든 종류의 나무가 중국 제국 내에 많이 있고 나무가 감탄을 넘어 믿을 수 없을 정도로 많다고 단언한다.

목재의 운송에 강의 편리성에 대해 생각해 볼 수 있다. 물론 노아든 그의 조수들이든 이외의 기타 운송 수단이 있어야만 방주를 만들 수 있다. 고로피우스는 코카서스가 이 부분에서 이점이 있다고 말한다. 그러나 사실 중국이 이 부분에서 더 유리하다. 중국에는 111개 이상의 강이 있고 어떤 강은 배가 다닐 수 있는 하천이라기보다는 바다에 가깝다.[101] 그래서 키르허[102]는 강물이 닿지 않는 들판이 없을 정도라고 말한다. 마르티니[103]는 중국 제국의 거의 모든 곳은 배로 다닐 수 있다고 말한다. 반면 코카서스는 단지 세 강의 수원지임을 자랑할 수 있다.[104] 매우 유명한 인더스강(Indus), 히다스페스강(Hydaspes), 자레드라스강(Zaraedras)이 그것으로, 모두 코카서스의 남쪽에 수원지를 둔다. 반면에 옥서스강(Oxus)은 코카서스의 북쪽에 수원지를 두고 있다. 그럼에도 불구하고 이 산은 접근이 매우 어려워 인간의 힘으로는 그곳으로 목재를 운반하기 어렵다. 그러나 키르허[105]는 최근의 발견에서 인도 전역에서 가장 큰 강인 인더스강과 더불어 갠지스(Ganges), 라비(Ravi), 아트벡(Atbec)의 모든 수원지를 코카서스에서 100 리그(League)[11] 이상 떨어진 테베스(Thebeth) 왕국의 산에 둔다. 여기에서 고로피우스는 자신의 의견을 강화하기 위해 가장 중요한 강의 편리성을 완전히 제외하고 논지를 전개한다.

게다가 그는 세심한 주의를 하지만, 노아가 코카서스 산에 있을 때 역청을 마련해야 하는 문제를 완전히 망각한다. 절대적인 명령에 따라, 노아는 방주를 만들고 방주의 안과 밖을 역청으로 칠해야 했다(창세기 6장 14절). 롤리 경[106]은 노아가 하느님의 명령을 매우 잘 실행했다는 것에 주목하며 이 부분을 간과하지 않았다. 롤리 경은 "혹자는 노아가 사용한 역청이 지금의 사해 지역인 소돔과 고모라의 계곡 주변과 바빌론과 서인도 지역에 다량으로 있는 일종의 '비투멘(Bitumen)' 또는 '아스팔트(Asphaltes)'로 추정한다."라고 말한다. 나는 이 유명한 저자인 롤리 경을 매우 존경하지만 그럼에도 불구하고 그에게 노아가 그토록 중요한 일

---

11   [역주] 리그(League): 거리 단위이다. 웹은 이 저서에서 1독일 리그는 영어로는 4마일에 해당하는 것으로 보고 있다. "three hundred German Leagues, or twelve hundred English miles " (*History Essay, p. 126*)

을 하는데 필요한 그 엄청난 양의 역청을 운송하기에는 그 장소
들이 아라랏의 코카서스에서 다소 너무 멀다고 말할 수밖에 없
다. 왜냐하면 이들 지역 중 가장 가까운 곳이 그 산에서 약 700리
그 떨어져 있기 때문이다. 이에 반해 중국은 엄청난 양의 역청을
제공할 수 있고, 운반할 수 있는 배와 소나무가 무수히 많다. 이
러한 사실은 방주의 중국 정박을 뒷받침하는 확실한 증거가 될
수 있다. 그러나 이 나무들에서 나오는 역청의 종류를 우리는 매
우 환영하지만 '그들은' 그렇게 높이 사지 않고 사용한다. 중국
은 항상 '그들의' 나라 전역에서 다량으로 발견되는 역청을 사용
했다. 우리가 물고기의 한 종류에서 나온 오일로 모르타를 만드
는 것처럼 그들은 역청을 만들고 선박에 칠한다. 곤잘레스 멘도
자(Gonsalez Mendoza)[107]가 그의 『중국 역사』에서 말한 것처럼 '그들
의' 이 역청은 우리의 것보다 점성이 더 강할 뿐만 아니라 또한
벌레―바다에서는 결코 사소한 문제가 아니다―가 거의 먹지 않
을 정도로 목재를 돌처럼 내구성이 있게 만든다. '그들의' 배 한
척이 우리의 배 두 척보다 오래 간다. 그들이 배의 두께를 얇게
만들지 않았다면 훨씬 더 오래 갈 것이다.

　고로피우스는 노아가 코카서스 지역을 둘러싸고 있는 그 야
만적이고 황량한 고지대 국가에서 그를 도울 일꾼들을 어떻게

만나게 되었는지 우리에게 알려주지 않는다. 천사의 도움이나 이와 유사한 기적이 없었다면 노아와 그 가족들만으로 기본 뼈대를 세울 수 없었을 것이다. 반면에 재주가 뛰어난 중국인들은 노아에게 도움을 주었을 뿐만 아니라 하느님의 방주 건설 명령을 어떤 방식으로 실행해야 하는지 조언을 해 주었을 것이다. 만약 방주가 시날로부터 동쪽에 있는 세계의 그 지역에서 만들어졌다면, 그리고 그것이 확실하다고 본다면, 하늘 아래 그 어느 나라도 중국보다 시날에서 더 동쪽에 위치한 곳을 발견할 수 없을 것이다.

코카서스 산 주변에서 포도나무가 자란다는 것은 롤리 경과 고로피우스에 의해 널리 알려진다. 그들은 포도나무를 방주가 머무르는 장소에 대한 주요 논거로 사용하다. 그러나 사람이 거주할 수 있는 지구의 어느 지역에서든 포도가 자연적으로 자랐다면, 중국에서 특히 섬서성(Xensi)이 그러하다.[108] 그러나 마르티니[109]는 중국에서 가장 맛있는 포도가 산서성(Xansi)에서 생산된다고 말한다. 산서성은 그들이 칭송해 마지않는 요임금이 거주했던 평양(Pingyang)시가 있는 곳이다. 롤리 경이 주목하듯이, 노아는 포도나무가 바로 문 앞에 자라기 때문에 "포도나무를 찾아 멀리 나갈" 필요가 없었다. 그러나 중국에 포도나무가 많고 포도가 가장 맛있다 할지라도 중국인들은 포도로 술을 만들기보다 말려 건포도를 만들고 쌀로 곡주를 만든다.[110] 그들의 곡주는 우리의 포도주만큼 넉넉하게 많이 있고 고급지다. 마르티니는 어떤 방법으로 하는지는 잘 모르겠지만 그들이 곡주에 아이들의 살을 적신다고 말한다. 훌륭하고 강한 신체를 소유한 중국인은 이 술을 높이 평가하고, 그 향기로운 맛을 즐긴다. 그들이 곡주의 제조에 사용하는 쌀은 일반적인 쌀이 아니라 중국에서만 생산되는 특정 종류의 쌀이다. 그들은 이 쌀로만 이 술을 만든다.

고로피우스가 코카서스가 모든 산 중에서 세계에서 가장 높은 산이기 때문에 방주가 코카서스의 산 위에 머물렀다고 말한다면 그것은 전혀 말이 되지 않는다. 만약 방주가 눈이 백 개 달린 아르고스처럼 감지 지능이 있어 스스로 방향을 잡았거나 노아가 방향타를 그쪽으로 조종했다는 것이 분명히 드러났다면, 방주가 코카서스에 멈췄을 수도 있다. 산의 높이를 거론하자면, 코카서스 또는 세계의 다른 어떤 산보다 테나리프의 파이크(Pike of Tenariff)가 더 높기 때문에 이곳을 방주의 정박지로 생각하는 것이 더 근거가 있다. 우리가 방주가 산 위에 놓였다는 것을 확신하며, 더 높든 더 낮든 이 산은 물이 줄어든 후 방주가 처음 닿은 산과 같은 산이고, 그리고 물이 빠진 후에 그들은 동일한 장소에 정

착했다고 보는 것이 더 합리적이다. 그래서 성경과 우리의 이성
으로 판단해 보아도 방주가 머문 곳이 가장 높은 곳이어야 할 필
요는 없다.

그러나 가장 높은 곳이어야 한다면, 중국에는 접근할 수 없는
최고봉의 산이 있다. 키르허[111]는 이 제국에는 아름다운 산이 무
수히 많다고 말한다. 그 중 일부는 영원한 고요함에 쌓인 어마어
마하게 높은 산이고, 일부는 떠다니는 구름 속에 쌓여 산 정상
이 잘 보이지 않는다. 중국인들은 특히 가장 위대하고 가장 높
은 산인 태산을 매우 우러러본다. 그들에게 태산은 연구나 관찰
의 대상이 아니라 무아지경의 대상이다. 그들의 모든 행복과 행
운이 그 산에 있다고 가정한다. 왜 그럴까? 그들의 군주에게 복
을 주는 드래곤이 그곳에 살기 때문이다. 그러나 최초의 이유를
거의 추측할 수 없는 많은 일들이 지금 행해지고 있다. 이에 관
해 내가 끼어드는 것이 허용된다면 나의 추측은 다음과 같다. 중
국인들이 모든 행복과 번영을 그 산 덕택으로 보기 시작한 최초
의 기원은 아마도 그들의 조상이 홍수 때 그러한 산에 있던 방주
에서 살아남았을 때 느꼈던 행복과 행운 때문 일 수도 있다. 위
대한 구원은 모든 시대에 모든 나라에서 몇몇 방식으로 기념되
지만 이 사건과 관련하여 기념되었다. 그리하여 이스라엘 백성

은 애굽의 모든 장자가 죽임을 당할 때에 그들의 조상들이 살아
남아 구원을 받은 것을 기념하는 유월절을 지냈다. 그리고 나는
헤라클레스가 네마에(Nemaean) 사자를 죽였기 때문에 네마에 경
기(Nemaean Games)가 엄숙하게 거행되었다고 주장한 의견이 있다
는 것을 기억하고 있다. 그러나 더 권위 있는 일부 사람들은 아드
라스투스(Adrastus)[12]와 그의 군대가 테베로 가는 행군에서 네마에
숲에서 모두 죽었을 수도 있었지만 힙스필 여왕(Hypsiphile)[13]이 네
마에 숲에 있는 샘으로 인도하여 그들이 살아남을 수 있었기에
그들의 생존을 기념하여 네마에 경기가 거행되었다고 주장한다.
이러한 논쟁은 많다. 루페르쿠스(Lupercus)의 제의가 판(Pan)을 기
리기 위해 로마인들에 의해 제정되었다고 가정하지만 더 가능성
있는 전제는 이 축제는 그들의 시조인 로물루스와 레무스가 파
우스툴루스의 아내 루파의 젖을 먹고 양육됨으로써 구원받았다
는 것을 기념하기 위해 제정되었다는 것이다. 그리고 중국인의
조상이 보존된 것에서 이러한 믿음이 나왔다는 나의 추측은 완
전히 정당화되는 것은 아니지만 고려해 볼 만하다. 마르티니는

---

12 아드라스투스(Adrastus): 아르고스(Argos) 왕으로 테베 원정의 7용사
    (Seven against Thebes)의 우두머리

13 힙스필(Hypsipyle): 에게해의 섬인 렘노스(Lemnos)의 여왕

중국의 역사에 홍수가 났을 때 일부 사람들이 광동성(Quantung)의
고주(高州, Kaocheu) 근처의 부산(浮山, Feu)에서 목숨을 건진 기록이
있다고 말한다.[112] 뉴호프도 마르티니와 마찬가지로 "우리가 중
국인을 신뢰한다면, 광동성의 일곱 번째 도시인 고주의 인접한
곳에 부산이 있고 이 산은 다른 산과 비교할 수 없을 정도로 높
은 산으로 홍수가 내릴 동안 이곳은 몇몇 사람들의 피난처와 항
구의 기능을 했다."[113]고 말한다.[14] 방주에 대한 언급이나 노아와
그 가족들이 그곳에서 정박했다는 언급은 없지만 이렇게 살아남
은 사람들이 그들일 수도 있지 않은가? 그들만이 대홍수를 피했
고 중국의 홍수가 노아의 홍수와 동일한 것을 고려해야 한다. 모
든 인류가 완전히 멸망했을 때 중국인들 사이에서 사물에 대한
기억이 홍수 이전과 홍수 이후에 어떤 방식으로 보존되었는지는
노아와 그의 가족에 기대지 않고서는 알 수 없다. 그러나 노아와
그의 가족이 중국에 있었다는 것에 반대한다면 나의 추측에 동

---

14 [역주] 부산(浮山): 부산은 광동성에 위치한 광동성 최고봉이다. 북송
    시기에 저술된 『태평환우기』(太平寰宇記)에는 다음과 같은 기록이 있
    다. "浮山의 높이는 칠백 척에 이른다. 요임금 시기에 큰 홍수가 범람
    했을 때, 이 산만이 홀로 떠올라, 산위에 살던 사람이 침수를 피할 수
    있었으므로, 사람들이 이 산을 浮山(뜬 산)이라고 불렀다."(출처: 중문 위
    키)

의하기 어려울 것이다.

　노아가 홍수 이전에 중국에 살았다면 성경에서 명확히 말하는 노아의 방주가 아라랏의 산에 정박할 수 있겠는가? 코카서스가 아라랏의 산이라면 그 산은 중국에서 최소 400리그 떨어져 있고 그곳으로 가기 위해서는 배를 움직일 돛과 노와 조류가 필요하지만 그것들이 없고 배가 풀장에서처럼 위로 아래로만 움직이는 상황이었다. 그래서 노아가 방주를 정박한 곳은 코카서스 산맥에서 멀지 않은 곳으로 이곳에 살면서 방주를 지었을 가능성이 매우 높다고 롤리 경과 고로피우스가 추측한다. 이에 대해 다음과 같이 대답할 수 있다. 지중해 근처의 소아시아 지역인 리키아 지방에서 모세가 아라랏이라 부르고 지금은 타우루스(Taurus)라는 이름으로 알려진 산맥이 시작되고 이 산맥은 소아시아와 대아시아를 가로질러 코카서스에서 멀리 않은 곳에서 히말라시야(Imaus)와 만난다. 비록 고대 작가들은 이 산의 경로를 더 이상 추적할 수 없었지만 지금은 이후의 관찰로 이 산맥이 중국의 만리장성까지 이어지는 것이 관찰된다. 이 산맥의 본체는 서쪽에서 동쪽으로 동일한 경로를 유지하고 거기에서 갈라져 하나의 산맥은 서쪽에서 중국과 경계를 이루고 있고 다른 한 산맥은 북쪽으로 계속되어 코리아를 지나 동해로 이어진다.[114] 그리고

아시아의 이 극단 지역에 대한 가장 최근의 완벽한 지리적 설명
이 이것을 증언할 뿐만 아니라, 누구보다도 부지런히 그 지역을
찾아온 헤이린도 당신에게 이것을 확인해 줄 것이다. 그의 말은
다음과 같다. "중국은 북쪽으로 알타이, 동쪽으로 타타르와 경
계를 이루고 있으며, 여기서 아라랏 산맥의 일부인 연속된 산맥
에 의해 분리된다."[115] 아라랏에 코카서스가 있었던 것처럼 중국
에도 아라랏 산이 있었다. 성경에서 말했듯이 방주가 아라랏 산
맥 위에 정박했던 것처럼 중국의 아라랏 산에 정박했을 수도 있
다. 성경은 방주가 단수의 산이 아니라 복수의 아라랏 산에 정박
했다고 우리에게 가르친다. 아라랏이 일반명으로 소위 말하는
특정한 산이 아니라 산맥 전체 능선을 말하는 것이라는 명백한
주장이 있다. 오늘날에도 우리는 담론과 글에서 같은 의미로 피
레네(Pyraenian) 산이 아니라 피레네 산맥, 알프스 산이 아니라 알
프스 산맥으로 말하듯이, 타우루스 산이 아니라 타우루스 산맥
이라고 말한다. 또한 히브리어 읽기 방식에 따라 눈을 오른쪽에
서 왼쪽으로 돌리고 타우라(Taura)가 암소인 것을 인정하면 당신
은 'Taura'에서 'Ararat'가 만들어진다는 것을 기억해야 한다. 그
리고 고로피우스[116]가 살아서 최근의 발견을 정독했다면, 그러한
비합리적인 추론을 결코 하지 않았을 것이다. 매우 변화무쌍하

고 격렬한 바람이 일어나서 방주를 파로파미수스(Paropamisus)[15]의
남쪽에서 코카서스가 시작하는 북쪽으로 몰아갔다 다시 남쪽으
로 내려와 마침내 어떤 큰 행운에 의해 노아가 코카서스의 가장
높은 곳에 멈출 수 있는지 나는 모르겠다. 고로피우스도 롤리 경
도 그들 자신과 독자들을 이 산에 대해 지나친 지루한 논쟁으로
괴롭히지 않았지만, 의심의 여지없이 두 학자는 방주가 중국과
경계를 이루는 아라랏 산맥에 정박했다는 결론을 내렸다고 본다.
노아가 이 지역에 홍수 이전에 살았으므로 방주를 운반하는데 바
람도 돛도 노도 조류도 필요하지 않았고, 단지 물이 차오르면서
5개월이라는 시간동안 점점 위로 올라가 그 무게에 의해서만 풀
장에 띄운 배처럼 흔들렸을 것이다. 방주가 정박한 곳은 아래에
는 중국의 평원이 있고 위로는 인접한 아라랏 산이 있다. 이러한
가정은 성경의 말씀과 세속적인 역사에 모두 확실히 부합된다.

이와 같이 성경의 문구에는 니므롯과 그의 군대는 동쪽에서
시날 평원으로 갔었다고 되어 있다. 반면에 코카서스는 북쪽으
로 구부러져 있다. '그들이 동방에서 출발하였으므로 시날 땅에
서 평지를 발견하고 그곳에서 거하였다.' 마치 신의 섭리가 세상

---

15   파로파미수스(Paropamisus): 알렉산더 대왕 때 그리스가 통치했던 아프
      가니스칸 동쪽 지역

은 최극단에서라도 채워야 하고 이것이 그 이후 모든 세대의 법
이 되어야 한다고 명을 내린 것 같았다. 그들은 어떤 방식으로든
점차 플랜테이션을 운영하고 꾸려야 했다. 그러므로 우리의 조
상이 그랬던 것처럼 우리가 식민지를 자유롭게 어디에 세우든
항상 태양을 따르는 법을 지켜야 위험에 처하지 않는다. 그렇지
않으면 우리는 이유 없이 자연의 운행에 저항하게 된다.

따라서 롤리 경에 따르면, 노아는 방주에서 내려와 하느님께
구원의 감사를 드린 후 방랑자가 아니라 농부가 되었을 것이다.
니므롯은 방주가 있는 곳에서 시날까지 이동하는데 육 년이 걸
렸을 것이다. 그리고 시날로 가는 도중에 있는 인도는 더 빨리 사
람이 거주하게 되었고, 이로써 세미라미스와 대적한 스타우로바
테스의 군대는 인구가 증식될 시간이 충분했으므로 그 규모가
방대하였고 결과적으로 적군을 능가할 수 있었을 것이다. 그리
하여 롤리 경과 마찬가지로 고로피우스와 헤이린은 때로 북풍을
부르거나 또는 고로피우스의 주장처럼 때로 남풍을 부르거나 할
필요 없이 방주는 노아가 살았던 곳에서 멀지 않은 곳에 정박했
을 것이라고 생각한다. 노아는 동쪽에 정착했고, 그가 니므롯과
그의 군대를 다른 거주지를 찾도록 밖으로 보내기 전에 그의 거
주지와 가장 가까운 모든 장소에 사람들이 꽤 많이 거주했을 것

이다. 따라서 롤리 경도 말했듯이, 욕단의 아들들이 노아와 함께
뒤에 남아 갠지스 너머의 인도의 여러 지역에 질서 있고 조용히
들어가 살았을 것이다. 그들은 언어의 혼란 이후에 태어난 세대
이다. 바벨에서 이동하였다면 그때 그들은 아직 어렸으므로 가
족과 함께 양떼와 소떼를 끌고 바벨을 나와 모든 전쟁과 소동으
로 가득한 그 중간의 왕국을 지나갈 수 없었을 것이다. 따라서 헤
이린이 말했듯이 중국은 나머지의 모험가들이 새로운 부를 바벨
탑에서 찾아 나서기 전에 사람이 거주했을 수 있다. 그러므로 마
르티니가 말했듯이 요임금은 노아가 될 수 있다. 우리가 기록하
는 아시아의 이 극단 지역은 홍수 이전에 분명 사람이 살았고, 중
국의 역사는 방주에 보존되었고, 그곳의 사람들은 아주 고대에
예술과 과학의 완성에 도달했을 것이다. 따라서 윌렛(Willet)이 말
했듯이, 노아는 논쟁의 여지없이 종교를 심고 인류의 이익을 위
해 가장 훌륭한 일을 했을 것이다. 따라서 뉴호프가 말했듯이, 섬
서성(Xensi)은 가장 오래된 아시아 지역에 속할 수 있으며, 이를
기념하여 중국의 황제는 대홍수 이후부터 한나라 때까지 계속
이곳에 황궁을 두었다. 헤이린과 마르티니가 말했듯이, 의심의
여지없이 중국에는 이 대홍수가 멈춘 후부터 바벨의 기획과 언
어의 혼란 이전에 사람들이 살고 있었을 것이다. 따라서 중국 제

국의 언어가 다른 모든 언어보다 우수한 언어일 수 있다.

　　그리고 이로써 우리는 롤리 경의 주장 즉 세계의 이 동쪽 지역은 홍수 이후 사람들이 거주한 최초의 나라이고 노아가 니므롯과 그의 추종자들을 새로운 발견을 하도록 밖으로 보내기 전에 이곳에 플랜테이션을 심었다는 것은 타당성이 있다. 그리고 헤이린의 "중국은 바벨의 기획을 행하기 전에 셈의 후손들 중 일부에 의해 최초로 세워졌다."라는 추측은 충분히 근거가 있다. 그는 "중국의 극단적인 인구밀집, 여러 장엄한 도시, 모든 예술과 과학에서 나타나는 근면과 독창성은 그들보다 무지한 이웃에게 배웠다고 보기 어려우므로 이러한 결론을 내릴 수 있다."[117]고 말한다. 마르티니는 "당신은 정말로 중국과 경계를 이룬 인도의 모든 사람들은 중국인에 비해 단지 무례하고 야만적이라고 말할 수 있다."[118]고 말한다. 그리고 동쪽으로 가면 갈수록 더 교양 있는 이유에 대해 롤리 경은 오래 전에 노아가 직접 그들을 가르친 선생이기 때문이라고 말했다. 그러나 중국이 우수한 것에는 그들의 고대 신학 또한 그 근거가 된다.

제4장

중국의 지리와 인문

[119]가장 광대하고 위대한 왕국인 중국은 최근의 지리에 따르면 동으로 동해(Oritental Sea)와 경계를 이루고, 북으로 세계의 불가사의 중의 하나로 칭송될 만리장성이 중국과 고대 타타르(Tartaria antiqui), 여진족(Niuche) 지역, 니브흐인(Niulban) 지역, 탕구트족(Tangia) 지역과 경계를 이룬다. 서로는 일부는 매우 높은 산맥으로 일부는 자모(Zamo) 모래사막과 몇몇 왕국과 경계를 이룬다. 남으로는 적도(Meridional Ocean)와 통킹(Tunching), 코친차이나(Cochin-China) 및 기타 왕국과 경계를 이룬다. 세메도[120]는 중국의 영토는 스페인, 프랑스, 이탈리아, 독일, 북서유럽의 저지대 국가들, 영국, 영국령 섬들을 합한 면적과 맞먹는다고 말한다. 마르티니[121]에 따르면, 중국은 경도 약 30도로 닝보(寧波, Ningpo)―포르투갈인은 닝보를 리암보(Liampo)로 부른다―의 곳에서 아마시안(Amasaean) 또는 다마시안(Damasian) 산맥까지 뻗어있다. 위도는 북반구의 위도 18도에서 위도 42도까지이다. 이에 의해, 뉴호프[122]는 중국의 형상이 세로 450 독일 리그, 가로 330 독일 리그의 정사각형 모양에 가깝다고 했다. 그러나 이 거대한 대륙에는 다른

나라처럼 황무지나 사람이 살 수 없는 사막이 없고, 멋진 읍과 도
시로 가득하다.

　중국에는 15개의 성(省)이 있고 거의 모든 성에서 잉글랜드와
스코틀랜드를 합한 것보다 전쟁에 적합한 더 많은 남자들이 있
다. 따라서 홍수 전후에 인류가 번성하라는 인류에게 주어진 첫
번째 축복—창세기 1장 28절과 창세기 9장 1절—이 오늘날까지
하늘 아래 어떤 국가에 있다면 이곳 중국일 것이 분명하다. 중국
의 인명부에 따르면 10,208,516세대가 있고, 58,914,284명의 전
사가 있다. 게다가 왕실, 지방관, 환관, 수비대, 사제, 여성, 아동
은 인명부에 등록되어 있지 않다. 따라서 뉴호프는 마르티니와
키르허와 별반 다르지 않는 설명을 제시한다. 그래서 우리는 포
르투갈이 중국에 처음 도착했을 때 사방에 흩어져 있는 수많은
사람들을 보고 중국 여성이 한 번 아이를 낳으면 아홉 명 또는
열 명을 낳을 수 있는지 말해 달라 요청했다는 사실을 이상하게
생각할 필요가 없다.

　그리고 그 수를 아무리 작게 잡아도 그 정도면 사람들의 주거
지가 부족해야 한다. 중국 내에 웅장함과 명성에서 독보적인 150
개의 대도시가 있고, 대도시보다 규모가 적은 도시가 1226개가
있다. 모두 성벽과 해자로 요새화되어 있고 그 외에 성, 요새, 부

르고아즈, 읍, 마을, 촌 등은 그 수를 셀 수 없다.[123] 최소한 1마일
마다 매우 새로운 주거지가 나온다. 그럼에도 불구하고 모든 도
시는 하나의 형태 즉, 정사각형 모양을 따라 건축되어 이를 본 사
람이면 모든 나머지의 방식을 쉽게 이해할 수 있다. 집은 대부분
목재로 되어 있고 일반적으로 단층이다. 그들은 계단에 오르는
힘든 일을 피하기 위해 일반적으로 집을 단층으로 지으므로 집
터가 많이 필요하다. 높이로 부족한 것을 넓이로 보상받고자 하
기 때문이다. 그들은 외부는 거칠지만 내부는 모든 종류의 화려
함과 장엄함으로 장식한다. 키르허는 그렇게 말했다.

그러나 우리의 헤이린[124]은 더 구체적으로 중국에 591개의
도시(city), 1,593개의 성벽으로 둘러싸인 읍(town), 1,154개의 성
(castle), 4,200개의 성벽이 없는 읍(town), 그리고 무수한 촌(village)
이 있고 전체 나라가 하나의 도시인 것 같다고 말한다. 게다가 온
가족이 배 위에서 사는 경우가 있는데 그들은 그 배를 사고 팔고
그곳에서 태어나서 살고 죽는다. 키르허[125]는 배에 사는 사람의
수가 아주 많아 배에 사는 사람이 많은지, 아니면 시골과 도시 특
히 해안가의 시골과 도시에 사는 사람이 많은지 저절로 물어보
게 된다고 말한다. 그리고 육지의 가옥보다 훨씬 더 많은 숫자의
배라면 강을 뒤덮고도 남을 것처럼 보이지만 그렇지는 않다. 중

국의 속담에 중국 황제는 중국에서 말라카까지의 500리그를 배
로 이을 수 있다고 한다. 그리고 예인선이 통행하는데 방해가 되
거나 지체되어서는 안 되기 때문에 물가에는 어떤 나무도 자라
지 못하게 하고 물가에서 5피트 이내에는 어떠한 장애물도 허용
되지 않는다. 그리고 동일한 규칙이 여행객이 더욱 편리하고 빠
르게 도로를 이용할 수 있도록 도로에도 적용된다.

　　그러나 나는 키르허의 상세한 기술을 계속 언급하지 않을 수
없다. 키르허[126]는 그 정도의 힘을 지닌 중국의 위대함은 지구에
서 더 강력하고 인구가 많은 다른 군주국과 견주어도 더 뛰어나
다고 말한다. 중국에는 왕국만 해도 그 안에 매우 번성한 도시들
이 무수히 많아 하나의 온전한 성(省, province)이라고 말한다고 해
도 지나치지 않다. 도성에는 대부분 읍, 성, 촌, 사당을 갖추고 있
다. 그래서 모든 시대에 기억될 300 리그의 성벽이 바다에서 바
다로 이어져 있다면, 중국 전역이 얼마나 위대하고 얼마나 크든
하나의 도시라고 말해도 과언이 아닐 것이다. 그 안에는 인류의
삶에 필요한 것이 무엇이든 무한히 풍부하게 있다. 세계의 다른
왕국들 사이에 여기저기 흩어져 있는 자연의 지혜로운 근면이
바로 이 왕국 안에서 압축되어 있는 것처럼 보일 정도이다.

　　나는 또한 당신에게 중국 황제의 수입이 연간 1억 5천만 크라

운에 달하며 그것이 어떻게 거두어지고 처분되는지 알려 줄 수
있지만 이에 대해서 언급하지 않겠다. 나는 우리의 현재 논고에
더 중요한 주제인, 그들이 우상 숭배에 감염되기 전에 숭배했던
그들의 고대 신학을 다루고자 한다.

세계의 모든 국가 중에서 중국은 자연의 빛에 이끌리는 것을
가장 피했고 그들의 종교 규칙에서 가장 적은 오류를 범했다.[127]
우리는 함과 야벳의 후손들, 그리스인, 로마인, 이집트인이 지
금까지 그들의 신성한 예배를 얼마나 어리석은 짓으로 채웠는
지 알고 있다. 반대로 중국인들은 태고 때부터 그들이 하늘의 군
주 즉 상제라고 부르는 하나의 신만을 인정했다. 뉴호프에 따르
면, 그들의 4,000년 이상의 연대기로 볼 때 그들보다 죄를 덜 지
은 이교도는 결코 없었다. 이로써 그들의 나머지 행동은 올바
른 이성이 요구하는 바에 더 부합한다. 그리고 니콜라스 트리고
(Nicholaus Trigautius, 1577~1628)[128]는 『기독교인의 중국 탐험(Christian
Expedition into China)』에서 이에 완전히 동의한다.

그러나 마르티니[129]의 이야기를 들어보자. 마르티니에 따르면,
모든 중국인은 만물의 위대한 창시자에 대해 놀라울만큼 침묵한
다고 한다. 왜냐하면 그토록 방대한 언어로도 하느님을 지칭하
는 이름이 없기 때문이다. 그럼에도 그들은 때때로 하늘과 땅의

최고 통치자를 의미하기 위해 '상제(Xanti)'라는 단어를 사용한다. 이 '신성(Numen)'은 중국인의 '신성사문자(Tetragrammaton)'라고 말할 수 있고, '상제'라는 이름으로 공언하고 숭배하는 '제우스 옵티무스 막시무스(Deus Optimus Maximus)'가 있었다. "그들은 최고의 신에게 하듯 그에게 제물을 바치고 그들의 기도를 쏟아 부었지만 신심을 고취하기 위해 조각상이나 형상을 사용하지 않았다."[130] 그들은 전능하고 이해할 수 없는 신성을 숭배하지만 인간의 눈에 보이는 어떤 형상으로도 그 신성을 대표할 수 있다고 믿지 않았기 때문이다. 이제 이 백성이 노아나 셈이 아니면 그 누구에게 이와 같은 신성한 원칙에 관한 가르침을 받을 수 있었겠는가? 우리는 노아와 셈의 후손인 히브리인들이 민수기의 율법에 따라 제사장이 성소 안에서 백성을 축복할 때를 제외하고는 여호와라는 이름을 사용하는 것을 법으로 금했다는 것을 확신한다(민수기 6장 23절). 또 히브리인들이 위로 하늘에 있는 것이나 아래로 땅에 있는 것이나 땅 아래 물속에 있는 것의 어떤 형상이든 그에게 어떤 이미지를 새기지 말라고 했다(출애굽기 20장 4절).

그러나 마르티니는 우리를 더 멀리 인도할 것이다. 오늘날 그들은 어떤 '신성(Numen)'을 숭배하지만 그것이 무엇인지 진실로 모른다. 내가 덧붙이자면, 아테네인들은 사도가 우리에게 지시

한 대로 하늘과 땅을 만드신 하느님이신 알려지지 않은 신에게
바쳐진 제단을 가지고 있었다(사도행전 17장 24절). 그러나 마르티니
는 "고대의 중국인들은 노아가 준 교리에 근거해서 진정한 하느
님을 천명했다는 것을 의심할 수 없다."[131]고 말했다.

중국인들은 많은 사람이 실수로 불멸의 산에 가고 그들이 원
할 때 신령처럼 날아 하늘로 올라간다고 생각한다. 마르티니[132]는
이것이 에녹과 엘리야의 역사에 근거를 두고 있다고 추측하고
싶어 한다.

중국의 플라톤으로 불리는 철학자 공자가 저술한 책에 명백
히 나타나듯이 그들은 그리스도에 대한 약간의 지식이 없는 것
이 아니었다. 공자는 우리의 플라톤과 아리스토텔레스처럼 숭고
하고 심오하고 실제로 더 먼 옛날의 고대인으로 권위 있는 저자
이다. 마르티니는 "공자는 말씀이 육신이 될 것을 예견했고 그
것이 중국의 주기—그리스의 올림픽이 4년이듯이 중국의 주기
는 60년이다—의 어떤 연도에 발생하게 될 것을 알았다."[133] 고
말했다. 그리스도의 탄생 해에 중국을 다스린 황제는 평화를 의
미하는 평제(平帝, Pingus)[16]로 불리고, 슬픔을 의미하는 애재(哀帝,

---

16 [역주] 'Pingus'는 전한의 마지막인 14대 황제로 재위 기간은 기원전
    1년에서 기원후 5년이다.

Ngayus)[17]로 불리지 않는 것은 놀랍다.[134] 그러나 하느님의 놀라운 섭리에 의해 진정한 평화의 왕인 그리스도가 이 땅에 온 그때 중국의 황제도 또한 평화의 황제인 효평황제로 불렸다는 것은 신의 놀라운 섭리가 아니면 무엇이겠는가.

내가 퍼차스[135]의 책에서 발견한 니콜로 데 콘티(Nicolao di Conti)는 중국인들이 아침에 일어날 때 동쪽을 바라보며 손을 맞잡고 "삼위일체 안에 계신 하느님이 그의 율법 안에서 우리를 지켜주시길"[136] 기원한다고 말했다. 그러나 그들이 고대부터 쭉 그렇게 했는지 확실하지 않고 마르티니도 그 부분에 침묵하므로 우리는 이것을 주장하지 않을 것이다.

공자로 돌아가자. 그는 최고의 완성은 "자기가 하기 싫은 것을 타인에게 강요하지 마라"라는 일상적인 말에 있다고 결론을 내린다. 이것이 율법이고 예언이다. "너희는 남에게서 바라는 대로 남에게 해주어라."(누가복음 6장 31절과 마태복음 7장 12절) 라고 했다. 공자는 기원전 500년도 더 전에 영향력이 있었던 인물이지만, 그럼에도 다수의 그의 후손들이 오늘날 큰 영광을 누리며 살고 있다.[137] 중국을 제외하고 세상 어디에도 위인의 가문이 위인

---

17   [역주] 'Ngayus'는 전한의 13대 황제인 효애황제 즉 애제의 라틴어 음
      역이다. 기원전 7년에서 기원전 1년 사이 재위한다.

덕분에 대대손손 명예를 얻는 곳은 없다. 실제로 중국에서 이와 유사한 여러 사례가 발견된다. 특히 그리스도의 부활 1122년 전에 기자는 탁월한 학식으로 주나라 1대 황제인 무왕(Faus)에게서 조선을 하사받았다. 그의 직계 후손인 한국의 왕들은 2790년 동안 왕국을 계속 통치하는 영광을 누렸다.

중국의 가장 학식 있는 철학자들은 혼돈을 만물의 시작이자 기원으로 삼는다.[138] 최고의 비물질 또는 영적 존재가 혼돈에서 물질적인 것을 창조했다. 그들은 세계가 동지에 제일 먼저 하늘이, 그 다음은 땅이, 그 다음은 생명체가, 마지막으로 인간이 창조되었다고 주장한다. 이것은 모세가 창세기 1장에서 말한 천지 창조의 방식과 동일하다.

혼돈에서 만들어진 세계는 혼돈 속으로 다시 빠지게 될 것이다. 다시 혼돈으로 빠지기 전에 모든 질서와 만물에 큰 동요가 있을 것이다. 큰 전쟁이 일어나고 왕국의 반란이 있을 것이고 그로 인해 공적인 재앙이 온 지구 전역에 일어날 것이다. 그들의 이러한 명확한 표현이 마태복음 24장 6절[18]에서 선언하는 우리의 구

---

18 마태복음 24장 6절, "또 여러 번 난리가 일어나고 전쟁 소문도 듣게 될 것이다. 그러나 정신을 차리고 당황하지 마라. 그런 일이 꼭 일어나고야 말 터이지만 그것으로 그치는 것은 아니다."

세주의 말씀과 완전히 일치한다.

여기에 덧붙여 그들이 책에서 자주 하는 주장은 선은 보상을 받고 악은 벌을 받는 것이 정해져 있다는 것이다. 그러나 이 주장은 단지 우리의 현재 삶의 조건과 관련되는 것 같다. 마르티니[139]는 중국인들이 사후의 심판을 아는 것 같지는 않다고 한다. 그들의 고대 '신학'은 그들을 그 정도로까지는 인도하지 않는다. 그럼에도 불구하고 트리고[140]에 의하면, 그들은 종종 죽은 자가 천국에 사는 것처럼 말하며 모든 시대에 항상 영혼의 불멸성을 의심하지 않았지만, 사악한 자들이 지옥에서 받을 형벌에 대해서는 전혀 언급하지 않았다고 한다.

그들은 '정의(Justice)'라는 이름을 모든 사람에게 자신의 정당한 몫을 주려는 지속적이고 영구적인 의지라는 의미에 국한하지 않는다.[141] 그들은 정의를 상당히 자유롭게 해석하여 이성에 부합하는 모든 행동이 정의를 의미하는 것으로 본다. 진정한 격언은 이성에 합당한 것은 무엇이든지 바르게 정당한 것으로 말할 수 있다는 것이다. 그리고 경건(piety)의 이름으로 그들은 하느님, 부모님 또는 그들 자신에 대한 사랑뿐만이 아니라 모든 사람에 대한 보편적인 사랑을 의미하는 것으로 이해한다. 왜냐하면 그들이 정의를 잘 행동하는 것과 관련된 법과 편의로 이해하는 것처럼, 경건도 마찬가지로 잘 사랑하는 것과 관련된 방법과 규칙으로 본다. 이것은 신성한 원리이다. 왜냐하면 우리는 이웃을 우리 자신처럼 사랑해야 하기 때문이다. 이것은 마태복음 22장 39절[19]에서 말한 바이다.

중국인의 이러한 깊은 신성은 특정 성찰을 허용한다. 그로티우스(Hugo Grotius, 1583~1645)는 「신과 섭리(God and his Providence)」에서—나는 그의 글을 바크스데일(Barksdale)의 영역본의 18쪽과 19쪽에서 보았다—우리에게 다음과 같이 말한다. 이스라엘 백성이 애굽에서 나올 때, 광야에 있을 때, 가나안 땅으로 들어갈 때 일어난 기적을 기록한 모세의 책을 확실히 믿을 수 있다. 왜냐하면 현재의 유대인이 그들의 부모로부터, 그들의 부모가 또 그들의 부모로부터, 그리하여 마침내 모세와 여호수아 시대에 살았던 이들에 이르기까지, 확실하고 끊임없는 전승에 의해 이러한 기적들을 받았을 뿐만 아니라, 또한 히브리인들 사이에는 모세가 신의 신탁을 받았고 히브리인의 지도자가 되었고 또한 그가 자신의 영광을 꾸미지 않고 자손들만 편애하지 않았다는 영속적인 명성이 있었기 때문이다. 그로티우스는 모세가 우리를 속일 이

---

19   마태복음 22장 39절, "네 이웃을 네 몸같이 사랑하여라."

유가 전혀 없음을 모든 것이 선언한다고 말한다. 이제 중국인의 이러한 '신학'은 히브리인처럼 전승과 영속적인 명성으로 전해지는 것이 아니라 모세가 태어나기 700여 년 전에 발생했던 전 세계적인 대홍수 이래로 매 시대 연속적으로 쓰인 기록물들에서 발견할 수 있다.[142] 이러한 책의 내용은 그리스도와 모세가 우리에게 가르쳤던 것과 그리고 우리가 공언하는 것과 똑같이 일치한다. 그리고 중국인이 이러한 책을 씀에 있어 그들은 그들 자신의 영광을 꾸미지 않고 그들 자손만을 편애하지 않았다. 이것은 중국인들이 우리를 속일 이유가 전혀 없다는 것을 선언한다. 나는 그들이 이러한 신학을 "노아가 그들에게 가르쳐준 교리"[143]에서 받았다는 것을 의심할 이유가 전혀 없다고 본다. 이것은 마르티니가 그들의 책에서 확언한 바이기도 하다. "그 당시에 노아만큼 올바르고 흠 없는 사람이 없었다. 그는 하느님을 모시고 사는 사람이었다."(창세기 6장 9절)라는 것을 고려하면 더욱 그러하다.

나는 키르허를 주로 참고하여 그들의 통치 방식에 대해 말하고자 한다. 키르허[144]는 다음과 같이 말한다. 만약 세계에서 정치원칙과 올바른 이성의 명령에 따라 구성된 군주국이 있다면, 모든 것이 아주 질서 있게 배치되어 있는 중국이 그러한 나라이다. 중국은 문인 또는 현인이 모든 문제를 다스리고 통치한다. 그들이 중국 제국 내에서 관여하지 않는 업무는 거의 없다. 학문과 과학에 탁월한 인물만이 이러한 영광스런 자리에 오를 수 있다. 한마디로 그들의 왕은 철학자이고, 그들의 철학자는 왕이다. 세메도[145]는 그들이 모든 것을 선정, 화합, 평화, 가족의 고요함, 그리고 미덕의 행사에 가장 도움이 되는 방식으로 통치한다고 말한다. 그가 그토록 위대한 제국이 잘 관리되는 하나의 수도회인 것 같다고 말한 것에서도 이를 알 수 있다.

중국의 최초의 통치 형태는 황제 시대에 이르기까지 히브리인의 아브라함과 롯에 대해 기록된 바와 같이 부계 통치였다. 그러나 그들의 역사가 이러한 부계 통치 기간 동안 일어난 일에 대해 언급한 것에 대해 신뢰하기 어렵다. 이미 언급했듯이 중국인 자신들도 그들의 황제인 복희씨가 통치하기 전의 연대기를 신뢰하지 않는다.[146] 그 연대기는 우스꽝스럽고 위조된 것이 대부분이기 때문이다.

그들의 첫 세대 황제는 선출되었다. 그러나 우리의 중국 저자들과 우리가 따르는 히브리어 성경 또는 불가 성경의 계산에 따르면, 기원전 약 2207년, 즉 언어의 혼란이 있기 44년 전, 그때부터 그들의 통치 권리는 세습되기 시작했다. 홍수 이후 왕위 계승이 무수히 많았지만 우상숭배자는 없었다. 그러나 하늘과 땅의

진정한 신을 믿고 제사를 지내는 숭배자와 사제가 있었다. 그들
의 이 행위는 족장인 아브라함, 이삭, 야곱이 익숙하게 하던 행위
로 노아에게서 배운 것이 틀림없다. 황제가 아닌 다른 사람이 제
사를 집행하는 것은 합법적이지 않았다고 마르티니는 말한다.
당시 중국은 왕의 홀을 손에 쥔 사람만이 사제로서의 위엄을 가
질 수 있다고 생각할 정도로 신성한 일을 매우 숭상했다. 전 세계
는 이미 기원전 여러 세대 동안 우상숭배를 했지만, 중국인들이
우상숭배를 알게 된 것은 그리스도의 탄생 이후였다.[147] 함의 후
손들은 심지어 노아 시대부터 우상을 숭배하기 시작했고 이스라
엘 사람들은 이미 천 년 전에 하느님을 저버렸다. 중국인들이 우
상숭배에 빠진 후 바빌로니아인, 이집트인, 그리스인 등 그 어느
민족보다 미신을 믿고 여러 신을 섬겼다.

중국인들은 고대 신학을 내던진 후 현세의 영원성이라는 오
류에 빠졌다. 마르티니[148]가 우리에게 알려주는 바와 같이 중국
인들은 최근에 중국에 복음을 전파한 예수회의 하비에르(Francis
Xaverius, 1506~1552)처럼 서기 56년에 중국에 들어온 인도 철학자
의 우상 숭배에 감염되었다.[149] 오늘날의 유대인들은 '여호와
(Jehovah)'를 발음하는 것을 죄로 여긴다. 마찬가지로 중국인들은
오늘날의 우상숭배에도 불구하고 그들의 황제만이 상제에게 제

사를 지닐 수 있고 황제 외의 사람이 이러한 행위를 할 경우 사
형에 처할 정도로 죄악시한다.[150] 그러나 진정한 신에 대한 고대
의 지식과 계속해서 이어져 온 상제 숭배는 좀 더 진지한 성찰을
요구한다. 왜냐하면 우리는 요세푸스[151]에서 노아가 방주에서 나
올 때 그를 구원해주신 하느님께 감사의 제사를 드렸음을 발견
하지만 아브라함의 시대까지 그러한 예배를 언급한 대목이 성경
에 없기 때문이다. 아브라함은 하느님이 특별히 선택하고 부르
신 인물(창세기 12장)이라고 우리는 배웠다. 요세푸스[152]가 말하길,
아브라함은 무엇보다도 가장 먼저 하느님은 오직 한 분이시니
곧 만물의 통치자이시며 창조자라는 것을 설파하고 증명하였다.
그때 중국에 만물을 다스리고 보존하는 한 분의 하느님이 노아
에서 아브라함까지 숭배를 받았을 뿐만 아니라 아브라함에서 바
로 오늘날까지 모든 기간 동안 그들에게 특히 그들의 문인들에
게 계속해서 숭배를 받았다. 그래서 만약 성 어거스틴이 그 시대
에 아시아의 이 극동 지역에 대해 알았더라면, 그가 정한 신의 도
시와 셈의 천막의 범위보다 훨씬 더 크게 그렸을 것이다.

　아리스토텔레스가 아시아 사람들에게 말한 것은 중국인의 성
격으로 증명된다.[153] 우리 유럽인들은 그들보다 용맹하고 그들은
우리보다 섬세한 발견에서 뛰어나다. 그들은 현명하고 정치적이

며 갑작스러운 긴급 상황에서 가장 예리하고 단호하다. 그들은
또한 노력하고 근면하여 유용한 것은 하나도 놓치지 않는다. 모
든 귀중품이 매우 풍부함에도 불구하고 그들은 온갖 넝마와 누
더기, 개의 뼈, 암탉의 깃털, 돼지의 털, 온갖 종류의 가장 더럽고
악취가 나는 배설물 등을 모으고 모아서 좋은 상품으로 만든다.
그들의 뛰어난 재주는 종종 왜곡되어 그들은 다른 사람들을 당
혹스럽게 하고 교묘하게 속이는 것을 매우 즐긴다. 그러나 그들
은 게으름과 나태를 극도로 싫어하고 이익을 얻을 최소한의 희
망이 있다면 아무리 큰 노력을 들이더라도 얻고자 하고 그것을
수고라고 생각하지 않는다.[154] 그들은 건강하고 강하며 민첩하고
날렵하고 생기 있다. 어떤 지역의 중국인은 유럽인처럼 얼굴빛
이 희고, 그들의 납작한 코, 가는 수염, 돌출된 긴 눈, 넓은 얼굴에
서 유럽인들과 다른 면도 있지만 매우 유사하다. 남성과 여성 모
두 검은 긴 머리를 좋아한다. 여성들은 일반적으로 키가 작지만
용모는 관후하고 우아하다. 중국인들은 여성의 가장 큰 우아함
과 아름다움이 그녀의 작은 발에 있다고 생각한다. 그러므로 태
어나자마자 발이 크지 않도록 필레(fillet)로 발을 꼭꼭 싸맨다. 그
들 중 일부의 발은 염소나 송아지 발 정도의 크기 밖에 되지 않
는다. 그들은 매우 예의바른 민족이지만 이 부분에서 우스꽝스

럽고 이상할 정도로 어리석어 만약 헬레나를 중국에 데리고 왔
다면 그녀의 발이 기형적으로 크다고 비난할 것이다. 중국의 여
자들은 남자들에게 사랑스럽게 보이기 위해 기꺼이 고통을 참고
견딘다.

중국인의 첫 번째 학문은 수학, 점성술, 천문학이었고, 그들이
노아로부터 기본 요소들을 배웠을 것이라 어느 누구도 생각하지
못했을 것이라 추측한다. 셋의 자손이 홍수 이전 중국에서 이런
분야에서 발견한 것을 후손에게 기록으로 남길 정도의 놀라운
진전을 이루었으니 말이다. 마리티니는 "중국인들의 첫 번째 학
문은 수학적인 것이고 노아가 그들의 후손들에게 직접 전하듯이
전달된 것으로 보인다."[155]라고 말한다.

그들은 고대부터 모든 시기에 항상 예술만큼이나 농업과 식
목도 즐겼고 그 분야의 놀라울만한 전문가이다.[156] 다른 나라에
편견 없이 진정으로 확언할 수 있을 정도로 중국인들은 세계 어
느 민족보다 부지런히 노동하는 전문가이어서 제국 전역에 원래
비옥한 땅이든 개간으로 비옥해진 땅이든 사람의 손길이 닿지
않거나 버려진 땅을 한 뼘도 발견하기 어렵다. 그러므로 그토록
많은 수의 인구가 온갖 종류의 식량을 충분히 공급받았다는 것
과 그들이 농부였던 노아에게 농사법을 배운 후 농사 전문가가

되었다는 것이 놀랍지도 않다. 토지의 9번째 부분은 황제를 위한 것이다. 새로운 식민지에 정착할 때 그들은 항상 모든 가족에게 동일한 비율을 할당하여 똑같이 분할했다. 그들은 그것을 다시 아홉 부분으로 나누었는데, 그 중간의 땅은 황제의 것이었다. 백성이 항상 마음속으로 황제의 안전을 중히 여기듯 황제의 땅도 모든 땅의 중심에 놓여 있었다.

　그들의 자연과학은 식물과 약초에 대한 지식으로 이루어진다. 그들은 어떤 것이 가장 안전하고 안심할 수 있으며 사람들의 체질과 안색에 가장 적합한지 알았다. 이 분야를 잘 아는 학자이자 전문가인 한 중국 황제는 하루만에 60 종류 이상의 독초와 그 해독제로 사용될 60 종류 이상의 약초를 발견했다고 한다.[157] 그러므로 오늘날 그들은 그를 천하의 명의라고 부른다. 그러나 우리의 유럽인들은 그리스 의사인 갈렌(Claudius Galen, 130-200)을 참조하여 아주 쉽게 뜻하는 바를 이루기 때문에 약초를 알기 위해 요구되는 고통스러운 공부를 하지 않는다. 마르티니는 우리의 의사는 말을 하고 그들의 의사는 치료를 한다고 말한다. 키르허[158]도 중국 의사는 전승—키르허와 마르티니의 표현은 전통적인 진료법이다—으로 배워 진맥을 잘하는 것으로 유명하다고 말한다. 그는 맥으로 병의 원인, 결과, 증상을 감탄스러울 정도로 잘 알아내고 그에 따른 적절한 치료법을 제시한다.[159] 그는 결코 처방전을 쓰지 않고 대신 방문한 환자에게 직접 약을 준다. 그는 환자에게 머리, 위, 배 등 어디가 아픈지 묻지 않고 베개 또는 다른 유사한 물건에 양손을 놓게 한 뒤 진맥을 할 뿐이다. 그는 잠시 맥의 움직임을 관찰한 후 이를 바탕으로 환자의 질병을 선언한다. 진맥을 잘하는 이 의사는 오진하는 경우가 거의 없다.

시는 아주 고대부터 있었다. 중국의 시는 우리와 상당히 다르다. 그들은 작품을 저자가 시적 황홀함이 끝났을 때 그 자신도 이해하지 못할 수 있는 그러한 우화, 허구, 알레고리적 기상 등으로 시를 채우기 않는다.[160] 그러나 '영웅시'에서 그들의 왕이 공정하게 통치하고, 조정의 대신들은 의롭게 지도하고, 그들의 백성은 그들에게 충성하라는 교훈시를 쓴다. 그리고 나쁜 일을 하지 못하도록 공포심을 불어넣고 선한 덕행을 고취하는 시를 짓는다. 자연을 주제로 한 철학적인 시도 있다. 사랑을 노래한 시도 있지만 우리처럼 그 주제를 경솔하게 다루지 않는다. 매우 순결한 언어로 가장 순결한 귀에 외설적인 불쾌한 단어가 없는 사랑의 시를 짓는다. 더욱이 그들은 '은밀한 부위'를 표현하는 문자가 없고, 그들 책의 어디에도 그런 음탕한 글자가 발견되지 않는다.[161] 게다가 하늘 아래 어떤 언어도 이와 같지 않다. 오늘날 중국인

들은 이런 표현에 놀라울 정도의 침묵을 보여준다. 그것은 그들
이 노아가 벌거벗은 것이 발견되었을 때 느꼈을 수치심을 혐오
하여 그들의 자손 대대로 영원히 망각 속에 그 사실을 묻어두라
는 책망에서 나온 것이 아닐까?[20] 그리고 그들이 포도주를 혐오
하는 것도 이러한 이유 때문이 아닐까? 그래서 지금까지 예수회
는 미사에 사용할 포두주를 발각시 당할 위험을 무릅쓰고 많은
비용과 노동력을 들여 마카오에서 들어와야 했다. 그러나 이제
그들은 포도주를 산서성에서 조달하고, 이전에는 가능하지 않았
던 지방에서도 포도주를 관리한다. 우임금(Yuus)의 재임 기간 동
안 곡주 제조법을 발견한 이는 이 일을 하지 못하도록 추방당했
다.[162] 술을 만들거나 마시는 모든 이에게 중벌을 내리는 칙령이
내려졌지만, 그럼에도 그들의 곡주를 금할 수 없었다. 미신 때문
에 포도주를 경멸하게 할 수는 있었지만, 어떤 정책으로도 곡주
를 자제하도록 강요할 수는 없었다.

　도덕 철학의 경우, 그들의 조상들은 다섯 가지 기본 덕목 즉

━━━━　　20　노아의 아들은 셈(Shem), 함(Ham), 야벳(Japhet)이다. 이들에게서 온 인
　　　　　류가 퍼져 나갔다. 함은 가나안의 아버지로 아버지의 잠든 광경을 형
　　　　　과 아우에게 일러 주었고, 셈과 야벳은 잠든 아버지를 겉옷으로 덮어
　　　　　주었다. 노아는 잠에서 깨어나 셈과 야벳을 축복하고 함의 아들 가나
　　　　　안은 셈의 노예가 되라고 저주를 내렸다(창 9, 18~27).

'경건(Piety)', '정의(Justice)', '정중(Policy)', '분별(Prudence)', '신실(Fidelity)'을 매우 높이 평가한다. 그들의 고대 기본법은 오늘날에도 과거에 못지 않게 많이 회자되는 이 다섯 가지 기본 덕목에 토대를 두었다.[163] 중국의 고유한 관용구에서 인(Gin), 의(Y), 예(Li), 지(Chi), 신(Sin)으로 표현되는 덕목을 살펴보자.

인(Gin): 그들은 인이 '경건', '인간애', '자비', '경외', '사랑', '연민'을 의미한다고 말한다. 그들은 인을 자신보다 타인을 존중하는 것, 상냥한 것, 고통당한 사람을 구제하는 것, 도움이 필요한 사람을 돕는 것, 온화하고 동정심 많은 마음을 갖는 것, 모든 사람에 대한 선의를 품는 것, 이 모든 것을 특히 자신의 부모에게 적용하는 것으로 본다.

의(Y): 그들의 가르침에 따르면 의는 합리적이고 바른 모든 것 중에서 '정의', '평등', '온전함', '겸양'이다. 여기서 심판자가 모든 사람에게 자신의 몫을 주는 것이다. 부자는 자신의 부를 자랑하지 않도록 경계하며 부의 일부를 가난한 자에게 준다. 마르티니가 말하듯이 하늘과 땅의 상제를 숭배하고, 논쟁하지 않고, 고집을 부리지 않고, 바른 것을 거스르지 않고, 이성에 부합한다.

예(Li): 그들의 설명에 따르면 예는 '정중', '공손'으로 다른 사람을 존중하고 공경하는 것이 적절함에 있는 것이다. 사람과 사람이 서로에게 품는 상호 존중이다. 일 처리에서의 성숙한 배려와 신중함이다. 외양의 겸손이다. 지방관에게 순종하는 것이다. 젊은이에게 온유하고 노인에게 공손한 것이다.

지(Chi): 그들의 철학에 따르면 지는 '분별'과 '지혜'를 의미한다. 독서할 때, 과학을 공부할 때, 인문학을 습득할 때, 고대사를 배울 때, 현대사를 잘 알고자 할 때, 지나간 것을 잘 관찰하여 현재와 미래의 일을 더 잘 통제하고자 할 때, 시비를 구별할 때, 그럴 때 요구되는 덕목이 분별과 지혜이다.

신(Sin): 그들은 신을 '성실', '진실'이라 한다. 신은 진실한 마음, 참된 의도에 있다. 선한 것만을 하는 것이다. 바른 것을 따라 하는 것이다. 진실한 마음과 진정한 의도에 있다. 겉과 속이 일치하도록 말하고 행동하는 것이다.

그들이 이 다섯 가지 기본 덕목을 가지고 있듯이 인간 사회에서도 다섯 가지 기본 관계인 '군신', '부부', '부자', '장유', '붕우'를 소환한다. 왕은 신하에게 사랑, 돌봄, 관대함을, 신하는 왕에게 충성, 경외, 복종을 보여야 한다. 남편은 아내에게 사랑과, 상냥한 말과 결합을, 아내는 남편에게 정절, 존경, 자족감을 보여야 한다. 아버지는 자녀에게 사랑과 연민을, 자녀는 아버지에게 순종과 효심을 보여야 한다. 형은 동생에게 사랑과 가르침을, 동생

은 형에게—즉 그보다 나이 많은 모든 형제에게—공경과 존경을
보여야 한다. 친구는 다른 친구에게 사랑, 충정, 성실을 보여야
한다. 더 낮은 단계의 덕목에는 방문, 손님 접대, 예의 바르고 겸
손한 행동과 우아한 몸짓 등이 있고 중국의 서적에서 가장 많이
취급되는 것만도 모두 3천개 이상이 된다.[164]

　그리고 학문을 권장하기 위해 고대 중국 황제는 백성들이 예
술과 도덕 등을 배울 수 있는 '공립학교'와 '아카데미'를 세웠다.
이를 통해 백성들은 어린 시절부터 매우 우수한 능력을 지닌 교
양인으로 성장하게 된다. 그들은 어른에 대한 공경과 부모에 대
한 도리를 배우게 된다. 이러한 자식은 항상 가장 순종하고 공경
하는 마음으로 부모를 대하고 살아생전뿐만 아니라 돌아가신 후
에도 그 마음은 여전하다. 그래서 태양 아래 그 어떤 민족도 중
국인보다 부모의 상실을 안타까워하며 큰 예식으로 애도하지 않
을 것이다. 부모님이 돌아가신 후 삼년동안 집안에서만 머물고,
의자가 아닌 작은 스툴에만 앉고, 침상이 아닌 바닥에서만 자고,
술과 고기를 먹지 않고, 목욕을 하지 않는다.[165] 또는 그들의 말을
신뢰한다면 남편은 아내와 동침하지 않고 삼년 동안 어떤 국가
기관의 부서에 있든 공적 업무를 보지 않는다. 이것은 황제에서
부터 지방 말단 관리에 이르기까지 적용된다. 마르티니[166]는 중

국의 자녀들은 산 자가 죽은 자들을 모시는 것을 보고 살아계신 부모님을 어떤 식으로 모셔야 하는 지를 배운게 된다고 말한다. 마치 그들의 첫 시조가 "너희는 부모를 공경하여라. 그래야 너희 는 너희 하느님 야훼께서 주신 땅에서 오래 살 것이다."(출애굽기 20장 12절)라고 가르쳤던 것 같다. 중국 사람들은 일반적으로 제국 전역에서 장수하며 행복한 삶을 사는 것으로 알려져 있음이 확실하다. 우리는 중국인들 중에 뼈가 12~13 큐빗이고 천년 이상을 살았던 자들이 있었다는 기록을 보았는데,[167] 그렇다면 그들은 홍 수 이전의 사람들이어야 한다. 그러나 이것이 전승에만 출처를 둔 것인가에 관해 알아보자. 뉴호프[168]에 따르면, 이것은 중국인 의 공상으로 우화에 속하는 것이라고 한다. 그러나 그의 말을 인 정한다고 해도, 그것이 우화라고 주장하는 그의 근거는 설득력 이 부족하다. 그는 우화로 보는 근거를 천지창조의 첫 세대 중 어 느 누구도 천 년을 살지 못했다는 성경의 문구에 두고 있다. 창세 기 6장 4절과 신명기 3장 11절을 보면, 홍수의 이전과 이후에 거 인이 있었다는 것이 명백하다. 므두셀라는 969년을 살았음에도 그가 천지창조의 제1세대의 사람들 중 가장 장수한 사람이다. 모 세는 이에 대해 어느 것도 정확하게 기록하지는 않는다. 실제로 세계 창조에서 대홍수에 이르기까지 아담으로부터 셋의 가계로 여러 시대로 이어지는 셋 가계의 열 세대에 관해서는 그것이 사실임을 인정해야 한다. 그러나 가인의 가계의 7세대 또는 그들의 후손들 중 일부가 셋 가계도의 열 세대보다 더 오래 살았는지의 여부는 성경에 나타나 있지 않다. 브라운 박사는 "만약 가인의 7세대의 수명이 셋의 9세대의 수명과 동일하다는 것에 동의한다면 가인의 가계에서 일부는 셋의 가계보다 더 장수했을 개연성이 높다. 아담이 가장 나이가 많다고 학자들은 생각한다. 같은 해에 태어난 사람들이 모두 같은 연령이라는 일반적인 추산이 유효하다면, 이브는 남편이자 부모인 아담과 나이가 같고 그들의 아들인 가인은 부모와 동시대에 살았다."[169]고 말한다. 그러나 중국인들은 활기차고 완벽한 건강 상태에서 일반적으로 70세, 80세 또는 100세까지 사는 것이 확실하다.

중국인들은 자식이 부모를 잃었을 때는 부모가 사랑하는 자식을 잃었을 때만큼 애도하지 않는다. 자식은 부모에게 매우 소중하다. 그리하여 중국 귀족들은 황제가 자신의 딸과 결혼하는 것을 싫어하는 경향이 있다. 딸이 황궁에 발을 들여놓은 순간 그녀를 볼 수 있는 기회를 박탈당하기 때문이다. 그리하여 귀족은 딸이 아름다우면, 그녀가 보통 이상의 관심을 받아 딸에 대한 정보가 궁에 전달될 수 있으므로 대중의 눈에 띄지 않도록 숨긴다.[170] 이리하여 황제의 아내는 일반적으로 백성 중 가장 낮은 계급 출신으로, 그녀는 자질이 아닌 미로 존경을 받는다. 문인들에게 아버지에게서 자식을 뺏는 것은 태양에게서 빛을, 샘에서 수원지를, 몸에서 사지를, 나무에서 가지를 뺏는 것과 같다는 격언이 있다. 따라서 중국은 부성애와 효도의 측면에서 전 세계의 모든 나라의 모범이 될 수 있다. 부모와 자식의 관계는 상호적이다. 부모는 자녀를 애지중지하고, 자녀는 부모의 생애의 치명적인 시간이 시작되는 바로 그 시간을 가장 불행한 시간으로 여긴다.

　중국인의 결혼 생활은 히브리인과 여러 유사점을 가지고 있는 것 같다. 모세의 율법과 레위기 18장에서처럼 히브리인들이 어느 정도의 혈연관계가 있는 사람끼리의 결혼을 금지하듯이 중국인들도 조상의 법에 따라 동성과는 결혼하지 않는다. 이 법은 오늘날에도 유효하다. 다른 유사점으로는 중국인들은 두 부류의 아내를 얻는 것에 익숙한데, 정식 결혼한 아내와 그렇지 않은 첩이 있고, 두 부인이 모두 합법적이다.[171] 마찬가지로 히브리인들도 두 부류의 아내를 얻는데, 결혼식을 올린 아내와 그렇지 않은 첩이 있고, 두 부인 모두 합법적이다.[172] 이들의 아내는 여주인과 같고 첩은 시녀나 하인과 같다. 그래서 첩은 정실부인에게 복종했고, 몇몇 경우에 종으로 정실부인을 섬겼다. 두 부인의 자녀들은 나라에서 합법적인 자녀로 인정받는다. 첩이 아이를 낳았을 때 정실부인은 창세기 21장 10절의 사라가 헤가에게 한 것처럼 원하면 첩을 멀리 보낼 수도 있다. 그러나 여전히 이러한 의식을 지키는 중국에서 남겨진 아이는 아버지의 합법적인 아내인 정실 부인만을 어머니로 인정한다.

중국 상류층의 과부는 일반적으로 재혼을 할 수 없다. 처녀가 연인을 불의의 죽음으로 잃으면 세상의 모든 쾌락을 버리고 대부분 외진 산으로 들어가 그곳에서 매우 비참하고 한스러운 삶을 산다. 부모와 친구들이 그녀를 다시 찾지 않으면 그녀는 마침내 호랑이나 사자의 먹이가 된다. 그러나 중국에서 과부와 마찬가지로 처녀는 이렇게 순결하게 해결되지만, 그럼에도 불구하고 히브리인들과 마찬가지로 중국인들은 혼인에서 불임을 왕과 제후뿐만 아니라 가장 비천한 백성들까지도 가장 큰 재앙으로 여긴다. 그들은 조상이 물려준 유산을 후손에게 물려주지 못하고 떠나는 것을 그들에게 닥칠 수 있는 가장 큰 불행이라 생각한다.

우리는 솔로몬이 하느님께 지혜로운 마음을 달라고 기도했다는 것을 안다(열왕상기 3장 9절). 고대 중국의 첫 세대 황제들은 지혜로운 마음을 본보기로 삼았음을 그들의 역사는 선언한다. 이제 중국의 결혼을 다루고자 하는데 나는 하느님의 축복을 간청하는 한 중국인의 기도를 예로 들겠다. 마르티니는 하남성에서 결혼을 앞 둔 예방(Yebiang)이라 불리는 사람이 "저는 재물이나 쾌락을 요구하지 않습니다. 오직 훌륭한 자녀를 얻기 위해서만 아내를 취하겠습니다."[173]라고 하늘에 기도한 기록이 있다고 말한다. 그는 아내와의 사이에 세 아들을 두었는데 모두 매우 학식이 높은 철학자와 바른 통치자가 되었다. 그는 그들의 연대기에 남아 기억될 뿐만 아니라 그를 기리기 위해 세워진 장엄한 기념물에도 남아 있다.

중국인은 죽은 자를 매장할 때 사망 장소가 먼 곳이 아니라면 항상 조상의 묘가 있는 장소에 매장하고자 했다.[174] 이런 일은 고향에서 관리가 되지 못하고 다른 곳으로 가서 백성들을 다스리도록 파견된 관리에게 일어난다. 그래서 많은 경우 고향 밖에서 생을 마감했을 때 고향으로 옮겨와 묻힌다. 성경에 동일한 이야기가 있다. 야곱의 시신이 애굽에서 옮겨져 (창세기 50장 7절), 아브라함, 이삭, 사라, 리브가, 레아가 묻힌 곳과 동일한 묘지에 야곱이 6번째로 묻혔다. 그들 이름의 첫 글자가 ISRAEL이라는 한 단어에 포함되어 있다. 요셉의 뼈도 이와 같이 애굽에서 옮겨져 가나안 땅 세겜에 묻혔다(출애굽기 13장 19절). 다른 족장들도 같은 방식으로 묻혔다(전도서 7장 16절). 심지어 오늘날의 현대 유대인들도 이 관습을 따른다. "만약 이스라엘인이 약속의 땅이 아닌 이방인의 나라에 묻히면 주님께서 그에게 땅 아래 빈 통로를 만들어 주는 것을 보증하지 않는 한 그는 부활의 혜택을 받지 못할 것이다. 그래서 그들은 몸을 계속 구르고 굴리더라도 가나안 땅에 들어가야 한다는 교만한 생각을 가지고 있다."[175] 그리하여 유대인을 받아주는 이탈리아와 기타 나라에서 때로 선박 전체에 죽은 자의 관을 가득 실은 배가 있다고 들었다. 그 관은 시리아의 항구로 운반되어 그곳에서 유대로 옮겨진 후 매장된다고 한다.

더욱이, 중국인들은 초승달과 보름달을 기리는 성대한 의식을 치루고 히브리인과 마찬가지로 음력으로 연도를 계산한다. 두 나라는 공통되는 관례와 제도를 가지고 있다. 무엇보다도 그들은 같은 계명을 인쇄하여 거리를 향하는 문설주에 붙인다. 세 미도는 "살인하지 마라, 도둑질하지 마라, 거짓말하지 마라, 부모님을 공경하라"[176] 등의 계명이 있고, 사실상 이 계명이 오래된 계명이 아니라고 말한다. 그러나 우상에 빠지기 전까지 그들은 고대 내내 어떤 사물과 유사한 것을 만들어 숭배하지 않았다고 마르티니는 우리에게 충분히 확신을 준다. 그리고 그 나머지가 아무리 오래된 것이라고 해도 초승달과 보름달이 뜨는 모든 날에 해가 뜨기 직전에, 매번 동일한 시간에, 그들은 중국 전역의 모든 도시와 거리에서 이를 장엄하게 공표한다.

또한 마르티니[177]는 사천 지방에 있었던 기억에 남을 일을 이야기한다. 그에 따르면, 중국인의 기록에, 어떤 여인이 가정(嘉定, Kiating)시를 흐르는 둔수(Chocung) 강가를 걷다 물속에서 소리가 나는 갈대(reed)를 보고 건졌더니 거기에—중국에서 갈대(reed) 또는 대나무 줄기(crane)는 작은 통의 크기이다—아이가 놓여 있었다. 그녀는 아이를 집으로 데리고 가서 키웠고 얼마 지나지 않아 그 아이를 야랑(Yelang)[21]이라 불렀다. 서쪽의 이 지역이 나중에 야랑왕국의 시작을 알리는 출발지가 되었다. 모세도 같은 방식으로 갈대로 만들어진 궤에서 발견되어 바로의 딸이 건져 교육하지 않았던가? 그리고 그 후에 그가 신분이 높은 왕자의 지위에 이르렀다는 것을 우리 모두 알고 있다.

중국인의 대화에 대해 알아보자. 중국인은 대화로 친한 사람

---

21   [역주] "야랑은 본디 한 여자가 둔수(遯水)에서 빨래를 하고 있었는데, 마디가 셋인 커다란 대나무가 다리 사이로 흘러들어왔는데, 그 가운데에 우는 소리가 들려 대나무를 쪼개 보니 한 남자아이를 얻게 되어 돌아와 길렀던 사람이다. 성장하면서 재주와 무예가 있어 스스로 야랑후(夜郎侯)로 자립하고 죽(竹)을 성씨로 삼았다."(동북아역사넷, 중국정사 외국인전). 야랑이 세운 나라는 사천, 귀주, 운남 일대에 걸쳐 있고 특정하기 어렵다. 그러나 웹은 이곳을 사천(四川) 가정으로 한정한 마르티니를 인용한다.

들을 기쁘게 하기보다 오히려 매혹시킨다. 그들의 연회는 어떠한가? 연회는 위엄 있고 웅장하며 아주 조용한 가운데 매우 질서 있게 공연된다. 어떤 글로도 표현할 수 없을 정도이다. 자녀 교육은 어떠한가? 부모는 자녀가 방탕한 말, 허세 부리는 습관, 고혹적인 유혹, 자유와 쾌락에 빠지지 않도록 하고, 성별과 조건에 따라 도리를 다하고 교만과 뻔뻔함이 무엇인지 모르도록 가르친다. 중국의 자녀 교육은 지켜보는 모든 이를 감탄하게 만든다. 그래서 그들의 딸은 결혼할 때 지참금을 들고 가지 않고 남편이 아내에게 필요한 모든 것을 제공한다. 그들의 하인들은 어떠한가? 모든 사람이, 심지어 가장 천한 사람이라도 합당한 존중을 받고 지독한 침묵으로 어떻게 처신해야 하는지 알고 이를 행한다. 그들의 천성은 일반적으로 어떠한가? 모든 종류의 가장 가치 있는 물품을 즐기며 이것으로 무한한 부를 얻을 수 있지만, 음식과 의복만을 바라는 창세기 28장 20절의 야곱처럼 아주 작은 대가를 받고 그 물건을 판다.

중국이 가장 오래된 나라이고 모든 개연성에서 홍수 이후 세계에 가장 먼저 세워진 나라라는 것을 선언하기에 이것들로 충분하므로 여기서 묵인하고 더 이상 세부 사항을 고집하지 않을 수 있다. 그러나 유럽뿐만 아니라 아시아도 이 근면한 나라에 매우 큰 빚을 지고 있는 것으로 추정된다. 유럽과 아시아는 우물에서 물을 긷듯이 주요한 모든 예술품과 제조물을 이 나라에서 뽑아낸다. 그들의 독창성에 대해서는 논의의 여지가 있다. 중국인들은 기원전 1100여년전에 자철석과 나침반을 발견하여 사용해왔다. 그들이 발명한 후 매우 오랫동안 사용해왔다는 것은 의심의 여지가 없다. 마르티니[178]는 이 발명품이 중국에서 다른 나라로 들어가 사용되었다고 말한다.

　의심할 여지 없이 세계 최고의 종이를 발명한 이는 기원전 180여 년 전 중국인들이었다. 종이 전에는 나무 껍질이나 잎을 사용해서 글을 적었고 잉크를 발명한[179] 후 철심이 든 펜으로 능숙하게 글자를 썼다. 그들은 또한 라민(Lamins)이나 금속 판, 그리고 용융된 금속 그릇에도 많은 것을 적었다. 그 중 일부는 아직도 남아 있고 그 판본의 소유자와 그것을 보는 모든 사람은 이를 매우 높게 평가한다. 그러나 이제 그들이 다양한 종류와 대단히 많은 양의 종이를 사용하므로 세메도[180]는 중국인은 이 부분에서 최고이고 종이의 품질에서 어느 누구에도 뒤지지 않는다는 말을 믿게 되었다고 말한다.

　먹 만들기는 학습과 관련된 다른 모든 것과 마찬가지로 그들의 문학적 교양에 속한다.[181] 우리가 나무 연기로 수성 도료를 만

드는 것처럼 아마도 그들은 동일 방식으로 기름 연기로 잉크를
만든다. 그 먹은 액체가 아닌 고체이기 때문에 우리 화가들이 물
감을 준비하듯이 매우 유사한 방식으로 먹을 준비한다. 그들은
먹을 반질반질한 돌에 갈아 물에 용해한 다음 그것을 펜이 아닌
토끼털로 만든 붓으로 쓴다. 그래서 옛날에 그들이 철과 같은 필
기구로 글을 쓴 반면에 오늘날은 붓으로 쓰기 때문에 글자를 적
는다라고 하기 보다 그림을 그린다라고 말할 수 있다. 이 먹은 보
통 유럽으로 들어 온다. 먹 위에 새겨진—먹은 직사각형이나 평
행사변형 주형에서 주조된다—문자는 먹을 칭송하는 운문이고
먹 제조자의 이름이 더해져 있다.

  인쇄술은 서기 50여 년 쯤 중국인들이 최초로 발명했고, 우리
는 그들의 인쇄술의 발견에 많은 빛을 지고 있다.[182] 그들의 방식
은 다음과 같다. 우리가 목판화를 하는 것처럼 그들은 철 도구로
문자를 배나무 판 위에 또는 그와 유사한 매끈한 목판에 새기고,
가볍게 종이 사본을 풀로 살짝 붙인다. 그들의 서적은 오자가 생
기지 않는다. 우리의 작곡가가 한 장을 끝내자마자 인쇄술에 매
우 능숙한 그들은 한 장 전체를 조판해서 한 사람이 하루에 1500
장을 인쇄할 수 있다. 그들은 이 상품을 원하는 대로 매력적이게
배치하고 판매되는 만큼 많은 사본을 인쇄한다. 두 가지 모두 우

리의 인쇄 방식에서 부족한 이점이다.

그들의 한 황제가 화학적 성질을 이용하여 총과 화약을 발견함으로써 경제적으로 간단하게 사람을 살상하는 방법을 알아냈다.[183] 그러나 나는 어느 저자의 글에서도 이 발명품의 발견 시기에 대한 정보를 찾지 못했다. 그들의 화학 저장고는 굉장하다. 그들의 총기술은 변변찮고 총을 즐기지 않는다. 그러나 화약으로 폭죽을 만들 때 희귀한 것이 아니라 나무, 과일, 전투로 불꽃으로 표현하는데 기이할 정도로 예술적이다. 트리고[184]는 2년 동안 계속된 전쟁 때보다 남경 지역의 엄숙한 신년 행사에서 쓴 화약이 더 많았다고 말한다.

비단을 만들고 염색하는 일은 요임금의 아내가 발명하여 중국 여성에게 가르쳐 준 것이었다. 그리고 마르티니[185]가 말하듯이, 중국의 비단 제조법이 샘의 수원지처럼 중국에서 아시아와 유럽으로 들어간 것은 중국인에게 영광이고 그들은 그 영예를 누릴 만하다.

나는 중국의 신비한 도예가들과 접시, 컵, 화병 등 유사한 용기의 도자기 제조법을 거의 잊고 있었다. 그들의 이러한 도자기는 유럽과 아시아뿐만 아니라 세계 전역에서 가장 권력 있는 군주들의 장식장을 채우는 영광을 누리고 있다. 중국인들의 도자기는 독보적이다. 세메도[186]는 사실상 전 세계에서 중국 도자기는 아기자기하고 유쾌하고 깔끔한 유일한 그릇이라고 말한다. 그래서 중국인들은 식사 때 큰 접시를 사용하지 않으려 하므로 유럽 궁정에서 사용하는 꽤 크기가 있는 은그릇을 이곳에서 찾아보기 보기 어렵다. 그들은 일반적으로 사기 그릇을 사용한다.

일반적으로 알려진 그들의 도자기 제조법에 대해 말하자면, 그들은 달걀 껍질이나 해물껍질을 빻아 가루로 만들고, 이것을 흙으로 만든 그릇에 무더기로 쌓아 올린 다음 도자기를 만들기에 적절한 재료가 되기까지 최소 백년을 묵혀둔다고 한다. 심지어 오늘날까지 여러 시대동안 민간에서는 이것을 진리로 받아들였다. 그럼에도 불구하고 배운 사람들은 항상 이에 대해 많은 의심을 하였다. 오늘날 이러한 도자기 제조술을 말하면 비웃음을 당할 수 있다.

최고 품질의 도자기는 강서성(江西省)의 경덕진(景德镇, Sinktesimo)에서 만들어진다.187 이 성의 다른 곳에서도 도자기를 만들지만 경덕진의 도자기가 가장 우수하다. 경덕진에서 40리그 떨어진 포양(鄱陽, Ucienien)은 경덕진에서 만든 도자기를 홍보하고 판매할 뿐만 아니라 중국 전역으로 유통시킨다. 강서성에서는 최고 품질의 도자기를 만들 수 있는 흙을 전혀 찾지 못했기 때문에 남경성(Province of Nanking)[22]의 휘주(徽州, Hoeichueu)에서 멀지 않은 곳에서 흙을 가져와야 하는 것이 매우 이상하다. 또한 휘주도 남경도 도자기를 만들 재료는 풍부하기만 우수한 도자기를 만들지 못한다는 점도 이상한 것 같다. 혹자는 도자기의 품질이 차이가 나는 원인을 수질 때문으로 보고, 혹자는 나무 또는 불의 온도 때문으로 설명한다. 그러나 그 이유가 무엇이든 그들이 도자기를 만드는데 사용하는 흙은 휘주를 둘러싸고 있는 황산에서 가져온다. 이 흙으로 네모난 덩어리를 만드는데 각 덩어리는 무게로는 3근(Catteo)―3근은 우리의 4파운드 즉 64온스―이고, 가치로는 1/2관(Condrin)―우리의 15펜스―에 해당된다. 이 네모 덩어리를 경덕진과 기타 도자기 제조지로 일반 선원들이 운송한다. 마차로 운송할 때나 상품과 판매에서 흔히 발생하는 속임수를 방지하기 위해 운송을 담당하는 선원들은 최소 황제 인장이 찍힌 것은 절도하지 않겠다는 맹세를 해야 한다. 그 지방의 흙의 성질은 알갱이가 매우 가늘고 흑담비처럼 곱고 빛이 난다. 그들은 이 흙을 물에 풀어서 작은 정사각형의 덩어리로 만든다. 마찬가지로 도자기가

22　[역주] 남경은 오늘날 강소성의 성도이다. 마르티니는 『중국지도』에서는 남경을 성(省, Province)의 하나로 분류하고 웹은 이러한 마르티니의 분류를 따른다.

깨지면 언제든지 깨진 조각을 발로 밟고 두들겨 그것으로 다른
그릇을 만들 수 있지만 이전 도자기의 광채, 밝음, 아름다움은 없
다. 이탈리아인이 파엔차(Faenza)에서 접시를 만들기 위해 작업할
때처럼 또는 네덜란드인이 흰 도공 작업을 할 때처럼 그들은 매
우 유사한 방식으로 흙을 준비하고 모양을 만든다. 중국인들은
도자기에 완벽함을 부여하는데 매우 민첩하며, 속이 비치는 투
명하고 눈부신 아름다운 색상으로 도자기를 고급지게 하는 뛰어
난 전문가이다. 그들은 비할 데 없는 우아함과 적절함으로 모든
종류의 동물, 꽃, 식물을 표현한다. 그들은 또한 이 기술을 매우
자랑스러워한다. 그래서 그들의 입에서 도자기에 대한 아직 작
은 비밀을 얻는 것보다 모루에서 기름을 짜내는 것이 더 빠를 것
이다. 그들은 이 도자기 제조법을 자녀가 아닌 다른 사람에게 공
개하는 자를 중대 범죄자로 취급한다. 그들은 도자기에 색을 바
를 때 인디고(Indigo) 또는 워드(Woad) 뿌리—중국 남부 지방에서
대량 생산된다—를 사용한다. 마찬가지로 그들은 다른 방법으로
흙을 준비한다고 한다. 어떤 사람은 처음 손에 넣었던 그 흙을 그
대로 받아서 용기를 만든다. 어떤 사람은 이와 완전히 다른 방식
으로 흙이 부싯돌처럼 단단하게 될 때까지 건조시킨 다음 절구
나 맷돌에 갈고 그 후 체로 거르고 물을 넣어 반죽한 뒤 자신이

원하는 모양의 용기를 만들어 오랫동안 바람과 햇볕에 노출시킨 후 불에 구울 준비를 한다. 이제 완전 건조된 용기를 단단히 막은 목재 가마(furnace)에 넣어 15일 동안 계속해서 불을 때고 불이 꺼진 후에도 천천히 식을 때까지 몇 날을 그곳에 둔다. 그들은 경험으로 그렇게 해야 도자기가 쉽게 깨지지 않지 뜨거울 때 가마에서 꺼내면 유리처럼 부서진다는 것을 알고 있다. 가마의 불을 땔 때는 바싹 마른 가벼운 나무를 넣어야 하지, 그렇지 않으면 검은 연기가 나서 도자기의 고귀한 색깔이 탁하고 칙칙해진다. 도자기의 고귀함은 열의 세기가 강하고 동일하고 균형적일 때 만들어진다. 30일이 지난 후에 감독관이 가마를 열고 만들어진 도자기를 살핀 후에 중국법에 따라 황제에게 공물로 바칠 도자기로 그 중 1/5을 따로 챙겨둔다.

[188]그러나 그 밖에 그들의 산업과 관련하여 우리가 기억하거나 생략하는 것이 무엇이든 그들이 물 위에 떠있는 섬을 만드는 독창성은 침묵 속에 묻어 둘 수 없는 것이다. 이 섬의 구조는 매우 우아하고 자연스러워서 정말 섬이라고 생각할 것이다. 이 움직이는 기계는 포르투칼인이 밤보(Bamboes)라고 부르는 갈대를 끈으로 촘촘하게 엮어 만든 배이다. 그러나 이것은 매우 인위적이고 깔끔하며 습기가 차지 않아 그 갈대 판 위에 오두막을 짓고

사는 거주민을 괴롭힐 일이 없다. 판자, 매트, 그리고 유사한 다른 가벼운 재료로 만든 모든 것과 그들의 거리는 매우 잘 정리되어 있어 작은 마을로 생각할 수 있으며 일부는 매우 커서 200세대가 거주할 수 있다. 이 위에서 그들은 물품을 운송하고 크로세우스(Croceus) 강 유역에 사는 사람들에게 판매한다. 그리고 그들은 배를 움직일 때 돛을 사용하지 않고 팔 힘으로 배를 당겨 물 위로 이동한다. 목적지에 도착하면 물속에 큰 말뚝을 박아서 고정시키고 그들의 섬인 배를 거기서 타고 있는 동안 말뚝에 매어둔다.

그들의 건축에 대해 할 말이 많다. 특히 궁전과 공공 건축물은 웅장하거나 위대하다기보다는 거대하고 경이롭다. 그러나 중국의 건축을 다루기 위해서는 특정 담론이 더 요구되므로 현재로서는 이에 대해 다른 이야기를 하는 것을 삼가고 다루지 않을 것이다.

함의 후손들이 예술과 과학에 박학한 대가였다는 것은 부정할 수 없다. 우리는 모세가 애굽 사람의 모든 지혜를 배웠다(전도서 7장 22절)고 들었다. 모세를 찬양하는 이 구절은 그 부분을 강조하기 위해 애굽 민족의 학문이 매우 깊다고 주장한다. 이집트인의 지혜가 어떤 특정한 부분에 존재하는지 알 수 없지만, 여러분

은 우리의 목적에 부합되는 어떤 방식의 지혜가 중국인에게 있
는지 간단히 들었다. 그들은 노아가 그들에게 가르친 것이 확실
한 신성에 대한 지식, 특히 참 하느님에 대한 지식이 있다. 마르
티니는 이에 대해 의심할 수 없다고 확신한다. 그리고 우리는 믿
을 수밖에 없는 신뢰할 수 있는 정황 증거가 매우 많기 때문에
노아가 홍수 전후에 중국에 살았다는 것을 아주 과감하게 말할
수 있다. 어떠한 주장을 설득시키기 위해 타당한 근거를 계속 만
들어내기 어렵다. 그러나 그 결과가 매우 크면 우리의 에세이의
개연성이 높아질 것이다. 저자들이 중국에 니므롯과 그의 군대
가 바벨탑을 세우는 작업을 수행하기 전에 그리고 언어의 혼란
이 있기 전에 사람이 있었다라는 타당한 주장에 동의하였고, 성
경에 따라 근원 언어를 중국에 확정하였으므로, 이제 다음 논의
에서 이 언어가 중국이 다른 나라와 한 상업과 교류로 바뀔 수
있는지, 그리고 이 언어가 중국이 겪었던 정복으로 완전히 망각
되고 소멸될 수 있는지를 조사할 것이다.

제5장

중국의 상업과 정복

먼저 중국의 조상이 영토를 확장하고 그곳에 사람을 정착시키기 위해 지켜온 방식을 알려 주는 것은 부적절하지 않을 것이다. 그리하면 이후에 일어나는 것을 더 분명하게 이해할 수 있을 것이다. 또한 그들이 먹이에 대한 탐욕스러운 목마름, 잔인한 복수의 욕망, 통치에 대한 신성한 야망으로 경계에 있는 이웃을 침략한 함과 야벳의 자손이 아니고, 공정하고 평화로운 플랜테이션을 통해 오늘날의 중국 전역에 정착했다는 것을 알게 될 것이다. 마르티니[189]가 말했듯이, 당시의 중국 제국이 오늘날의 중국의 영토 크기로 확장되었다고 생각해서는 안 된다. 왜냐하면 그 당시에는 현재 영토에서 덜 비옥한 지역은 거의 포함되지 않았기 때문이다. 서쪽에서 온 최초의 식민자는 가장 서쪽 지역에 있는 섬서성에 거주하기 시작했다. 마찬가지로 이들 중 몇몇 가부장은 그곳에서 차츰차츰 새로운 거주지를 구하기 시작했다. 섬서성에 거주한 후, 그 다음은 하남, 북경, 산동에 사람이 거주하기 시작했다. 중국의 지배력이 확립된 이들 성(省)은 모두 한 사람에 의해 통치되었다. 통치 형태는 단 한 명의 황제를 인정하

고 그 황제의 권위와 통치를 자발적으로 인정하고 순종하는 것
으로 장강을 따라 위치한 장강 북쪽의 모든 지방에서 같았다.

그러나 요임금을 계승한 세 번째 황제인 우임금 때 중국에 세
습 통치가 도입되었다. 우임금 때 장강의 남쪽에 놓인 모든 나라
가 탐사되었고 이 지역에 대한 지리적인 기술이 이루어졌다. 그
럼에도 그곳에 사는 사람들의 수는 매우 적었고 그들은 중국의
군주 체제에 복종하지 않았다. 그러나 그 이후 황제의 아들이 많
아지고 황제를 계승할 황자가 명백한 경우가 때로 있었다. 제위
에 오를 아들을 제외한 나머지 아들은 특정 영토의 왕족이 되거
나 아니면 때로 새로운 식민지를 찾아 남쪽 지방에 자리를 잡았
다. 이러한 방식에 따라 당시 새로운 왕국을 세우자 그곳의 백성
들은 제후가 인간의 기술 특히 농업 기술과 유사한 종류의 기술
을 발명하고, 제정하고, 권장하는 방식에 기뻐하며 그에게 기꺼
이 순종하였다. 하나의 몸과 하나의 자손에서 나온 것처럼 마침
내 중국은 하나의 몸과 형태로 된 제국으로 성장했다.

본토에서의 정착이 완성되고 인구가 증가하자, 그들은 중국
밖을 보기 시작했다. 그들은 관례에 따라 식민지를 한반도와 일
본섬에 세웠고 그곳 후손들의 기원은 영광스럽게도 중국이었다.
그래서 마르티니[190]가 말하듯이 중국인들이 처음 정착했기 때문

에 '신란(Sinlan)'으로 불린 '세일론(Ceilan)'[1]과 자바(Java)의 기원도 중국이다. 세인트로렌스(St. Laurence)섬은 그 기원이 중국임을 가장 확실하게 보여주는 증거이다. 중국인들이 이 섬을 여전히 소유하고 있고 특히 백인들이 거주하는 세인트 클라라 거리도 오늘날까지 중국어를 사용한다. 그 항구에 입항하는 선원들은 이것을 잘 알고 있다. 이 섬뿐만 아니라 대부분의 동양의 섬은 중국의 플랜테이션이다. 배가 있고 나침판을 사용하는 그들이 직접 그곳으로 갔다고 하더라고 이상할 게 없다.

대륙과 마찬가지로 시암, 캄보디아 및 인접 지역의 기원도 중국임이 분명하다. 그러므로 이곳 사람들은 중국 문자를 사용하고 중국인처럼 숫자의 단위를 기호가 아닌 문자로 표현한다.

그리고 나는 더 이상 멕시코의 위풍당당한 건축물과 매우 규칙적인 쿠스코(Cusco)[2]에 감탄하지 않게 되었다. 마르티니[191]가 멕시코의 기원도 중국으로 생각한 것을 보고 나는 멕시코인의 독창성과 웅장함, 통치에 놀라지 않았다. 마르티니는 중국인이 한국 너머로 배를 보내 아니안 해협(Straits of Anian)을 지나 미국 특

---

1   세일론(Ceilan): 오늘날 스리랑카에 해당한다.
2   쿠스코(Cusco, Cuzco): 페루 남부의 도시로 12-16세기 잉카 제국의 수도이었다.

히 미국 서부 지방을 자주 갔고 미국인이 원래 중국에서 우연히 왔다는 의견에 동의한다고 말한다. 그들의 안색, 머리 장식, 얼굴 분위기 때문에 이 주장이 나에게 매우 그럴 듯하게 들리지만 그럼에도 불구하고 그것이 확실하다고 말하기는 어렵다.

그러나 혼디우스(G. Hondius, 1596~1651)[192]는 『아메리카의 기원 (*Original of the Americans*)』에서 아메리카의 중국 기원설을 확신하고 마르티니와 동일한 합리적인 주장을 한다. 그는 페루와 멕시코에서 발견할 수 있는 잘 정돈된 생활양식, 예술, 건물, 정책, 글, 서적, 산업, 모든 종류의 학문 성향은 필연적으로 다른 아메리카 지역에 들어온 사람들보다 더 예의 바른 사람에게서 유래하였음이 틀림없다고 말한다. 그는 이 예의바른 사람들이 중국인이라고 주장한다. 나의 담론이 또 다른 목적을 향하는 경향이 있는데, 멕시코의 기원에 대한 혼디우스의 학문적 주장에 더하여 나는 그들의 공적 정신과 엄숙하고, 간결하고, 지혜로운 속담으로 이루어진 웅변 방식이 중국에서 유래했을 가능성이 매우 높다는 말만 덧붙이겠다. 그는 멕시코의 건축은 페루의 건축만큼 중국과 유사하다고 주장한다. 이는 매우 큰 면적의 돌이 중국에 견줄 수 있기 때문이다. 나는 이에 대해 다음을 덧붙이고자 한다. 멕시코 사원의 장식이 그 어느 나라의 장식보다 위엄있지만, 주로 용과 뱀 모양이 다양하고 독창적으로 구성되어 있다. 중국의 신상과 왕궁도 모두 매우 화려하고 일반적으로 같은 순서로 장식되어 있다. 용은 중국 황궁을 대표하는 장식물이다. 건물의 용 장식이 중국 이외의 다른 동양 지역에서 사용되었다는 것을 어느 작가의 글에서도 본 적이 없었다. 멕시코인의 우아하고 크고 고귀한 장식의 유래에 대해 정말 알고 싶었지만 알 수 없었는데, 최근에 중국에 대한 역사를 정독한 후 멕시코의 장식이 특히 중국의 고유 장식과 유사하다는 것을 알게 되었다. 멕시코의 장식은 중국에서 기원한 것이고 멕시코인은 중국 군주의 영광을 기리기 위해 계속해서 이 장식을 사용한다.

페루에 대해, 혼디우스는 최초의 잉카인이 페루를 발견하고 그곳에 정착한 후 약 400백년 뒤에 망고(Mango)가 중국인들을 데리고 페루로 와 살게 되었다고 생각한다. 그러나 나는 중국인들이 망고가 페루에 오기 여러 해 전에 이미 페루를 발견하고 그곳에 정착했다고 생각한다. 망고와 추종자들이 그 당시에 우세한 적군의 분노를 피해 고국을 버리고 페루에 착륙하여 제국을 세웠다고 볼 수도 있다. 그럼에도 불구하고, 스페인들이 페루에 왔을 때 거대한 기념물을 발견했는데 그것의 부패 상태는 기록된 날짜보다 훨씬 고대의 것임을 보여주었다. 또한 중국인들은 인구가 초과하면 그 초과 인구를 밖으로 내보내고 그들 스스로 새로운 거주지를 찾아 이동하는 것이 관례였다. 이러한 것을 고려하면 식민지를 찾아 떠나온 사람들이 남역 바다—대부분의 동양의 섬은 이전에 중국인의 후손들이 거주하고 있었다—를 유랑하다 페루 해안을 우연히 발견한 후 이곳이 풍요롭고 즐거운 곳이라는 것을 알고는 이곳을 소유하고 정착하였고, 그 후 망고가 무리를 이끌고 이곳에 도착한 후, 혼디우스가 말한 것처럼, 이전의 주민들을 자신의 통치권 하에 통합했다고 볼 수 있다. 오히려, 중국인들은 대부분의 저자들이 '캐세이인(Cathayans)'이라 잘못 부르는 중국의 강력한 적을 중국 본토에서 제거한 지 얼마 지나지 않아 자발적으로 그들에 복종했던 모든 섬과 그들의 해외 플랜테이션을 해방시키고 신과 자연이 그들에게 원시 때부터 부여한 경계선에 만족하며 편안했다. 그리고 여기에서 그들이 헛된 영광을 경멸한다는 점에 주목할 만하다. 그들이 매우 강력하고 강력하므로, 지배 욕구를 충족하고자 했다면 그럴 수도 있었겠지만, 나는 아직까지 결코 그들 중 어느 누구도 트리고[193]가 말하는 제국의 범위나 위대함을 자랑하는 것을 들어본 적이 없다. 이제 우리는 그들의 전쟁에 대해 논의할 것이다.

세계 최초의 전쟁이 중국 북경의 연경(延慶, Yenking)부 근처의

판천(Fan)산에서 일어났다.[194] 그때 복희씨의 계승자인 신농씨가
불가성경의 추산으로 홍수 전 약 400년에 해당하는 기원전 2697
여년에 일어난 내전에서 살해되었다. 이러한 내전과 극심한 유
혈 전쟁이 그들 사이에 있었던 것으로 나는 안다. 그러나 그들은
마케도니아, 푸니크 또는 세계에서 알려진 다른 모든 전술을 능
가하는 전술로 이에 맞섰다. 이 전쟁은 주로 남부 플랜테이션의
왕족의 야망에서 발발하였다. 때로 하나의 동일한 성씨에 여러
왕족이 있었고 그들은 여러 군소 왕들과 마찬가지로 절대 군주
인 황제의 지배를 받았다. 그러나 그들은 유럽에서 공작과 백작
이 황제와 왕이 소유한 토지 때문에 충성하듯이 아주 유사한 방
식으로 황제에게 경의와 충성을 바쳤다.

그러나 이 왕족들의 권력이 점차 강해지면서 그들은 "친족에
대항하는 무기를 들어"[195] 제국 전역을 곤경에 빠뜨렸다. 그들은
처음 정착하여 통치하는 성을 직접 지배하고 자손에게 황제의
명령을 받지 않는 독자 세력을 주고 싶은 야심에서 반란을 일으
켰다. 때로는 황제가 조정에서 세력이 약하거나 백성의 분노를
유발하는 인물이라면 황위 찬탈을 시도하기도 했다. 그러나 결
국 그들은 황제의 절대적 지배에 복종하게 되고 그들이 다스리
는 지역은 황제의 통치권에 병합된다.

그러나 중국 내의 이러한 내전이 언어의 변화를 일으키지 않았다고 말할 수 있다. 이것은 원주민들 사이에서 동일한 언어를 사용하는 동족이었던 유다와 이스라엘이 국내 분쟁으로 그들의 언어가 바뀌지 않은 것과 같다. 모든 왕족 중 가장 야심찬 왕족이라 하더라도 외국 군대를 끌어들이거나 최악의 경우 그들의 야심을 채우기 위해 외국 군대를 초대한 사례가 발견되지 않는다. 그리하여 옛날부터 아일랜드 섬의 여러 왕들은 끝임없이 내전을 했고 덴마크, 노르웨이, 스코틀랜드와 빈번이 전쟁으로 주도권 싸움을 했음에도 불구하고, 아일랜드 언어는 여전히 오염되지 않았고 오늘날에도 사용되고 있다. 이제 이러한 예와 유사한 종류의 다른 몇 가지 예들로 우리의 이성은 그러한 전쟁으로는 말이 변경될 수 없다고 말할지 모른다. 그럼에도 나는 다음 사항을 말하겠다. 중국의 이러한 내전으로 인해 때로 분쟁 지역에 연속해서 삼백 년 동안 장기 체류를 하게 되고 거주 지역이 거친 산악지인 환경에서 그들이 점차 무례하고 야만적이 되어 한동안 무절제한 삶을 살게 되면, 전쟁의 가장 큰 불씨가 떨어진 그 지방의 언어에 약간의 차이가 만들어졌다. 그러나 이 차이가 어떤 것인지 어떤 지역의 언어가 다른지 어떤 지역의 언어가 변화 또는 변경 없이 순수하고 완벽하게 남아 있는가 하는 이러한 주제를 우리는 언어를 다룰 때 특히 잊지 말아야 한다.

헤이린[196]은 중국의 왕이 단순 방어 전쟁 이외의 전쟁을 하는 것은 합법적이지 않으므로 이로 인해 중국인은 영속적인 평화를 누린다고 말한다. 통치자, 백성, 국고를 항상 소진시키는 전쟁은 승자와 패자에게 모두 파괴적이다. 중국인은 자제하지 못하고 무기를 드는 황제와 자기의 신하를 도륙하는 것을 영광으로 아는 황제를 가장 무가치한 군주라 생각하고, 인간을 능지처참하는 것을 가장 비인간적이라 생각한다. 그러므로 4,000년전부터 현재까지의 중국의 역사에서 중국이 외국을 정복한 사례가 있는지 뒤졌지만 이에 대한 언급을 전혀 찾을 수 없었다고 한 트리고의 말은 믿을 만하다. 트리고[197]는 중국의 문인들과 종종 그러한 정복 전쟁이 있었는지 진지한 대화를 나누어보았지만 그들 모두 중국은 정복 전쟁을 한 적이 없고 그럴 의향도 없다고 단호히 말했다고 한다. 우리가 중국의 정복 전쟁에 대해 거의 들어보지 못한 것이 이상할 것이 없다. 마르티니는 이전보다 훨씬 자유로운 대화와 연구 분위기에서 최근에 진시황과 한무제의 정복 전쟁이 있었음을 발견했다. 그러나 이를 제외하면 중국의 역사는 해외 원정에 대해서는 완전히 침묵한 것으로 보인다.

성씨가 '시(Xius)'인 '진(Chingus)'³은 대부분 사람들이 동의하여 중국 전역의 최고 군주로 선포된, 진(Cina)나라 최초의 황제이다. 마르티니는 그때부터 '차이나(China)'라는 이름이 생겼다고 추정한다. 진시황은 남부 지방의 여러 왕족을 복종시킴으로써 중국 제국의 영역을 놀라울 정도로 확장했다. 그는 육지와 바다로 군대를 먼 곳으로 보내 인도 전역을 장악하고 벵골, 소콜리, 캄보디아까지 휩쓸었다. 이때가 기원전 240여 년으로 중국의 이름과 명성이 처음으로 외국 특히 이웃 나라인 인도에 알려지게 되었다. 인도인 사이에 중국의 이름이 계속 남아 있었고, 포르투갈인들은 인도에서 활동할 때 중국에 대해 알게 되었다. 진시황은 또한 타타르인과 전쟁을 벌였고 단시간에 승리를 거둠으로써 타타르인들이 살기 위해 거주지를 버리고 더 외딴 북쪽 지역으로 도망갈 수밖에 없도록 만들었다.

그리고 이 진시황이 타타르인들의 전쟁 도발로부터 중국 제국을 보호하기 위해 이전에 건축하다 중지했던 성벽 건축을 즉시 재개했다.¹⁹⁸ 이 성벽은 요동의 해안가에서 시작해서 크로케우스(Croceus)강 유역에 위치한 섬서성의 임유(Lyncao)시까지 이어

---

3   [역주] 웹은 '진시황'의 '시'를 성씨로 오인한 것으로 보인다.

진다. 접근이 거의 불가능한 산을 제외하곤 이 성벽은 하나의 성이 아니라 왕국이라 할 수 있는 네 개의 성 전체를 그 경계 내에 포함한다. 이 성벽의 전체 길이는 중국의 이쪽은 산이 많고 평지가 아주 드물기 때문에 지형에 따른 굽이의 차이를 고려해야 한다. 전체 길이는 300 독일 리그 또는 1200 마일이다. 이 성벽은 항구가 가까이에 있는 편리한 장소—마르티니는 15 독일 리그 정도로 계산한다—에서는 성과 탑으로 요새화된다. 성벽의 높이는 30 큐빗이고 너비는 12큐빗이고 때로 15큐빗이다—중국의 큐빗은 우리의 피트보다 1인치의 1/8 정도 작다. 그리고 성벽을 지나가는 사람들의 안전을 위해 성벽 양쪽에 난간이 있다. 성벽을 세우기 위해 중국 전역에서 10명 중 3명의 백성이 5년에 걸쳐 동원되었다. 성벽 건축 시에 돌과 돌의 이음매에 쇠막대기가 들어가면 그 부분의 책임자는 직무 태만으로 사형에 처해졌다. 요동에서 바닷가로 흘러 들어가는 곳은 성벽이 끝이 나는 곳으로 그곳의 토대는 마치 광산에서 파온 것처럼 돌이 아닌 거대한 철을 가득 실은 배를 2 펄롱 깊이의 물속에 가라앉혀 만들었다. 성벽의 외부는 큰 정사각형 모양의 아치로 만들어졌으며 중심은 부싯돌로 채워졌고 기원전 215년에 세워졌다. 오늘날에도 성벽은 시간의 모든 흐름을 거슬러 어떤 균열이나 침전도 없는 상태로

유지된다. 중국의 황제는 성벽을 방어하기 위해 거의 항상 10만
명의 병사에게 계속해서 봉급을 줘야 한다. 따라서 키르허가 마
르티니의 『중국 지도』를 제대로 인용하고 있음을 나는 알게 되
었다.

한나라의 여섯 번째 군주인 한무제(Hiavouur)[4]는 관대하고 용
맹할 뿐만 아니라 학문을 사랑하고 학문이 깊은 것으로 유명하
다.[199] 한무제는 마케도니아의 알렉산더 왕의 명성이 그의 궁정
에 도착한 것처럼, 전 세계를 자기의 나라로 만들고자 하는 위대
하고 탁월한 마음을 가지고 있었다. 그러나 일부 왕족들이 한나
라의 건국 초기 때처럼 그와 군대가 없는 동안 반란을 일으킬 것
을 두려워하여 그들을 억제하기 위한 몇 가지 법을 고안했다. 예
전 중국 법에서 지방의 왕족들에게 유리하게 부여된 토지는 앞
으로는 그들 사망 시에 합법적으로 얻은 자녀들에게 '균등하게

---

4   [역주] 마르티니는 『중국 역사』에서 한나라의 5대왕을 한경제
     (Hiaokingus), 6대왕을 한무제(Hiaouus)로 기술한다. 웹은 마르티니를
     따라 한무제를 6대왕으로 본 것으로 보인다. 그러나 웹은 한 단락은
     한경제의 행적, 다음 단락은 한무제의 행적을 기술한다. 제후왕의 봉
     지를 삭감한 것은 한경제이고 흉노 원정 등 정복 전쟁을 감행한 것
     은 한무제이기 때문이다. 일반적으로 한나라의 6대 황제를 한경제로
     보지만, 마르티니의 'Hiaouus'와 웹의 'Hiavouur'의 유사성을 근거로
     'Hiavouur'을 한무제로 옮긴다.

분배(Gavel-kind)'되어야 하는 칙령을 내렸다. 그리하여 그들이 조
상의 존엄을 유지하거나 예전처럼 황제에게 대항하는 행위를 했
을 때 빈털터리가 되어 완전히 무력해졌다. 그는 또한 제후들이
합법적인 자손 없이 사망하면 그들의 토지는 원래 황실에서 분
배받는 것이므로 황실에 귀속되어야 한다는 칙령을 내렸다.

한무제는[5] 국내에서 제국의 안전을 지키기 위해 이와 유사한
류의 법을 마련한 후 정복 전쟁을 수행하기로 결심하였다. 그의
부하들이 갠지스 강의 남쪽에 있는 인도의 여러 왕국 특히 벵골
왕국을 중국 제국에 복속시켰다. 그러나 나중에 황제가 직접 전
쟁에 나서 페구(Pegu)[6], 라오스 왕국, 캄보디아(Camboya), 코친차이
나(Cothin-China) 및 기타 많은 나라와 섬을 정복하였다. 스코틀랜
드가 때로 우리를 약탈하고자 하듯이 중국의 오랜 숙적인 타타
르는 호시탐탐 국경을 넘을 준비를 한다. 황제는 자신과 백성들
을 타타르에 입증하기 위해 그의 장군이 이끄는 강력한 세 부대
를 보내 타타르를 점령하게 했다. 이 부대는 타타르인을 거의 모

---

5 [역주] 웹은 앞의 단락에 이어 한무제를 이 단락의 주어로 보고 있다.
   흉노 원정 등 정복 전쟁을 감행하고 기원전 120년경의 한나라 황제
   는 한무제이다.

6 페구(Pegu): 미얀마 중부의 도시

두 칼끝에 두었고 기원전 120년에 심지어 북해 지역으로 완전히
몰아내었다. 황제는 정복한 캐세이(Cathay)를 대장과 병사에게 용
맹에 대한 보상으로 나눠주었다.

그러나 이들은 오랜 시간에 걸쳐 중국의 풍습과 관습을 조금
씩 잊어버리고 타타르인과의 끊임없는 교역과 대화로 타락하고
그들의 관습을 받아들였다. 그래서 여러 세기가 지난 후이지만
결국 그들은 자신의 본국을 침략하기 시작했다. 우리의 대속 해
인 약 1206년에 캐세이인[7]이 중국을 정복했다. 그전까지 중국인
들은―대군주제에 흔히 일어나는 일반적인 소동을 제외하고―
연속적인 평화와 고요 속에서 살았다. 하지만 어떻게 그것이 가
능했을까? 헤이린[200]은 캐세이인이 중국을 소유한 시간과 정복
하는데 걸린 시간이 거의 동일하다고 말한다. 캐세이인이 중국
을 겨우 90년을 통치한 후에―마르티니는 70년이라 말한다―그
들은 다시 완전히 추방되었지만 이로 인해 패배자가 된 것은 아
니었다. 왜냐하면 캐세이인이 중국을 지배하는 동안 중국인들
이 캐세이의 법과 관습을 따른 것이 아니라, 그들 자신이 중국

---

7   [역주] 문맥상 이 단락의 캐세이(Cathay)는 북방민족 특히 몽골인을 의
미한다. 웹은 곧 이어 'Cathay'와 'China'가 동일한 것으로 밝히지만,
이전 시대에 이를 인지하지 못했던 저자들의 글을 인용할 때는 그들
을 따라 'Cathay'라고 표현한다. 176쪽 참조바람.

의 예와 관습을 부지런히 따르면 중국의 언어, 환경, 예술, 산업을 이해하고 배우고자 노력했기 때문이다. 그들은 추방되었을 때 이러한 것들을 캐세이로 가지고 갔다. 로마인들이 그리스를 정복한 후에 그리어스어를 이탈리아로 가지고 간 것만큼 로마인들은 아시아에서 승리한 후 주로 그 나라에 성행한 여성스러움(Effiminacy), 사치, 방탕을 로마로 가지고 갔다.

캐세이인의 정복은 수백 년동안 계속된 행복을 누렸던 중국이 겪은 가장 심각한 불운이었다. 그럼에도 캐세이인들이 부지런히 창시자들의 예술과 과학을 유지하고 이를 회복하고자 하였으므로 중국인의 풍습에 어떤 큰 변화를 가져오지 않았다. 중국의 언어도 말할 것도 없다.

여기서 다시 이스라엘인은 가나안 땅에 처음 들어왔을 때부터 유다와 동료 지파 사이에 일어나는 몇 번의 내전을 제외하곤 최상의 번영을 누렸기 때문에 정복자의 분노가 무엇을 의미하는지 그들 자신이 우상에 압도될 때까지 알지 못했다. 마찬가지로 중국인은 통일 국가부터 가문 사이의 유사한 내분을 제외하곤 그들 스스로 우상 숭배에 빠지기 전까지 외국 승리자의 분노가 초래한 것을 결코 이해하지 못했다. 유명한 두 사례는 종교의 혁신은 항상 끔찍한 판단을 수반한다는 것을 보여준다.

그러나 마르티니가 이 침략에 관해 제시한 이야기를 생략하지 말자. 이 시간의 궤도에서 서쪽의 타타르인들은 고대 정신의 활기와 호전적인 정신을 망각하고 중국의 쾌락과 즐거움에 연화되고 장기간의 평화로 약화되어 부드러운 기질을 가지게 되었다. 그들은 중국의 원주민의 성격과 기질에 깊은 영향을 받았다. 마르티니 저서의 영역본이 있지만 그의 말을 직접 들어보자. "그 사이 그들은 중국인의 쾌락에 휩싸이고 중국 풍습에 물들었고, 차츰 타타르적인 힘을 망각한 채 태평스럽고 약해져 중국으로 도망쳤다."[201] 그래서 중국인이 타타르인이 되는 것이 아니라 타타르인이 중국인이 된다. 그들의 언어도 그들의 관습도 모두 이 정복으로 편파적인 영향을 받지 않았을 것이 매우 명백하다.

이제 우리의 저자들과 여러 사람이 저 사람들을 캐세이인(Cathayans)이라 부르는데 반해, 마르티니가 이들을 서쪽 타타르인(Western Tartars)이라 부르는 것에 주목하지 않을 수 없다. 그들이 큰 실수를 했음에도 불구하고, 나는 널리 알려진 의견을 갑자기 부정하기보다는 지금까지 그들의 주장을 따라왔다. 왜냐하면 캐세이(Cathay)는 다름 아닌 중국의 북쪽의 6개의 성(省)이고 만진(Mangin)은 남쪽의 9개의 성(省)이기 때문이다. 타타르인들이 중국을 침략했을 때 중국을 캐세이와 만진이라 불렀고, 직접 그 전쟁에 참여했던 마르코 폴로도 타타르인들을 따라 그렇게 불렀다. 마르티니[202]는 3년마다 중국의 황제에 조공을 바치곤 했던 타타르인과 무어인이 중국인들을 오늘날 만진과 캐세이로 부르는 것은 이상할 것이 없다고 말한다.

이에 추가하여 야고부스 골리우스(Jacobus Golius, 1596~1667)[203]는 캐세이에 대한 논문에서 우리에게 캐세이인과 중국인은 모두 하나의 민족이며 그들의 관습과 언어는 모든 시대에 하나로 동일했다고 말한다.

헤이린은 그들이 이 적에게서 해방된 지 얼마 되지 않아 티무르(Tamerlane)가 타타르의 군대를 이끌고 중국에 진입하여 전투에서 승리한 후 왕을 포로로 잡았고, 조공을 바친다는 조건 하에 왕을 석방한 후 그 나라를 다시 떠났다고 말한다. 알렉산더 대왕이 포루스(Porus) 왕국을 성공적으로 정복한 과정과 유사하다. 그러나 마르티니[204]는 단호하게 티무르는 1406년경에 활발히 활동한 인물이므로 중국을 침략한 적이 없고 중국에 있었던 적도 없었으며, 중국을 정복하거나 조공을 바치게 한 적도 없다고 하며, 일부 사람들의 이런 주장은 거짓이라고 말한다. 왜냐하면 그 당시 중국에서 명나라의 제2대 황제와 제3 황제인 태종(Taichangus)—타타르족은 이 시기 이전에 명나라에 패해 중국에서 쫓겨남—이 앞서 언급한 그 광대한 성벽의 범위 안에 포함된 모든 지방을 평화롭게 다스리고 있었기 때문이다.

[205]타타르가 중국을 그런 식으로 정복할 때까지 중국 제국 내의 여러 왕족은 제후국에서 편히 지냈지만, 승리한 홍무제는 타타르를 완전히 추방한 후 마찬가지로 왕족들을 제압했다. 그리고 약 400년 전에 중국 전체를 통합하고 오늘날처럼 단 한 명의 군주에게 복종하는 절대 군주 체제를 세웠다. 그리고 왕족들이 지배하던 영지에 옛날의 중국 정책을 재정립했을 뿐만 아니라 거기에 새로운 여러 법을 추가하여 중국 제국 전체에 오늘날과 같은 통치 형태를 도입했다.

[206]이 통합으로 중국은 전반적으로 평화로운 시대를 누렸고 여러 세대의 조상들보다 훨씬 더 많은 왕족을 제거했다. 이러한 평화는 여진계 타타르인들이 중국을 습격한 이후 1636년 반란을 일으키고 그 후 몇 년 뒤 북경을 장악하면서 깨졌다. 북경에서 숭정제는 아내와 딸을 자신의 손으로 먼저 죽인 후 왕궁의 정원에서 목을 매어 자살하였다. 숭정제의 장군이었던 오삼계(吳三桂 Usangueius)는 숭정제를 돕기 위해 여진족 타타르인(Nieuchean Tartars)을 불러들였지만 여진족은 곧 직접 나라를 세우고 청태종(Niuche Zungteus)의 아들인 약 6세인 순치제(Xunchuis)를 황제에 옹립했다.

청태종(Zungteus)는 어릴 때부터 아무도 모르게 비밀리에 중국에서 자랐다. 그는 중국에 살면서 명나라의 약점과 더불어 그 나라 사람들의 예절, 과학, 교리, 문자와 언어를 배웠다. 그러므로 그는 중국인들을 사랑했고 중국인들에게 큰 사랑을 받았다. 전쟁 중에 중국인들이 겪은 비참함, 특히 동포인 반란군이 일으킨 전쟁으로 겪은 비참함은 언제나 그랬듯이 반란군이 한때 장악한 곳에서는 형언할 수 없을 정도였다.

그러나 중국인들의 상태가 얼마나 비참하든 여진족은 중국의 언어와 고대중국의 학문에 편견이 없었다. 타타르족은 중국 제국을 복속시키고 지배를 공고히 했지만 중국의 정책과 고대의 통치 형태를 바꾸지 않았다. 대신 그들은 중국의 문인이 이전처럼 중국의 읍과 성을 다스리도록 했다. 또한 문인들이 예전과 마찬가지로 승진과 문자 시험을 관리하도록 맡겼다. 우리의 대학 학장들처럼 이러한 시험을 관리하는 중국 문인들은 그들보다 더 꼼꼼하고 엄격하게, 사실상 매우 엄정하게 이 시험을 관리했다. 그들은 우수 후보자가 그들 언어의 문학과 문자에 어느 정도 능숙한지 평가하고 시험했다. 중국 문자로 기록된 저서들에 학문뿐만 아니라 말의 우아함이 존재하기 때문에 이것을 연구하는 것이 중요하다고 보았기 때문이다. [207]그래서 심사관이 그들에게

제시하는 주제로 작문을 함에 있어 글자가 정확하지 않는 경우
—유럽인처럼 환상적이지 않아 오래된 말에 지겨워하지 않고 가
능한 모든 수단을 사용하여 고대 글자의 순수성을 보존한다—그
들의 작문능력이 아무리 뛰어나다고 해도 학위를 주지 않고 내
쫓는다. 대신 보통 3년마다 개최되는 다음 승진 시험에 재응시할
수 있는 기회를 준다.

　그러나 타타르인의 이러한 절차와 엣날의 통치 방식에 대한
승인을 기록한 뉴호프의 글을 직접 인용하는 것이 훨씬 만족스
러울 것이다. "그들은 중국의 통치 방식을 바꾸지 않았다. 큰 도
시이든 작은 지역이든 모든 관리 업무의 행위와 방향을 이곳에
정착한 중국 철학자들의 손에 계속 맡겼다."[208] 마르티니도 그들
은 중국의 통치 방식을 전혀 바꾸지 않았다고 말한다. 사실 그들
은 중국 철학의 일상 관습이 성과 현을 지배하게 허락하였으며
또한 문인을 뽑기 위한 시험도 정복 이전과 동일한 시험을 사용
하게 했다. 마르티니의 말을 직접 인용하면 다음과 같다. "실제
중국의 통치는 중국 철학자들이 이전과 같이 도시와 지방을 통
치하는 방식으로 이루어졌다."[209] 지금까지 중국인들의 고대법이
이 정복으로 변화된 것처럼 보인다. 마르티니[210]는 중국인들은
이미 여러 시대 동안 함께 해온 야만적인 관습을 일부 버리도록

타타르인을 유도했다고 말한다.

그러므로 중국 제국이 다른 말을 쓰는 나라와 했던 상업과 교류—헤이린이 주장하는 언어 변화의 주요 부분이다—와 마찬가지로 이제 타타르인의 정복이 중국의 언어에 변화를 줄 수 없었고 중국 언어를 몇 개의 언어 또는 동일한 언어의 방언으로 나누지 못한 것은 더 말할 필요도 없다. 왜냐하면 중국인의 기본법은 중국인들이 이방인의 국가에 가는 것도, 이방인들이 중국에 오는 것도 허용하지 않았기 때문이다. 키르허[211]는 중국의 모든 법 중에서 가장 중요한 것은 이방인이 중국으로 들어오는 모든 접근을 금지하는 것이라고 말한다. 그들은 세심한 주의를 기울어 이 법을 시행하였으므로 이방인이 중국인들 사이에 숨어 있는 것은 거의 불가능했다. 다른 부분에서는 이방인임을 감출 수 있었다고 해도 그의 말이 그가 외국인임을 드러낼 것이다. 그는 적발되면 즉시 체포되어 고문을 당하게 될 것이다. 목숨 걸고 탈출하면 다시 중국으로 되돌아가 그 고통을 겪으려 하지 않았다.

키르허[212]는 모든 집의 문 위에 그 집에 사는 남성의 수와 상태가 표시된 문패(Table, Escutcheon)가 부착되어 있다고 말한다. 노야

(Lau ye)[8]—포르투갈인은 그들을 만다린으로, 우리는 그들을 관찰
사 또는 지방관으로 부를 수 있다—의 임무는 이러한 정보를 파
악하는 것이다. 이것은 모든 시의 인구를 알 수 있게 할 뿐만 아
니라 공물을 수집하고 반란을 막는 용도로 사용되는 놀라운 통
치술이다. 그러므로 키르허가 관찰한 것처럼 이방인이 중국에
몰래 들어올 수 있었다고 해도 주인이 그에게서 이상한 점을 발
견하는 즉시 그를 신고하지 않으면 중벌을 받기 때문에 관아에
신고하는 것이 당연하다.

그리고 예수회는 최근에 중국 체류권을 얻었다. 그럼에도 불
구하고 예수회의 최고 수장이 그곳으로 신참자를 보낼 때마다
가장 먼저 마카오 섬에서 신참자에게 중국어 말하기와 쓰기 교
육을 집중적으로 시켰다. 신참자가 중국어가 부족하여 적발되면
그가 거주지에 도착하기 전에 투옥될 것이고 그렇게 되면 예수
회는 그들에게 관용이 허락된 이후 종종 그랬듯이 그의 석방을
위해 엄청난 노력과 비용을 들여야 했다. 예수회는 중국의 선교
허가를 받은 이후 지금까지 중국인들에게 그들의 일부다처제가
아니라면 그 광대한 제국이 오래 전에 가톨릭으로 개종했을 것

---

8   [역주] 'Lau ye'는 어르신, 관리, 나리를 의미하는 '노야(老爺)'로 추정된
다.

이라고 설득해왔다.[213]

　이방인이 중국으로 들어오는 것은 범죄 행위일 뿐만 아니라, 헤이린[214]에 따르면, 중국인이 외국으로 나가도 것도 범죄이다. 그들은 새로운 혁신으로 옛 방식이 간과되거나 무시되어 옛날 통치 형태가 혼란스러워지거나 국가의 안전성이 위험에 처하는 것을 막기 위해 모든 정치적 수단을 고안했다.[215] 우리는 히브리인들도 같은 이유로 최소한 이것을 준수하라는 명을 받았다고 들었다. 어떤 나라나 민족이 새로운 것을 도입하여 그들의 고대 관습을 변경할 때마다 그 민족이나 나라의 멸망이 멀지 않은 곳에 다가왔기 때문이다. 따라서 로마 연방은 고대의 절제와 금욕 대신 방탕과 관능을 취함으로써 자유를 잃었다. 여러분이 곧 듣겠지만 중국인들도 타타르의 지배를 받게 되었다.

　그들이 관습을 지키기 위해 극도로 경계하는 것이 이러한 제한의 유일한 원인이 아닐 수 있지만 최소한의 이유가 될 수 있다. 자유로운 상호 교류를 허용함으로써 중국 제국의 강점과 약점이 밝혀질 수 있기 때문이다. 중국은 정복과 내부 분쟁—세메도[216]의 말을 빌리자면—으로 옛날에는 용감하고 호전적인 국가[217]로 보이지만, 오늘날은 하늘 아래 어떤 사람도 누리지 못한 계속되는 평화와 만가지 쾌락의 오랜 향유로 일반적으로 여성화되었다. 그리고 어떠한 특전을 바랄 수 없게 되고 학문에 뛰어나는 것이 중요하였으므로 그들은 모두 학문 연구에 전념하였다. 그래서 군인들은 우리의 최하층민과 마찬가지의 천한 계급으로 간주되었다.

그러나 금지된 것이 무엇이든 흔히 금지는 가장 소망하는 것이다. 이방인들은 중국법에도 불구하고 그들 사이에 침투할 방법을 찾았다. 기원전 약 48년에 타타르인이 만든 대사관은 중국 제국에 영원한 복종을 약속하여 사절단을 보낼 수 있었다. 마르티니[218]는 유사한 접근을 가장하여 그 이후 몇몇 사람들이 허가를 받고 그 나라에 들어가서 무역을 하긴 했지만, 사적 무역만 가능했다고 말한다. 마르티니에 의하면, 중국은 사절단 이외의 어떤 이방인도 쉽게 접근을 허용하지 않는 완전 폐쇄된 나라이긴 하지만, 터키인, 라오스인, 사마리아인, 티베트인이 육지로, 시암인과 캄보디아인이 바다로 중국에 들어와서 대사관의 깃발 아래에서 사적 상거래를 협상하였다. 여기서 뉴호프[219]가 말한 것에 주목하라. "만약 중국에서 생을 마감할 작정이 아니라면 대사 외에는 어떤 사람도 중국에 들어갈 수 없다. 중국인들은 그들이 이방인에게 속아 이방의 군주에게 팔려가게 될 것이라는 아주 깊은 믿음을 오랫동안 고수한다." 그들은 황제의 허가 없이 이웃

나라와 거래할 수 없다. 그리고 그들이 다른 나라로 대사를 보내야 하면, 그 일의 책임자를 찾기가 어려웠다. 그 책임자의 친척들은 그가 무덤으로 가는 것보다 더 많이 애도하고 통곡한다. 그들은 낯선 나라에 대해 아는 것과 이방인과 대화하는 것을 매우 혐오한다. 마르티니[220]는 그들은 외국 나라를 모르거나 경멸한다고 말한다.

그러나 중국인들은 이러한 대사관들이 단지 허울뿐이고 그들이 접근하는 것은 복종하거나 우호적인 관계를 위해서가 아니라 그들을 염탐하고 부패시키기 위해서라고 생각한다. 이에 따라 중국인은 그들 방식— 마르티니, 세메도, 트리고, 및 우리가 수집한 예수회의 여러 편지에 바탕을 둔 것—으로 이방인을 적절하게 맞이한다. 대사가 육로로 중국의 국경에 들어오거나, 바다로 중국의 항구에 들어오면 즉시 그에게 호위병이 배치된다. 대사의 화려함과 허세를 만족시킬 수 있는 수행원은 극소수이다. 호위병은 대사를 만다린에게 데리고 간다. 그곳의 만다린은 대사의 출신을 안 이후에 그와 수행원이 거처할 궁을 마련하고 그의 허락 없이는 어떤 사람도 출입할 수 없도록 그들을 잘 감시할 경비대를 붙인다. 마차와 식량 등의 모든 필수품이 대사 일행이 중국에 얼마나 오래 머무르든 기간과 상관없이 나랏돈으로 그들에

게 제공된다. 만다린은 그들이 가지고 온 물품들을 문서로 기록
한다. 마부의 놀라운 여정―중국인들은 영어의 3마일보다 약간
적은 10펄롱마다 역참을 설치한다―으로 이 물건들이 황제의 궁
으로 보내진다. 이때 대사의 이름, 그의 나라와 왕, 수행원의 규
모, 대사가 황제를 알현하고 싶다는 염원을 담아 가져온 선물 등
을 기록해서 보낸다. 정확한 날짜에 중국 법의 범위에 따라 황
제의 대답이 없으면 그러면 대사는 즉시 국외로 보내진다. 그러
나 황제가 그의 접근을 허락한다면, 만다린은 그들 중 누구도 제
국의 내부 지역으로 들어갈 때 고통을 받지 않고 황제가 거주하
는 곳으로 바로 갈 수 있도록 세심한 주의를 기울인다. 그럼에도
그와 그의 수행원을 다음 만다린에게 보낼 때 마치 포로에게 하
듯이 호위를 한다. 먼 옛날부터 친구이자 동맹이었지만, 여행 내
내 대사 일행이 어느 누구와도 대화를 나누는 것도, 어떤 것을 보
는 것도 허락하지 않는다. 나는 대사 일행을 가둔 자물쇠와 열쇠
가 몇 개인지 모르겠지만, 중국 관리는 밤에 사나운 짐승을 마구
간에 가두듯이 그들을 지정된 곳에만 머물게 한다. 따라서 그들
은 황제가 거주하는 곳에 도착할 때까지 같은 방식으로 만다린
에서 만다린으로― 영국에서 거지를 한 순경에서 다음 순경으로
넘기는 것처럼―인도된다. 일반적으로 황궁의 어떤 곳에 잠시 머

문 후에 대사는 어느 곳으로 가게 되지만 황제 앞은 아니다. 그는 황제를 보지도 않고 그와 말하지도 않고 대신 예관을 만나게 된다. 예관은 왕실의 법에 따라 그를 대하고 그의 선물을 받아서 황제에게 보낸다. 그리고 대사가 가져온 나머지 상품 중 황제가 원하는 것이 있으면 예관은 황제가 그 상품을 보고 살 수 있도록 보낸다. 대사는 떠날 때 그가 선물한 것보다 훨씬 가치있는 것으로 보상받는다. 이 일을 마치고 거처로 돌아가면 그는 나머지 물건을 판매할 수 있는 권한을 얻게 된다. 상품은 그와 수행원이 조정으로 가지고 오기도 했지만, 대상(隊商)이 걸맞은 표현인 나머지 다른 일행이 처음 그 나라에 들어왔던 곳에 머물면서 보관하기도 했다. 그들이 오는 횟수는 드물지만, 한번 오는 일행의 전체 규모는 매우 컸다. 그들이 제국 안으로 들어가는 것을 허용하지 않았지만 도성 밖의 몇몇 마을을 그들의 거처로 제공하였다. 여기서 그들은 경비원이 보는 앞에서 자신들의 물건을 팔고 다른 물건을 산다. 마침내 대사와 일행이 상품을 모두 판매하고 전체 거래를 끝냈을 때 그들이 처음 왔던 것과 같은 방식으로 그들 모두 짐을 가득 지고 각자의 나라로 다시 돌아간다. 그들은 상업으로 중국인에 대해 더 잘 알게 된 것이 하나도 없다. 중국인의 통치 또는 언어의 형태는 조금도 오염되지 않는다.

　그러나 오늘날 무엇 때문에 이 모든 정책, 신중함, 이방인의
접근을 반대하는 그러한 선제적 법이 필요한지 따져 물어 볼 수
있다. 자연이 중국에 너무 많은 이점을 제공한 것 같다. 마치 자
연이 중국은 다른 세계에 결코 알려지거나 발견되지 않아야 한
다는 명을 내린 것 같고, 더군다나 중국은 침략으로 괴롭힘을 당
하거나 외국인의 접근으로 부패하지 않아야 한다는 명을 내린
것 같다. 키르허[221]는 트리고를 인용하여 자연은 어느 누구에게도
중국 안으로 들어오는 최소한의 입구도 허용하지 않는다고 말한
다. 중국의 자연은 북쪽과 북서쪽—300 독일 리그의 만리장성 옆
—은 광대한 끝없는 사막으로 둘러싸여 있고, 동쪽과 남쪽에서는
가장 위험하지만 아직 알려지지 않은 동해와 남해의 해류와 잘
보이지 않는 바위와 변덕스러운 항구라는 견고한 요새로 둘러싸
여 있다. 사납고 잔혹한 바람, 매우 거센 밀물과 썰물로 인해 명
백한 난파가 아니면 해안가에 접근할 수 없다. 그러면 최소한 서
쪽에서 입구를 확보해야 하는데, 자연이 그곳으로 통하는 길과
고개를 막은 것을 보라. 오늘날까지 사나운 야생 동물과 매우 치
명적인 독사 등을 수없이 품은 뚫을 수 없는 산으로 둘러싸여 있
다. 마치 이 부분에서는 어떤 필멸의 인간도 통과를 기대할 수 없
는 것처럼 국경 수비대 병사의 몸처럼 그렇게 무장을 하고 있다.

그러나 자연과 정책의 이러한 모든 방해는 학식 있는 그리스
나 유쾌한 이탈리아에서가 아니라, 멀리 떨어져 있고 지금까지
알려지지 않은 중국에서 마침내 노아의 홍수 이후 자신의 나라
에서 태어나고 자라며 자국 내에서 외국 사람들과의 대화를 절
대 허용하거나 허락하지 않는 진정한 '원주민'이 발견될 수 있는
방법에 기여했다. 중국인들은 모든 풍족과 부에 만족하였다. 그
들은 포도나무와 무화나무 아래에서 그들의 칼은 보습이 되고
그들의 창은 낫이 되게 살면서 다른 나라와 섞이거나 거래하지
않고 적어도 4천년을 보냈다.

헤이린[222]은 이방인에 대한 중국인의 이러한 태도를 두고 그들
을 비사교적인 민족이라 부른다. 그러나 그들이 사교적인지 아
닌지 여부와는 별개로, 이러한 태도가 그들의 평화와 안전에 기
여한 것은 확실하다. 보시우스[223]는 "그들이 인류에 알려지지 않
은 채 사는 한 행복하게 살았다."[224]고 말한다. 중국이 단 한 번 이
방침을 위반하고 무역의 자유를 여진족 타타르인에게 허용한 이
후 요동이 중국 제국의 최북동 모서리에 있는 성임에도 불구하
고, 그곳에서 점차적으로 전쟁과 반란이 발생하였다. 이로 인해
앞에서 말했듯이 나중에 이 타타르인들이 중국에 들어오게 되었
고 그 결과 중국은 치명적인 파국을 맞게 되었다. 한 왕국의 고대

기본 체제를 바꾸는 것은 정말이지 매우 위험하고 파괴적이다.

따라서 지구상의 모든 변화의 두 주요 동인인 상업과 정복은 중국의 법과 관습, 언어를 근절하고 변경하고 변화하는데 전혀 영향을 미치지 않았다는 것이 명백히 드러났다. 만물의 흥망성쇠를 가장 크게 주도하는 특권을 가진 시간 자체도 대홍수 이후 모든 시대 내내 상업과 정복을 대체할 수 있는 충분한 힘을 가지지 못했다. 이것이 의심스러워 보이지 않지만, 마르티니는 오늘날의 중국 제국의 영토가 매우 넓지만 중국 국내와 국외에서 동일 관습과 문자, 습관을 고대와 마찬가지로 사용하고 있다는 것을 적극적으로 확인하는 것을 잊지 않는다. 마르티니는 "국내외 전역의 모든 관례에서 모두 동일한 문자를 사용하고 동일한 예식을 사용하며, 오늘날에도 동일한 법령을 사용하고 있음이 분명하다. 서로 다른 점이 거의 없는 사람들의 마음의 결합이 얼마나 대단한지 추론할 수 있다."[225] 라고 말한다. 마르티니는 이를 통해 그들은 어떤 하나에서도 차이가 없을 정도로 그들의 정신의 결합은 매우 단단한 것으로 추정할 수 있다고 말한다.

제6장

중국 언어의 특징

      헤이린 박사가 제기한 주장에 대해 이제 충분히 답변했으므로 우리의 주제와 관련하여 여러분에게 중국인의 언어와 문자에 대해 약간 설명하고자 한다. 지금까지 이 주제에 대해 우리가 알 수 있는 지식이 아무리 적다 하더라고 중국 언어와 문자가 매우 오래되었고 그 용법이 변함이 없었다는 것을 충분히 발견할 수 있다. 우리의 논고가 적어도 개연성이 있음을 알 수 있다. 나는 여기서 지체하지 않고 이제부터 글을 시기로 나누어 논의할 것이다. 내가 의도하는 언어는 남쪽 식민지 등에서 사용되는 언어가 아니다. 야심을 가진 힘없는 왕족들이 태만하여 백성을 계속 야만 상태에 방치함으로써 그곳의 사람들은 원래의 말과 다르게 발음하였다. 이로 인해 중국의 여러 지방이 다른 말을 사용하기에 이르렀다. 그러나 그들의 진정한 모어와 자연 언어는 모든 세대부터 그들의 첫 번째 플랜테이션과 왕의 고대 의식에서 사용되었다. 원래의 말과 동일하게 구성된 문자를 가진 그들의 진정한 언어는 오늘날에도 조금도 변함없이 완벽하게 말해진다. 트리고와 세메도는 우아함과 범용성을 고려하여 이 언어를 관화 또는 만다린의 언어라 부른다. 마르티니는 이 언어를 문인의 언어로 부른다. 그것은 일부 사람들이 생각하는 것처럼 중국인들이 태어나면서부터 배운 발음이기 때문이 아니라 중국 전역에서 학식 있는 사람들이 그들의 문자를 순수하고 우아하게 말하기 때문이다.

월튼[226] 주교는 어떠한 것도 언어보다 변화에 노출된 것은 없다고 말한다. 일반적으로 알려진 동방의 모든 언어가 분명히 보여주듯이 언어는 영구적인 유동 상태에 있다. 언어의 생명은 문자와 비문에 달려 있다. 에트루리아어와 라틴어의 변경과 변화를 우리에게 가장 확실하게 보여주는 것은 오늘날의 언어와 다른 당시의 고대 비문이다.[227] 문자 기록이 매우 확실한 증거이므로 중국 언어가 손상되지 않았음을 중국이 한 민족이 된 이래로 모든 시대의 기록에 남아 있는 중국의 문자로 호소하고자 한다. 중국의 말이 태초와 마찬가지로 오늘날에도 동일하게 계속되었는지를 입증하는 것이 가능하든 아니든, 나는 여러분에게 그들의 말이 아닌 그들의 문자에 기대어 논지를 기술할 것이다.

우리의 에세이를 역사적인 방식으로만 진행해야 하므로 중국어가 아닌 다른 언어의 근원성을 증명하는 저자의 주장이 우리의 논의에 더 부합할 수 있겠지만, 다른 종류의 어떤 증거를 찾아

급선회하는 것은 여기서 부적절하다고 생각한다. 이에 대해서는 추후 좀 더 말할 기회가 있을 것이다. 그리고 최근에 출판된 철학 언어에 대해 쓴 학식 있는 저자가 그의 개념을 주로 이러한 원리에 기초했다면, 비록 그가 문자로 고대의 고딕 문자 또는 룬 문자를 따랐다 하더라도 그것이 잘못되었다고 하지 말아야 한다.

세계와 문자는 영원하다는 것이 플리니우스의 의견이다. 이것이 문자는 세계만큼이나 오래된 것을 의미한다면 아마도 진리에 가까울 수 있다. 그러나 성경은 언어나 말이 세계 창조 전에 있었음을 보증한다. "하느님이 말씀하시기 전에 창조하신 것이 아니라 창조하시기 전에 말씀하셨습니다."[228] 아인즈워드(Henry Ainsworth, 1571~1622)[229]는 이것이 하느님이 말씀으로 만물을 창조하신 방법을 보여준다고 말한다. 즉 말하고 있게 되었고, 명령하고 창조되었다는 것이다(시편 33장 6절과 9절, 시편 148장 5절). 우리가 창세기 1장 3절의 성경 본문을 문자 그대로 이해한다면, 말이 사물이나 피조물이 만들어지기 전에 있었고 결과적으로 말이 세계나 사람보다 더 신성한 고대의 것이다.

근원 언어는 고안되거나 인위적인 말이 아니라 우리의 첫 조상들과 함께 창조되었음이 확실하다. 그들이 후세대에게 그랬듯이 학습법으로 점차적으로 가르친 것이 아니다. 왜냐하면 성경에 하느님이 아담에게 질문하자마자 아담이 그에게 대답했다고 되어 있기 때문이다. "야훼 하느님께서 아담을 부르셨다. '너 어디 있느냐?' 아담이 대답하였다. '당신께서 동산을 거니시는 소리를 듣고 알몸을 드러내기가 두려워 숨었습니다.'"(창세기 3장 9절과 10절) 이로써 우리는 인간의 창조 자체가 놀랍도록 완벽했듯이 마찬가지로 인간의 언어도 원래는 평이하고 온유했음을 확신한다. 여기에 이후 바벨의 공모자들의 후손들이 더 큰 명성을 얻고자 기법으로 꾸미고자 했던 그런 필요성이 전혀 발견되지 않는다. 왜냐하면 하느님께서 그들에게 온전히 주셨으므로 행동을 구성하고 규제할 수 있는 다른 방법이 그들에게 남아 있지 않았기 때문이다. 그러므로 강제되고 계획된 수단으로 독창성이나 경험이 그들에게 무엇을 줄 수 있겠는가. 그리고 아담은 그의 창조에 의해 인류에게 유익한 것이 무엇이든 알고 있었던 것으로 추정된다. 나는 언어로 구성된 최초의 문자는 그의 발명품이라고 생각하지 않을 다른 이유를 전혀 모르겠다. 왜냐하면 롤리 경[230]이 말하듯이, 최초의 문자는 세계의 아주 영유아기에 발견되는 것이 확실하고, 세상은 아담의 시대보다 초기였던 적이 없었기 때문이다. 만물에 이름을 주신 분이 만물에 대한 문자를 발명하는 방법을 가장 잘 알고 계셨다. 그에 따라 고유한 본성을 담은

만물의 이름들이 그의 자손에게 전달되어 계속되어야 한다. 마
찬가지로 글자가 있었으므로 책도 있었다는 것은 의심할 여지가
없다. 별의 운행과 이름이 적힌 '에녹서'의 일부가 사바 여왕이
통치하던 아라비아 펠릭스(Arabia Faelix)에서 홍수 이후에 발견되었
다고 한다. 롤리 경이 인용한 오리겐(Origen)[1]이 그렇게 말했고, 터
툴리안(Tertullian)은 에녹서 전체의 몇 쪽을 보고 읽었다고 단언했
기 때문이다. 셋 또는 에녹, 또는 두 사람이 돌과 벽돌에 그들의
발명품의 더 많은 비밀을 새긴 글자는 의미를 가진 상형 문자였
다는 것은 의심의 여지가 없다. 우리는 아담이 그 글자를 셋과 에
녹과 그들의 후손을 위해 발명한 것이라 말할 수 있다. 우리는 몇
몇 저자가 셋과 에녹의 문자 사용을 언급한 것을 발견할 수 있지
만, 셋과 에녹 또는 둘 중 한 사람이 문자를 처음 발견했다고 언
급하는 저자의 글을 어디에서도 찾을 수 없기 때문이다. 그러므
로 그들을 최초의 문자 사용자라고만 말할 수 있다. 이로써 그들
이 단지 이전 지도자를 따랐을 뿐, 글자 발명의 영광은 전적으로
아담에게 있다는 것이 확실하다. 어느 누구도 그 영광을 셋이나
에녹이 태어나기 전의 그의 첫 번째 자손인 가인에게 돌리려 하

1　　오리겐(Origen of Alexandria, c. 184 - c. 253): 초기 기독교 신학자이다.

지 않는 한 말이다. 이것이 특이하게 보일지 모르지만, 그럼에도 브라운 박사는 이 주장을 지지하는 것으로 보인다. 브라운 박사[231]는 많은 사람들이 상형 문자가 '원시적인 글쓰기' 방식이고 문자보다 오래되었다고 생각하며 사물로 구성된 언어로 그들은 자연의 공동 개념으로 서로 소통한다고 말한다. 또한 그는 "만물의 본성을 이해함으로써 자연스러운 표현을 할 수 있는 장점을 가진 아담이 정말 이런 식으로 말했을 것이다."라는 결론을 내린다.

롤리 경 또한 아담 이후의 세대도 저 비문들을 모델로 삼은 것처럼 지식을 암호, 문자, 그리고 짐승, 새 및 기타 생물의 형태를 지닌 글자로 쓰기 시작했다고 주장한다. 브라운 박사는 그것이 바벨의 혼란으로 고통 받은 모든 사람들에게 최고의 방책(evasion) 이었다고 말한다.

『칼데아인 히우르니우스(*Hiurnius the Chaldaean*)』의 저자인 퍼차스(Purchus)[232]은 롤리 경의 의견에 완전히 동의하는 것으로 보인다. 퍼차스는 이스라엘인이 이집트를 떠나기 전에 페니키아인은 셋과 에녹이 사용한 상형 문자와 동일한 문자를 아브라함에게서 배웠다고 생각한다. 퍼차스는 또한 모세는 최초의 알파벳을 십계명 비석에서 받았고 페니키아인은 히브리인에게서 그 알파벳을 배웠다고 말한다. 카드모스(Cadmus)가 그리스로 돌아가기 100

년 전에 모세가 번성했으므로 페니키아인은 그 알파벳을 배우고 모방하기에 시간이 충분했을 것이다. 롤리 경[233]은 에우폴레무스 (Eupolemus,)[2 234]와 아르타바누스(Artabanus)[3]을 인용하여 모세가 문자를 발견하여 그 문자를 유대인에게 가르쳤고 유대인의 이웃인 페니키아인들이 그 글자를 받았고 페니키아인의 이웃인 그리스인들은 카드모스에게서 글자를 배웠다고 확신한다. 고드윈 (Godwin)[235]은 에우세비우스(Eusebius)[4]도 처음 모세가 글자의 사용을 유대인에게 가르쳤고, 페니키아인들은 그 글자를 유대인으로부터 배웠고, 그리스인들은 페니키아인으로부터 그 글자를 배웠다고 말했다고 주장한다.

그렇다면 홍수가 일어나기 전과 마찬가지로 홍수가 끝난 지 한참 후에도 표의 문자(significative character)만이 사용되었다. 왜냐하면 페르시아의 페르세폴리스(Persepolis)[5]에 있는 유명한 비문이 그러한 문자로 구성된 것은 우연이 아니기 때문이다. 이 비문의

2 　에우폴레무스(Eupolemus): 헬레니즘 시대의 유대인 역사가

3 　아르타바누스(Artabanus, ~B.C.464): 페르시아의 정치인

4 　에우세비우스(Eusebius, 263~339년): 로마의 신학자, 역사가

5 　페르세폴리스(Persepolis): 이란 남서부에 있는 아케메네스 왕조의 페르시아 수도의 유적

문자는 삼각형이 몇 가지 방식으로 변형된 형태로 구성되므로 잘 알려진 상형 문자의 방식과 다르다. 그러나 우리는 초기 사람들이 그들의 언어를 문자로 만들 때 상상력을 가미해서 만들었을 것이므로 그들의 독창성이 문자의 구성에 포함되어 있음을 인정하지 않을 수 없다. 그리고 이 비문이 모든 고대를 초월하여 홍수 이전에 기록되었을 수도 있다는 주장에 이의를 제기한다면, 당시에는 세계가 하나의 공통 언어를 가지고 있었지만 그럼에도 불구하고 사람들이 모두 똑같이 독창적일 수 없기 때문에 사람들의 다양한 기질과 능력에 따라, 문자는 보편적이지 않고 틀림없이 다를 수 있다고 답할 수 있다. 왜냐하면 언어는 가변성이 부여되지 않은 하느님의 것이지만, 문자는 전적으로 다양성에 기우는 인간들의 것이기 때문이다.

정복자의 폭력, 외국 국가와의 혼합, 상업의 자유, 오랜 시간, 새로움에 대한 열망, 그리고 몇몇 다른 방식으로 변하고 부패되기 쉬운 알파벳 문자가 모세 시대까지 알려지지 않았다면, 알파벳 문자를 사용하는 국가에 근원 언어가 남아 있는지 찾는 것은 헛된 일이다. 문자가 처음에 그렇게 질서정연하고 체계적인 방식으로 도입될 수 있다는 것은 합리적으로 상상하기 어렵기 때문이다. 그러나 문자는 우연히 평이하고 단순한 방식으로 무작

위로 발명되어 말에 적합하게 되었다고 생각하는 것이 합리적이다. 다른 모든 예술이 사소하고 조잡한 개념에서 시작하여 시간이 지나면서 점차 완성되기 때문이다. 어떤 종류의 발견이든 완성되기 위해서는 많은 시대와 오랜 경험이 필요하다. 그리고 만일 폼포니우스 멜라(Pomponius Mela)[6 236]와 플리니우스(Pliny)[237]가 요파(Joppa)[7]에서 발견된 것으로 보고한 저 비문들이 홍수 이전에 지어졌다는 것을 , 그리고 세파(Cepha)[8] 또는 세페우스(Cephus)가 요파를 통치했다는 것을 증언한다면, 비문 위에 그와 그의 형제 피네우스(Phineus)의 칭호와 더불어 그들 종교의 근거와 원리를 적은 글이 고유한 문자로 후손에게 전달되었다면, 이보다 더 확신한 증거는 없을 것이다. 우리의 학식 있는 셀던(John Selden, 1584~1654)은, 시간과 행동의 작용을 고려하면, 그 자신은 학파들의 백 가지 논증보다 하나의 고대 비문을 더 가치있게 생각한다고 공언하곤 했다. 그러므로 큰 위험 부담과 막중한 책임을 안고 모든 고대의 기원이 되는 아시아의 외딴 지역으로 간 영국과 유럽의 신사들

---

6   폼포니우스 멜라(Pomponius Mela): 1세기경 로마의 지리학자

7   요파(Joppa): 이스라엘 텔아비브에 위치한 세계에서 가장 오래된 항구 도시 가운데 하나이다.

8   세파(Cepha): 그리스 신화의 'Kepheus'이다.

이 아시아에 산재한 그토록 많은 비문의 일부라도 탁본하지 않고 소홀히 하는 것이 너무도 안타깝다. 내가 들은 것이 사실이라면 어떤 언어를 근원 언어라고 주장하는 일부 저자들의 주장을 이들 비문의 문자로 반박할 수 있는 가능성이 높아지기 때문이다. 그러나 근원 언어 자체를 반박하려는 것은 아니다.

시간과 장소의 경험이 우리에게 가르쳐주는 것처럼, 표의 방식 또는 알파벳 방식으로 개념을 명시화하는 민족과 나라치고 야만 민족과 미개한 나라는 없다는 것이 확실하다. 세속인들은 알파벳 문자로 우리와 다른 나라뿐만 아니라 동양의 다른 지역에서 이루어지는 모든 행동을 대략은 알게 된다. 그러나 특히 어떤 문제의 전체 개념을 신비스럽게 담는 표의 문자로는 세속인들은 그들에게 허용된 단순한 것을 제외한 다른 것은 전혀 모르게 되었다.

따라서 다른 사람들을 언급할 것도 없이, 고대의 이집트인, 브라만인(Brachmanes) 및 룬족(Runians)는 상형 문자를 사용하여 그들의 신학과 제국의 비밀(Arcana Theologiae & Imperii)을 그들의 사제와 대신들의 가슴에만 봉인하여 보존하였다. 따라서 중국인들은 그들의 최초의 문자를 발명하여 짐승, 새, 벌레, 물고기, 허브, 나무 가지, 밧줄, 실, 점, 원 등과 같은 눈에 명확하게 보이는 모든 것으로부터 문자를 만들었다.[238] 그럼에도 다음과 같은 차이가 있다. 이집트인과 기타 민족들은 그들의 아르카나(Arcana)를 백성들에게 숨기기 위해 상형 문자를 발명했다. 반면에 중국인들은 그들의 '개념'을 사람들에게 전달하기 위해 문자를 구성했다. 중국의 글자들은 단일 단어들의 개념을 정확하게 선언하기 위해 발명되었고, 이름만 있을 뿐이고 그 안에 다른 신비가 포함되어 있지 않기 때문이다. 이집트인의 상형 문자는 단일 단어나 이름을 표현하지 않고 불가사의하게 전체 '관념적인' 개념을 포함했다. 이로써 이집트인의 상형 문자와 중국인의 문자의 차이가 명백해진다. 키르허[239]가 확언하는 것처럼 중국 문자는 이집트 문자와 경쟁 관계(omnibus aemuli)에 있지 않다. 그러나 두 언어의 차이점과 유사 가능성에 대한 언급으로 당신이나 우리 자신을 괴롭힐 의도가 지금은 없다.

　최초의 중국 문자의 발명자는 첫 번째 황제인 복희씨(Fohius)이다.[240] 복희씨의 통치 초기로 언급되는 시기를 보면, 그는 에노스(Enos)[9]와 동시대 인물일 수 있다. 이미 말했듯이, 마르티니[241]와 보시우스는 중국인의 역사적 시간은 복희씨가 통치를 시작한 기

━━━━　9　에노스(Enos): 셋(Seth)의 아들(창 4:26, 5:6)

원전 2847년 그해부터 시작한다고 확언한다. 기원전 2847년은
대홍수 전 553년에 해당되고 에노스는 홍수보다 516년 앞선 세
계 창조 1140년에 사망했다. 중국의 역사 서사와 우리의 불가 성
경 연대기에 따르면 복희씨는 에노스와 37년 동시대인임이 분명
하다. 모세의 계산을 따르면 중국인들의 가장 정확한 연대기는
대홍수보다 일곱 또는 여덟 시대 앞선다고 보시우스[242] 말한다.

    그러나 나는 키르허[243]가 중국의 역사가 대홍수보다 앞선다는
주장에 매우 반대한다는 것을 안다. 키르허는 중국인들은 중국
의 연대기와 연대표를 근거로 최초의 문자 발명을 대홍수 이후
약 300년으로 두고 왕조 연대표에서 첫 번째 왕인 복희씨를 최
초의 문자 발명자로 간주한다고 말하기 때문이다.

    키르허가 연대기 계산을 다른 사람들과 동일한 유럽 연대기
가 아닌 다른 연대기를 사용하기 때문에 이러한 편차가 발생한
다. 트리고, 마르티니, 세메도 그리고 뉴호프는 연대기 계산을 그
리스도의 세속 시대로부터 추론하고 원 히브리어 성경에 따라
노아의 홍수가 세계 창조 1656년에 일어난 것으로 본다. 반대로
키르허는 70인역을 따르는 아이작 보시우스의 연대기로 계산하
는데 이에 따르면 노아의 홍수는 세계 창조 2256년에 발생했다.
그리하여 두 연대기 계산의 차이는 600년이 된다. 키르허의 연

대기 계산에 따르면, 최초의 중국 문자는 언어의 혼란 244년 전에 복희씨에 의해 발명되었다. 따라서 최초의 중국 문자는 키르허가 앞서 주장했던 대홍수 이후 300년이 채 안 되지 않아, 정확하게는 대홍수 이후 287년[10]에 발명되었다. 보시우스는 그의 연대기를 유효화하기 위해서 바벨에서의 분산이 "대홍수 이후 531년, 즉 팔렉의 탄생 후에 발생했다."[244]고 단언한다.

이것으로 중국에 문자가 있었고 바빌론의 혼란이 있기 244년 전에 그곳에 사람이 있었기 때문에 중국 언어는 언어 혼란의 저주를 받지 않았다는 것이 매우 명백하게 나타난다. 그럼에도 불구하고, 세메도가 생각하는 것처럼 중국 문자가 중국인과 함께 태어난 것이거나 노아가 그들에게 가르쳤던 신학과 함께 태어난 것이 아니라면, 결과적으로 그들이 문자를 사용하기 훨씬 전에 그들은 하나의 민족이고 그들의 언어가 있었다고 보는 것이 합리적 추론이다. 보시우스[245]는 이것을 부인하지 않을 것이다. 보시우스는 그의 세리아인(Serians), 즉 우리의 중국인(Chinois)들이 중

---

10 [역주] 웹은 팔렉의 탄생을 언어의 혼란과 동일 사건으로 간주한다. 팔렉이 대홍수 이후 531년에 탄생했으므로 바벨탑 사건 즉 언어의 혼란도 대홍수 이후 531년에 발생하게 된다. 그러면 최초의 중국 문자 발명은 언어의 혼란 244년 전 그리고 키르허가 주장하는 대홍수 이후 300년, 정확하게 말하면 287년이 된다.

국 연대기에서 세계적인 대홍수보다 더 먼 시대에 중국에 사람
이 살고 있었다고 기록했다고 알려주었다. 물론 중국인들은 대홍
수와 중국의 홍수가 동일한지 확실히 단언하지 않고 기꺼이 그
들의 오류를 인정할 것이다. 그러나 그것이 오류라면 보시우스
자신도 같은 오류에 대해 책임이 크다. 왜냐하면 보시우스는 연
대기 계산에서 중국의 홍수가 정확히 노아의 홍수의 시기와 일
치한다는 판단을 이미 오래 전에 내렸고, 사람이 살지 않은 나라
는 대홍수에 멸망하지 않았다는 것을 맹렬히 주장했기 때문이
다. 그의 주장대로 중국에 사람이 살지 않았다면, 중국이 홍수에
잠길 수가 없었다. 그의 말을 들어보자. "그러나 인간이 거주할
수 있는 땅 이외의 곳에 홍수가 범람할 이유가 전혀 없고, 참으
로, 인간이 거주하지 않는 곳에 인간에게만 가해지는 형벌이 발
생한다고 말하는 것도 터무니없다."[246] 그래서 그의 주장은 사람
이 살지 않았던 나라는 홍수에 잠기지 않았다는 것이다. 그러나
그는 중국이 홍수에 잠겼다고 확언한다. 따라서 그의 확언에 따
르면, 중국은 홍수 이전에 사람이 살았다. 그렇다면 중국인들의
기록이 오류가 없었거나 보시우스의 확언에 오류가 있다. 그러나
중국은 틀림없이 홍수 직전에 사람이 살았고 결과적으로 물에
잠겼기 때문에 중국인들과 보시우스가 모두 맞다. 그리고 보시우

스는 이에 더 나아가 중국의 연대기는 모세의 이야기로 홍수보다 7세대 또는 8세대 앞선다는 것을 최근에 인정했다.

그럼에도 불구하고 대홍수에 대한 논쟁에서 보시우스가 얼마나 학구적으로 교묘하게 바벨의 음모 이전에 정착된 저 플랜테이션의 경우를 이해하기 어렵게 주장하며 바벨에 없었던 사람들은 그곳에서 저지른 범죄에 대한 죄가 없고 그에 따른 처벌도 받지 않는다고 간청하는지를 들어보길 바란다.

나는 성경의 말씀을 따랐을 때 이 두 연대기 계산법 중 어느 계산법이 더 타당한 지 감히 주장하지 않겠지만, 그럼에도 영국인 메디(Jseph Mede, 1586~1639)[247]와 다른 사람들이 두 성경 연대기 추산에 대해 말한 것을 수용할 것이다. 메디는 "우리는 70인역의 계산이 가장 오류가 많지만 제1세대 교회가 이 성경을 따랐다는 것을 알고 있고, 그 당시 교회의 최고 박사들은 히브리어에 대한 무지로 인해 오랫동안 다른 계산이 있었는지 알지 못했거나 믿지 않았다."라고 말한다. 그는 또한 이 연대기들의 큰 차이점은 주로 70인역이 이집트에서 번역되면서 자발적으로 그리고 정해진 목적에 따라 고대 이집트인의 일부 이야기들이 포함될 수 있도록 첫 번째 세대의 연도수를 증가함으로써 히브리어 성경의 계산보다 1300년을 초과하게 되었다고 덧붙인다. 그리고 브라운 박사[248]는 히브리어가 논쟁의 여지없이 가장 오래된 것이고 가장 신뢰할 수 있는 성경이며, 오염되지 않은 동일한 말씀을 전부 유지하기 위해 인간이 할 수 있는 가장 세심한 주의를 기울였다고 확언한다. 그러므로 어떤 사람도 그 권세가 매우 크다고 해도 나에게 모세가 전한 것과 명백히 모순되는 것을 믿게 설득하지 못할 것이다. 왜냐하면 이것이 모든 역사의 가장 확실한 규칙이며, 우리가 이것에 동의하지 않으면 진리에 동의할 수 없기 때문이다. 그러나 여기에서는 모든 사람을 양심의 자유에 맡기고, 나는 나의 주요 저자들과 함께 히브리어 성경에 따라 기록된 하느님의 말씀에 모든 경건함으로 시작했던 것처럼 세속의 시대(vulgar Aera)로 나아갈 것이다. 그러나 나는 보시우스가 "그러나 그 주장이 이상하게 보일지 모르지만, 나는 모세를 옹호한 사람들이 이러한 고대성을 가장 강력하게 주장하였다고 말할 것이다."[249]라고 한 것처럼 그 정도의 확신으로 중국의 고대성을 감히 옹호하지는 않을 것이다.

어떤 계산법을 사용하든, 우리는 언어의 혼란 이전 중국에 사람이 거주하고 있었고, 그 혼란이 있기 이전 몇 세기 동안 정확하게 말하면, 복희씨가 홍수 이전 통치했는지 아니면 홍수 이후에 통치했는지 인정하는 것과 상관없이, 복희씨 시대 이후로 중국인이 문자를 사용했고, 초기 문자를 추상화했을 뿐인 문자를 오늘날 사용하고, 그들의 초기 문자와 현재의 문자는 동일하다는 사실만으로 충분하다. 우리는 그들이 지금 사용하는 문자가 복희씨와 그의 계승자들이 처음 그들의 말로 만든 문자로부터 단순화 것이라는 것에 주목해야 한다. 이에 대해서는 다른 사람들은 암시만 할 뿐이었지만 그들과 달리 키르허는 능수능란하게 이 점이 매우 명백하다는 것을 보여주었다.

그러나 논의를 진행하기 전에, 다시 그들의 연대기와 연간기록에 마주쳤으므로, 나는 여러분에게 중국인들이 고대부터 역사 기록에 기울여 온 극도의 주의와 정연한 질서를 알려주는 것이 매우 적절하다고 생각한다. 이것은 그들의 언어를 다루는 우리의 다음 논의가 그렇지 않으면 방해를 받을 수 있기 때문이다.

마르티노[250]는 우리에게 중국 문자는 오래되었고 아직도 이 나라에서 사용되며 중국의 선임 황제의 삶과 행적을 다룬 글이 모든 기만과 아부로부터 자유로울 수 있는 것은 후임 황제가 많은 사람이 큰 영광으로 생각하고 주요 인물들이 맡을 수 있기를 열렬히 희망하는 그 임무를 가장 학식있는 철학자에게 맡기기 때문이라고 말한다. 이에 따라 중국의 역사는 그 자체로 계속 이어지면서 때때로 몇몇 기록자에 의해 확대되기도 했지만 그럼에

도 불구하고 한 명의 저자의 작품인 것 같다. 왜냐하면 왕실의 역
사가 이외에 그 누구도 개입하는 것은 불법이며, 후대 작가가 이
전의 역사를 바꾸는 것은 또한 범죄이기 때문이다.

이를 확인하기 위해 뉴호프[251]의 보고를 마찬가지로 주목하라.
뉴호프는 중국의 황제들은 그들의 모든 철학자 중 가장 학식 있
는 사람을 선택하여 이 제국의 연대기를 쓰도록 항상 노력해 왔
으며, 그것이 이 민족을 영광스럽게 하고 그들의 역사의 진리를
다른 어떤 역사보다 신뢰할 수 있게 하므로, 기원전 2207년부터
지금 현재까지 쓰인 역사는 특히 역사의 진리에 충실하다고 말
한다. 이로써 그들이 연대기에 쏟은 꼼꼼한 주의는 감탄스럽다.
왜냐하면 기원전 2207년은 언어의 혼란 발생 44년 전에 정확하
게 해당되기 때문이다. 우리가 중국 제국이 세습되는 시기에 대
해 언급할 때 이 시기에 대해 주목한 적이 있다. 이 시기는 요임
금의 아들 주(Chus)를 쫓아내고 요임금을 계승한 순임금(Xunus)의
통치 말기와 정확하게 일치한다. 이러한 정확성은 또한 마르티
니가 "연대기의 정확성에서 중국인과 견줄만한 나라는 전 세계
어디에도 찾아볼 수 없다."[252]고 주장한 바를 확인해 준다. 마르티
니는 한 번의 주장만으로는 충분하지 않기 때문에 같은 내용을
다시 확인하며 "중국인의 놀라운 주의는 여기에서 어느 때보다

탁월했다."[253]라고 말한다. 보시우스는 동일한 방식으로 중국의
연대기를 "가장 확실한 연대기, 가장 정확한 연대기"[254]로 부르며
이를 증명한다.

보편적 홍수 발생 101년 후에 니므롯이 시날에 도착하고 팔렉
이 태어날 때 바벨의 혼란이 있었던 것을 알 수 있는 정황은 부
족하지 않고 우리는 이를 잘 알고 있다. 그러나 보시우스가 말했
듯이 대홍수 이후 한 시대가 채 끝나기 전에 바벨탑의 건설, 언
어의 혼란, 사람들의 분산이 이루어져야 하는 것이 믿기지 않을
수 있다.[255] 롤리 경은 "이 사람들은 기적을 통해 모든 일을 하고
시간의 도움 없이 모든 나라를 생기게 했다."[256] 그럼에도 이러한
추산에서 고대 중국의 역사가 언어의 혼란이 일어나기 14년 전
에 시작되었다는 것은 개연성이 부족하고 시간을 매우 단축한
것으로 보인다.

어셔 대주교[257]에 따르면, 땅의 분할을 팔렉의 탄생(창세기 11장
16절)으로 볼 수 있다면, 노아가 손자들에게 땅을 분할한 것은 대
홍수 발생 101년 후이고, 이후 손자들은 동쪽에서 시날 평원으로
갔다. 이로써 그들이 동방에서 이동한 것부터 혼란스러운 언어
의 저주까지, 그들의 이주와 바벨에서의 거대한 작업이 상당한
시간이 겹치는 것이 명백해 보이지만, 어셔 주교는 그 간격이 얼

마인지에 대해 조용히 간과한다.

　따라서 시대(Aera)를 참조하면 고로피우스, 롤리 경 및 가장 학식 있는 고대 연구가들이 따르는 우리의 성경에 대한 몇 가지 여백 주석은 그 시대를 니므롯이 시날에 오기 131년 전으로 본다. 그러면 롤리 경[258]이 인용한 글리카스(Glycas)[11]에 따르면 혼란이 일어나기 전에 탑을 높이 쌓는데 40년을 더 소비하면 중국인들이 공인하는 역사는 어셔 대주교의 설명에 따르면 바벨에서의 이산 30년 전에 시작한다. 롤리 경과 나머지 사람들이 주목한 이 다른 시대에 의해 중국의 역사가 언어의 혼란 84년 전에 시작되는 것으로 나타날 것이다. 이것은 트리고와 뉴호프가 중국의 연년표를 보면 그들이 4,000년 전에 유일신에 대해 알고 있었던 것 같다고 말한 것과 정확하게 일치한다. 왜냐하면 대홍수로부터 현재까지 3962년[12]이 경과하였기 때문이다. 이제 뉴호프와 트리고는 불가 성경 연대기를 따르고 4025년전[13] 통치를 시작한 요임금으로부터 그들의 설명을 추론한다. 요임금의 기억은 이 역사

11　글리카스(Glycas): 마이클 글리카스(Michael Glycas)로 12세기의 비잔티움의 역사가, 신학자, 수학자, 천문학자, 시인

12　[역주] 웹은 대홍수를 기원전 2294년으로 본다. 여기에 당시의 1658년을 더한 수가 3962년이다.

13　[역주] 마르티니는 요임금의 재위 시작을 기원전 2357년으로 본다.

기록에 살아 있다—순임금은 이것을 '서경'으로 부르고, 마르티니는 "그 책은 요임금의 생애에서 시작한다."[259]라고 말한다. 우리가 관찰할 수 있는 것은 그들의 역사가 대홍수 이전에 있었지만 그럼에도 불구하고 홍수 이후에도 연속적으로 기록되었다는 것이다. 이것은 연간 기록의 진실과 요임금의 모든 개연성을 명백하게 하는데 더 기여한다. 중국의 연대기와 연간 기록이 이렇게 명백하게 확실하므로, 그들의 언어와 문자를 추적하고 그들이 어느 정도 정확하게 연속해서 기록했는지 조사하는 것만 남았다.

알바레즈 세메도(Alvarez Semedo)[260]는 그들이 중국에서 사용하는 언어가 아주 먼 고대의 언어이므로 많은 사람이 이 언어가 바벨탑의 72개 언어 중 하나였다고 믿는다고 말한다. 그가 속한 예수회 회원 중 누군가가 또는 그를 대신해서 다른 사람이 언어의 혼돈 시기에 그곳에서 그렇게 많은 언어가 사용되었다는 것을 명백하게 밝힐 때까지 나도 이 의견을 믿을 것이다. 세메도와 마찬가지로 많은 학자가 창세기 10장에 기재된 이름의 수가 70이므로, 근원 말소리의 수가 70여개 정도의 언어로 혼돈되었다고 가정한다. 그러나 헤이린[261]은 이것은 단지 속임수에 불과하다고 말한다. 가나안과 그의 아들 11명 모두가 가나안 땅의 언어인 히브리어 한 언어만을 사용했다. 욕단과 그의 아들이 13명이고, 욕단이 팔렉의 남동생임을 고려하면, 바벨의 혼란이 일어난 시기에 그들 중 누구도 태어나지 않았거나, 아니면 그들 모두가 바벨의 건축을 위한 기획에 참여하기에는 너무 어리다는 것이 가장 개연성 있고 확실한 진리이다. 그래서 그것을 주장할 만한 가치가 있다면 아마도 미스라임의 모든 아들이 빠졌을 것이고, 여기에 70인의 3분의 1이 제거된다. 윌렛(Willet)[262], 퍼카스(Purchas)[263], 메드(Mede)[264] 및 다른 여러 사람이 이에 동의한다. 그래서 나는 그들과 헤이린과 함께 이것을 단지 공상으로 받아들이고 달리 다른 의견이 나타날 때까지 중국 제국의 언어가 가장 오래된 고대의 언어이며 세계 자체와 인류만큼 오래된 고대 언어라 생각할 것이다.

또 어떤 사람은 근원 언어가 다른 언어들로 나뉘지 않았으나 바벨에서 공모자들에게 내린 심판으로 그들의 마음과 사물에 대한 관념이 혼란스러워져 그들이 전과 같은 말을 할지라도 서로를 이해할 수 없게 되었다고 생각한다.[265] 또 다른 사람은 그들이 이전의 말을 잊어버림으로써 나중에 혀끝에 오는 것을 중얼거리거나 혼란스럽게 웅얼거린다고 생각한다. 우리가 무의미한 담론을 칭하는 'Babble'이라는 단어가 어디에서 나오는지 추정할 수 있다. 그러나 분열, 어리둥절, 망각, 또는 절대적인 말살이든 —혼란스러운 것은 아무 것도 아닌 것으로 환원되기 때문에— 이 일은 그곳, 바빌론 지역에 있었고 조언을 했거나 또는 실제로 탑 건설에 공모한 자들에게만 닥친다. 그러므로 그 혼란이 일어나기 오래 전에 좋은 자리에서 완전히 따뜻한 곳에 자리를 잡은 우리는 그 일과 상관없고, 그 범죄에 대해 죄가 없으므로, 그 저주 안에 있을 수 없으므로 심판이 무엇이든 우리는 그 심판을 받을 일이 없었다. 논의를 계속하겠다.

트리고는 중국 언어에서 "요소, 음절, 단어는 모두 하나이며 동일하다."[266] 라고 말한다.

세계의 다른 어떤 나라보다 문자의 수가 많지만 단어 수에서는 부족하기 때문에 중국의 관용어(Idiom)는 매우 간결하다. 중국 언어의 단어의 수는 1600개가 채 되지 않는다. 모든 단어는 'M' 또는 'N'으로 끝나는 일부를 제외하고는 모두 모음으로 끝난다. 모두 단음절이며 명사와 동사는 격변화가 없다. 필요에 따라 동사가 명사로, 명사가 동사로, 필요하다면 부사로 그 용도에 맞게 사용된다. 이로써 구문 형성에 많은 수고가 요구되지 않는다. 그리고 세메도는 이런 이유로 "중국 언어는 문법을 배우는 것만으로 젊은 날을 다 소진하는 라틴어보다 배우기 쉽다."[267]라고 확신했다. 『철학적 언어에 대한 에세이(*Essay to the Philosophical Language*)』
(452쪽)의 저자가 언어의 애매모호성을 논하면서 세메도의 『중국
의 역사』 2권 2장을 인용하며 세메도가 중국 언어가 세계의 다른
어떤 언어보다 어렵다고 확언했다고 전한 것은 매우 이상한 것
같다. 그러나 진실은 학식이 높은 세메도 자신이 그런 오류를 범
할 리가 없다는 것이다. 『철학적 언어』의 저자는 세메도의 글을
잘못 인용한 것 같다. 왜냐하면 그가 인용한 세메도의 『중국의
역사』에는 그러한 말이 없고 책 전체에서 세메도가 말하고자 하
는 바도 이와 다르기 때문이다. 우리가 그의 글에서 결론을 내리
기 전에, 세미도는 우연히 들은 소문이 아닌 그 자신의 오랜 경험
으로 그리고 다른 사람의 귀가 아닌 그 자신의 눈으로 직접 목격
한 것으로 동일 주제에 대해 중국어를 배웠을 때의 달콤함이 오
늘날 알려진 다른 모든 언어를 능가한다는 것을 증언할 것이다.

더욱이 중국 문자는 우리와 같은 알파벳 자모에 의존하지 않
으며, 그들의 언어에서 자모와 음절로 합성된 단어도 없다.[268] 그
러나 모든 개별 글자는 개별 단어 또는 이름을[14] 의미하므로, 그
들의 마음의 개념을 전달하는데 사물의 수만큼 글자가 필요했

---

14 [역주] 웹의 단어의 수에는 고유명사의 수는 포함되지 않은 것으로
    보인다. 219쪽 참조바람

다. 예를 들면, 어떤 사람이 '케일파인(Calepine)'[15]을 그들의 관용어로 옮기려고 한다면, 케일파일 안에 다른 단어들이 있기 때문에 여러 다른 글자들이 필요하다. 그들은 격변화 또는 접속사를 사용하지 않는데 이 모든 것이 글자 자체에 포함되어 있다고 보기 때문이다. 따라서 중국어를 자유자재로 사용할 수 있을 정도의 경지로 오르고자 한다면 기억력이 좋아야 한다. 우리가 살아 있는 동안 평생 배우는 것과 마찬가지로 평생 동안 오랜 연구를 통해 최고의 완성도에 도달한 사람은 당연히 제국의 최고의 영예와 위엄을 얻게 된다. 그리고 그들의 학식에 따라 그들에 대한 대우도 달라진다. 멘도자[269]가 단언하듯이, 중국인들은 아무리 비참하고 가난한 처지에 있더라도, 읽고 쓰는 법을 기본으로 배우는데 그것은 그들이 문맹을 수치스러운 일로 여기기 때문이다.

그럼에도 불구하고 키르허는 문자 그대로 '바다'를 의미하는 "그들의 '고유명사집'인 『해편(海編, haipien)』은 그 수록 어휘가 6만으로 우리가 몇 단어로 표현할 수 있는데, 왜 그렇게 많은 글자가 필요한지 어떤 사람에게는 감탄스러울 수 있다고 말한다. 또한 그는 최근에 우리가 보았듯이 중국 언어의 단어는 1,600개를

---

15 [역주] 'Calepine'의 정확한 의미를 알 수 없지만, 키르허의 겹낫표 중국
도설 겹낫표 6권 1장 서문을 보면, '책'을 의미하는 것으로 추정된다.

넘지 않는 것이 명백하다고 말한다. 우리와 세메도는 이를 구분
할 수 있다. 세메도는 중국의 언어에는 모두 합해 320개가 넘는
어휘(vocaboli)[16]—나는 이것을 무억양 무기식 단어로 추정한다—와
1228개의 빠롤[17]—실제로는 같으나 기식과 억양만 다른 단어—
이 있다고 말한다. 그러나 이 단어들 모두 여러 다양한 의미를 가
졌기 때문에 억양으로 구분하지 않는다면 단어의 뜻을 이해하기
어렵다. 한 단어가 때로는 10개의 사물, 때로 20개 이상의 사물을
의미하고, 억양의 차이로만 그 의미의 차이를 알 수 있다.[270] 이러
한 이중 의미로 인해 이방인들에게 중국어는 매우 어렵다. 많이
노력하고 집중해서 공부를 해야만 배울 수 있고, 천 번을 숙고해
야 배울 수 있다. 그래서 중국 문자를 아는 것과 중국어를 말하는
것은 별개이다. 이방인이 중국어를 말할 수 없고 중국 원어민이
그에게 하는 말을 이해하지 못한다고 하더라도 만약 그가 기억력

----

16 [역주] 세메도의 'vocaboli'는 영어로 어휘를 나타내는 'vocabulary'이
    지만 문맥상 중국어의 기본음절로 추정된다.

17 [역주] 현대 중국어 체계에서도 성모와 운모의 결합인 '분절음'을 407
    개, 여기에 성조를 더 얹은 '음절' 수를 1272개로 보고 있다(강식진, 「현
    대한어 음절 분포 연구」, 『대한중국학회』, 2008). 이는 청나라 복속 이후의 음
    운 변화를 반영한 것으로 명대의 중국어를 대상으로 한 키르허와 존
    웹의 이 분석은 상당히 근거를 갖춘 것으로 보인다.

이 좋고 주의해서 열심히 배우면 중국의 경전을 읽음으로써 학문의 경지에 도달할 수 있다. 이로부터 알 수 있는 것은 프랑스인이 말하는 대로 쓰지 않듯이, 중국인은 쓰는 대로 말하지 않는다. 그리고 현대 언어와 마찬가지로 고대 언어에서 입말과 글말 사이에 다소 차이가 있다는 것을 심지어 오늘날에도 우리 모두가 알고 있다. 그러나 트리고[271]는 이와 관련해서 중국어의 경우 입말과 글말의 모든 차이는 단어를 연결할 때에만 있다고 말한다.

그러나 여기서 뉴호프[272]는 당신에게 특히 중국어만큼 이중 의미가 많은 언어는 없고, 이 이중 의미는 목소리의 분화로 그 차이를 알 수 있다고 알려 줄 것이다. 이로 인한 불편은 매우 크다. 왜냐하면 중국어로 읽어 주는 것을 듣고는 어떤 것도 쓸 수 없기 때문이다. 중국 경전에 의존하지 않는다면 혼자서는 한 단어도 이해하지 못한다. 책을 참고함으로써 글자의 의미를 쉽게 이해할 수 있다. 말을 통해서는 중국 원어민이 의미하는 바를 이해하지 못한다. 그래서 단어를 반복해서 말해야 할 뿐만 아니라 단어를 잉크로 적어 두거나, 잉크가 없으면 탁자 위의 물이나 다른 어떤 것으로 표현할 수밖에 없다. 이 이중 의미는 어느 정도 5개의 다른 억양 또는 주요 성조로 파악될 수 있다. 그럼에도 그들의 운율(sweetness)을 쉽게 구별하기 어렵다. 어떤 한 단어가 때로 이 성

조의 다양성에 따라 5개 이상의 의미를—특히 이방인들 사이에
서—가진다. 거의 모든 단어가 5개 이상의 성조 중 하나의 성조
를 가지고, 마찬가지로 기식의 다양함으로 20개 또는 30개의 의
미가 생긴다. 중국 원어민은 태어날 때부터 이를 배우지만 이방
인이 이를 배우기는 매우 어렵다. 트리고가 곧 이 이유에 대해 알
려줄 것이다.

　야고부스 골리우스(Jacobus Golius, 1956~1667)[273]는 중국 언어가 우
연과 필연이 아니라 깊은 성찰과 기법(Art)으로 진행된다고 생각
한다. 그러나 중국 언어는 언어의 기법을 돕기 위한 저 모든 성가
신 학습 보조 장치들이 없다. 왜냐하면 중국 언어에는 문법과 논
리, 수사학 규칙이 없고 자연의 빛에 의해서만 인도되기 때문이
다.[274] 그럼에도 다른 어떤 언어보다 중국 언어는 읽을 때 더 없
이 유려해진다. 중국어는 우리가 다른 언어를 배울 때 따라야 하
는 과잉 지침서들로부터 완전히 자유롭다. 우리의 첫 조상들에
게 근원 언어가 들어온 것처럼 마찬가지로 중국 언어는 그들에
게 처음 주입되거나 영감이 부여된 것으로 생각할 수 있다. 그래
서 그들이 중국 언어를 발명해서 중국인들을 가르친 것이라기보
다는 그들이 우리의 첫 조상들에게서 그 언어를 받았다고 보는
것이 더 적절하다. 그리고 어떤 사람은 중국 언어가 여러 면에서

매우 불완전하고 모호하다고 생각한다. 그러나 현존하는 믿을
만한 어떤 저자도 우리에게 중국어의 불완전성에 대해 전혀 언
급하지 않았다. 그러므로 나는 만약 그러한 불완전성이 중국 언
어에서 발견된다면 그것은 오로지 중국 언어의 고대성에 가해진
인위성 때문이라 말할 수 있다. 왜냐하면, 중국 언어는 완벽하게
자연스러운 말이며, 세상이 특히 우리가 지금 기법이라 부르는
것이 의미하는 바를 알기 전의 언어였기 때문이다. 그리고 단어
의 이중 의미에 대해 말하자면, 중국에서 오래 살았던 사람들, 중
국 언어를 깊이 연구한 사람들, 중국어에 큰 관심을 갖고 중국말
을 매우 잘 할 수 있는 사람들이, 당신에게 적절한 장소에서 가장
만족스럽게 중국 언어의 이 애매모호함이 중국 언어를 매력적이
게 할 뿐만 아니라 태생적 결함이 없는 상냥하고 유쾌하고 우아
한 언어로 만든다고 말할 것이다.

　그러나 골리우스가 직접 이를 증명할 것이다. 그는 중국 언어
는 이러한 점에서 참으로 독특하고, 모든 중국 단어가 단음절일
뿐만 아니라 문법적 차이도 없고, 또한 단어 사이에 매우 큰 유사
성이 있는 것이 믿을 수 없을 정도이며, 다른 민족이 거의 지각
하기 어려운 발음의 매우 미세한 다양성으로 의미를 구별한다고
말한다. 또한 모든 시대에 걸쳐 그들의 말은 하나이며 동일하였

다고 그는 이전에 우리에게 확언했다.

　이제 그가 그들의 문자가 인위적이라고 말했다면 어떤 수많은 수사로 우리를 설득한다고 해도 그것을 믿지 않을 것이다. 짐승, 새, 식물, 물고기 등으로 구성된 첫 번째 문자는 '디자인(Design)'에 대한 지식이 없으면 만들 수 없다. 이로써 이 예술은 상형 문자처럼 적어도 그 이상은 아니더라도 확실히 고대인 것처럼 보인다. 그리고 그들이 현재 사용하는 문자는 그들의 전서 또는 초서로 쓰인 것을 보면 모양에서 편차가 있는 것은 사실이지만, 그럼에도 불구하고 '수학(Mathematicques)'에 기반을 두고 있다. 왜냐하면 그들의 문자는 어쩔 수 없이 이제 우리가 곧 증명할 수직선, 직사각형선, 평행선, 원형선으로 구성되어 있기 때문이다.

　중국의 문자는 고대 문자와 상고대 문자 또는 원형 문자와 추상화 문자로 두 종류이다. 상고대 문자는 연대기로 추적되는 아주 오래된 첫 번째 또는 최초의 문자로 오늘날 중국인들 사이에서 특별한 경우에만 사용된다. 고대 문자는 상고대 문자에서 추상화된 문자로 말의 의미는 동일하고 오늘날 중국 전역에서 널리 사용된다.

　첫 번째 또는 최초의 문자는 3,700년 전에 이미 추상화되기 시작했다. 이 문자를 고대 문자와 구별하기 위해 상고대 문자로 부

르겠다. 상고대 문자는 16개 이상의 유형으로 구성된다. 이것은
조류와 파충류의 날기, 가기, 기기, 돌기, 감기, 성장하기, 증가하
기, 줄어들기의 다양한 모습에서 유래한 것으로, 앞에서 언급한
의미화 방식을 따른다. 키르허[275]는 이것을 다음과 같이 정리한다.

제1유형: 뱀과 용, 그리고 뱀과 용의 다양한 여러 모양에서 유
래

제2유형: 농사 관련 사물에서 유래

제3유형: 새의 날개와 깃털의 위치에서 유래

제4유형: 껍질 조개와 벌레에서 유래

제5유형: 식물 뿌리에서 유래

제6유형: 새의 발자국에서 유래

제7유형: 거북에서 유래

제8유형: 새의 몸에서 유래

제9유형: 약초나 붓꽃에서 유래

제10유형: ———에서 유래.[18]

18 [역주] 키르허가 『중국 도설』 6권 3장에서 고대 문자를 16개의 유형
으로 그 유래를 밝힌다. 제1유형: 용, 제2유형: 농업, 제3유형: 새의
날개, 제4유형: 벌레와 굴, 제5유형: 식물의 뿌리, 제6유형: 새의 짧은
날개, 제7유형: 거북, 제8유형: 새와 공작새, 제9유형: 약초, 날개, 나
뭇가지, 제10유형: 유래 밝히지 않음, 제11유형: 별과 행성 모양, 제

끈이나 실에서 파생된 문자들로 보인다.

제11유형: 별에서 유래

제12유형 ——에서 유래.

고대의 칙령, 헌장 및 특허장에 사용된 문자들이다.

제13유형: ——에서 유래.

제14유형: ——에서 유래.

휴식, 기쁨, 지식, 추론, 빛, 어둠을 표현하는 문자들이다.

제15유형: 어류에서 유래

제16유형과 마지막: ——에서 유래.

키르허는 그가 속한 예수회가 아직 이러한 종류의 책을 읽는 방법을 알지 못한다는 것을 알고는 16유형의 고대 유래가 어디인지 독자들이 알 필요가 없다고 생각한 것으로 보인다.

이 문자들 중에서 중국의 첫번째 6~7명의 황제—다른 철학자들이 발명한 것을 제외하고—가 각각 문자의 한 유형을 발견했

12유형: 유래 밝히지 않음, 제13유형: 유래 밝히지 않음, 14유형: 유래 밝히지 않음, 15유형: 유래 밝히지 않음, 16유형: 거의 알 수 없는 유형. 키르허는 10, 12, 13, 14, 15, 16번째 유형의 유래를 밝히지 않고 설명만 간단히 제시했다. 웹은 키르허의 15유형을 물고기의 유래로 설명한 것만 다를 뿐 전반적으로 키르허의 각 유형을 보다 간략하게 전달한다.

고, 복희씨는 첫 번째 유형을 발견했다. "복희씨가 우연히 중국 문자를 고안했고, 그는 매듭 대신 문자를 사용했지만 매듭 자체보다 더 복잡하게 했다."[276] 이전에 말했듯이 키르허는 복희씨가 문자를 뱀과 용에게서 취했다고 말했는데 부적절하지 않다. 요임금은 제7유형을 거북과 거북의 몇몇 자세에서 글자를 만들었다. "요임금이 거북을 보고 만든 제7유형의 글자에는 'HIKLM'[19]이라는 문자들로 적혀있다."[277] 이것들은 부찰로 그 문자들이 지금 사용하는 것과 어느 정도 일치하는 지를 보여준다. 이 문자들 각각에서 6가지 요소, 즉 모양(Figure), 소리(Sound), 사용(Use), 의미화(Signification), 구성(Composition), 설명(Explication)이 고려되어야 했다.

　마르티니는 여기서 복희씨가 매듭 대신 문자를 창제한 것에 주목하지 않을 수 없다고 말한다. 이로써 아메리카인들이 후에 그들의 역사에서 매듭인 퀴푸(Quippoes)로 표현했고 오늘날 라플란다인들(Laplanders)과 사모에드인들(Samoeds)이 그들의 엑소시즘에서 매듭으로 표현했듯이, 마찬가지로 중국인들은 그들보다 더 먼 옛날에 마음의 생각을 매듭으로 표현했다는 것을 자료를 통

19　[역주] 키르허는 요임금이 거북을 보고 7번째 유형을 발명했다고 하며 각각의 문자 이미지 상단에 각각 H, I, K, L, M을 적어두었다. (『중국도설』 6권 1장 참조바람).

해 알 수 있다. 마르티니[278]는 수인씨(Suius)라는 인물이 복희씨 시
대보다 조금 앞서 중국을 통치했으며 그가 기억을 돕기 위해 문
자와 글자 대신 끈 매듭을 처음 알아냈고 이의 올바른 사용법을
학교에서 가르쳤다고 또한 말한다.

　더욱이 마르티니[279]는 복희씨의 통치 훨씬 이전에 어떤 종
류의 문자가 발명되었고 오늘날에도 사용되고 있다고 말하
는 것 같다. 왜냐하면 반고(Puoncuus) 다음의 지도자인 태호복희
(Thienhoangus)는 중국인을 처음으로 문명화하고 질서를 확립한 인
물로 이중 유형의 문자(double sort of letter)[20]를 발명했다. 중국인들
은 이후 기원전 2670년경에 이러한 문자를 결합하여 육십주기의
틀을 만들었다. 첫 번째 종류는 그들이 '간(Can)'이라 부르는 10개
의 문자로 구성된다. 두 번째 종류는 하루의 12시간을 숫자가 아
닌 특정 문자로 그 의미를 나타낸다.[21] 이 문자들을 결합하여 중

20　[역주] 양(陽)과 음(陰)으로 구성된 음양 팔괘로 추정된다.

21　[역주] 천간(十干)은 갑(甲)·을(乙)·병(丙)·정(丁)·무(戊)·기(己)·경
　　(庚)·신(辛)·임(壬)·계(癸) 10개의 글자로 되어 있고 지지[십이지(十二
　　支)]는 자(子)·축(丑)·인(寅)·묘(卯)·진(辰)·사(巳)·오(午)·미(未)·신
　　(申)·유(酉)·술(戌)·해(亥) 12개의 글자로 되어 있다. 천간과 지지가
　　결합하여 년, 월, 일, 시간, 방향을 표시한다. 웹의 육십갑자에 대한
　　이해는 불완전하지만, 그는 중국인들이 하루를 자축인묘진사오미신
　　유술해로 나누어 각 시간대를 명칭하는 것을 알고 있었다.

국인들은 그 해의 이름과 특성뿐만 아니라 그 해 전체와 매일의 이름과 특성을 알고, 천체의 움직임과 이것이 지구와 자연에 미치는 영향을 추정한다.

키르허는 "그러나 이후 중국인들은 경험으로 더 많은 지식을 얻게 되었다. 그들은 그러한 동식물의 집합체에서 큰 혼란이 발생하는 것을 보고 문자들을 재형상하고 모방하면서 그 문자들에서 어떤 점과 선을 뺐다. 그리하여 심지어 오늘날에도 사용되는 보다 간명한 방식으로 초기의 문자를 간소화했다."[280]고 말한다. 심지어 오늘날에도 그들이 사용하던 문자가 사용되고 있다. 얼마나 오래 전에 이 문자가 발명되었든지 상관없이, 이 문자가 3,700년 이상 사용되었다는 확실한 정당성을 갑자기 부여받게 될 것이다.

중국 문자의 수가 너무 많아 전체 개수는 정확히 알려지지 않았다. 마르티니와 세메도는 6만개, 트리고는 7~8만개, 키르허는 8만개, 뉴호프는 만데슬라우스(Mandeslaus)의 『페르시아의 역사』를 참고하여 12만개가 넘는다고 말한다. 그럼에도 불구하고 그 중 8천~1만개의 글자가 있으면 다른 사람과 무난하게 대화하고 문장 구성에 필요한 관용어를 배우기에 충분하다.[281] 모든 글자를 다 아는 사람은 제국 전역에 아무도 없다고 트리고[282]는 말한다.

그리고 그들은 모르는 글자를 만났을 때, 우리가 이해하지 못하는 라틴어 단어를 만났을 때 그러하듯이, 어휘집에 의존한다. 중국에서 문자를 가장 많이 아는 사람이 가장 학식 있는 사람인 것은 우리 사회에서 최고의 라틴어 학자가 라틴어 사전을 가장 잘 아는 사람이고, 가장 많이 읽고 공부한 사람이 가장 위대한 학자인 것과 같다. 중국의 첫 번째 문자는 'God'—이것은 중국의 상제를 의미한다—를 의미한다. 이것은 마치 우리의 알파벳이 십자가를 의미하는 문자로 시작한 것과 같다고 메르카토르(Gerardus Mercator, 1512~1594)[283]가 그의 『아틀라스(*Atlas*)』에서 말한다.

중국인들은 펜과 9개의 필획이나 필치만을 사용하여 수많은 이 모든 문자를 만든다. 그럼에도 불구하고 획을 더하거나, 줄이거나, 돌림으로써 새로운 다른 글자와 다른 의미를 만든다. 예를 들어, A로 표시된 직선은 '일(一)'을 의미한다. B에서와 같이 다른 선과 교차하여 '열십(十)'을 나타낸다. C에서와 같이 바닥에 다른 선을 더하면 '땅(土)'을 나타낸다. D에서와 같이 상단에 다른 하나가 더 있으면 '왕(王)'을 나타낸다. E에서와 같이 처음 두 획 사이의 왼쪽에 터치를 추가하면 '진주(玉)'로 간주된다. 그러나 F로 표시된 것은 '창조' 또는 '생명(生)'을 의미한다. 마지막으

로 G 아래의 문자는 '주(主)'를 의미한다.[22]

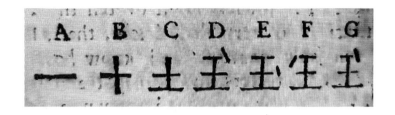

　계약, 정책, 변론 및 당사자와 당사자 간의 유사한 거래에 사용된 글자는 우리의 공증인이 사용하는 것에 상응하는 초서로 작성된다. 그들의 필사본과 인쇄된 책의 경우 보다 고정된 다른 글씨체를 사용한다. 어떤 글씨체는 어려워 이해하는데 더 많은 공부가 필요하다. 그 글자가 본질적으로 동일하다는 것을 언급할 필요는 없을 것이다. 그러나 그들이 포함하는 상고 시대의 고대성을 생략해서는 안 된다. 세메도는 "그들이 사용하는 문자는 그 사람들만큼이나 오래된 것 같다. 왜냐하면 1640년 현재를 기준으로 3700년도 더 전의 그들의 역사 기록에서 이렇게 말한 것을 완벽하게 확인 가능하다."[284]라고 말한다. 그러므로 그의 글을

22　[역주] 웹이 기술한 한자는 각각 '일(一), 십(十), 토(土), 왕(王), 옥(玉), 생(生), 주(主)'이다.

통해서는 그가 강조하는 3700년 그 이전에 대해서는 이 이상 알
수 없다. 그들이 첫 번째 문자 또는 최초의 문자에 대해 언급하지
않지만 단지 오늘날 사용하는 문자와 그들의 문자가 바뀐 시기
만을 언급하기 때문에, 우리가 그것을 고집할 필요가 없다. 이전
에 언급된 보시우스는 이 목적을 위해 의도적으로 적어도 500년
의 '초과된' 시간을 끼어넣는다. 그러므로 보시우스의 설정을 정
확히 따랐을 때 홍수 이후 234년이 지난 후에 그들의 처음 또는
'최초의' 문자가 이전보다 보다 간명한 방법으로 단순화되었을
뿐만 아니라, 그러한 단순화 이후 그들의 문자가 어떠한 변화 없
이 계속 사용되어왔고, 큰 단순화 이후 이 순간에도 동일하게 어
떠한 변화 없이 그대로 유지된 것이 아주 명백하다. 마찬가지로
키르허는 그의 『중국도설』의 전체 6권에서 아주 특정 문자들이
오늘날 고대에 최초의 기이한 문자로부터 추상화된 그들의 언
어와 동일한 의미를 지니고 있다는 것을 가장 확실하게 보여준
다. 그리고 마르티니와 뉴호프, 그리고 의심할 여지없이 현대 작
가들까지 그들의 최초의 문자가 기원전 3,000년경에 발명되었음
을 이미 오래 전에 선언하였다. 그리고 중국 문자의 발명이 중국
문자의 재형성을 훨씬 앞선다는 것을 어느 누구도 의심하기 어
렵다. 특히 이전에 언급된 것을 고려하지 않더라도, 문자가 여러

사람에 의해 고안되었고 여러 시대에 계승되었으므로 문자의 재형성에는 필연적으로 수년의 시간이 걸렸을 것이다. 마찬가지로 그들의 후손이 그토록 많은 동물과 식물을 문자화하는데 뒤따르는 큰 혼란을 지각할 수 있을 정도의 경험을 하기까지 필연적으로 오랜 시간이 경과했음이 틀림없다. 마침내 수많은 문자가 현재의 형태가 되기까지 빈번한 협의, 성숙한 심의, 다양한 필사를 고려해야 하므로, 그 일이 즉시 이루어질 수 없었을 것이다. 그러므로 뉴호프와 마르티니가 주장한 것처럼 그들의 첫 글자는 그들이 지금 사용하고 있는 글자보다 훨씬 더 오래된 것임에 틀림없다. 그러나 당신은 키르허와 그가 따르는 연대기 계산을 따를 수 있다. 그러면 그들의 초기 문자가 처음으로 발견된 것은 언어의 혼란이 있기 244년 전보다 더 이전이다. 그러나 이후 어느 때 어느 시기에 문자의 수정이 이루어졌는지는 키르허도 보시우스도 말하지 않는다.

중국인들은 고대 문자로 된 사본을 잘 만들기 위해 기꺼이 많은 돈을 바쳤고, 그들은 좋은 그림보다 좋은 서체를 훨씬 더 가치 있게 여겼다. 이러한 문자 평가는 문자 존중으로 이어진다. 그들은 글이 적힌 종이가 땅에 놓여 있는 것을 견디지 못한다. 발견한 즉시 집어 들고 소학교로 가지고 간다. 그곳에서 그들이 유사한 종이를 보관하는 지정된 장소에 두었다가 이후 특정 날에 그 종이를 불태운다. 그들은 터키인과 같은 종교심에서가 아니라 오로지 문자를 사랑하는 마음에서 그렇게 한다.

세메도는 "남쪽의 성(省) 전체와 북쪽의 일부 성(省)처럼 오늘날은 이 제국의 일부분이지만 과거에는 이 제국에 속하지 않고 야만인들이 지배하고 있었던 왕국들은 다른 언어를 사용했다."[285]라고 말한다. 이로써 과거에 이 제국에 속했던 나라들이 사용한 말은 순수하고 오염되지 않은채 남아 있다는 것이 더욱 명백해진다.

따라서 마르티니는 『중국 지도』에서 고대 제국의 왕국들의 지형도를 기술할 때 말의 차이에 대해 한마디도 하지 않는다. 반면에 기원후가 되어서야 중국 제국에 종속되고 문명의 질서를 가지게 된 북부의 일부 성(省)과 남부의 성(省)의 지형도를 기술할 때, 마르티니는 우리에게 그들의 언어의 다양성에 대해 알려 주었을 뿐만 아니라 어떤 방식과 수단으로 언어가 다양하게 되었는지를 알려준다. 마르티니는 그들을 빈번히 무례하고 교양없는 사람, 산에 사는 사람, 사나운 사람들로 불렀다. 그들은 처음에 소수였으므로 주요 식민지들에 인구가 번성하기 전까지 아무도 그들에게 관심을 두지 않았다. 나중에 그들의 수가 증가했을 때

천자가 그들을 다스리게 되었지만 앞에서 말했듯이 여러 세대에 걸쳐 불충한 지방관들이 천자에게 반기를 들고 일어났다.

고대 내내 중국 천자가 다스리던 성(省)들은 일반적으로 첫 번째 플랜테이션이 정착한 장강(Kiang)의 북쪽에 있는 성(省)들이다. 마르티니[286]는 중국 제국의 옛 경계가 우리가 '이온(Eoan)' 해로 부를 수 있는 바다까지 확장되었음을 알려준다. 그러나 그 당시에도 그렇게 불렸다고 생각해서는 안 된다. 북쪽에는 타타리아 안티쿠아(Tartaria Antiqua), 남쪽에는 그들이 바다의 아들(Son of the Sea)이라고 부르는 장강이 경계를 이루고 있다. 일반적으로 '강'이라 불리는 장강은 서쪽에서 동쪽으로 흐르며 지금의 중국 제국 전체를 북중국과 남중국으로 나누는 북과 남의 경계이다. 마르티니[287]는 더 나아가 고대에 순임금이 그곳을 12주로 나누었고 이후 기원전 2,200년도 더 전에 우임금이 9주로 나누었다고 말한다. 그 당시의 중국 제국은 거의 위도 40도에서 30도까지의 북부 지역만 포함하므로 장강이 9주의 경계가 되었다. 이후 점차 야만 상태였던 남부 지역이 중국 제국에 복속되고 중화정책을 따르게 되었다. 마침내 중국 제국 전체가 강력한 15주로 나뉘게 되었다.

이로써 중국의 언어는 오늘날 고대의 순수성을 유지하며 계속 사용되고 있는 것이 분명하다. 비스케이의 고대 스페인어가

외떨어진 곳이나 구석진 곳에서 사용되었다. 그라나타(Granata)의
아라비어와 에피루스(Epirus)의 고대 에피로티크(Epirotique)는 구릉
이나 산악 지역에 사용되었다. 이 언어들과 달리 중국 제국의 언
어는 첫 식민 지역과 천자가 다스리던 고대 왕국 전체에서 사용
되었다. 마르티니는 이곳은 장강이 경계가 되는 위도 40도에서
30도까지의 지역과 거의 일치한다고 말한다.

  그러나 M. 카조봉(Meric Casaubon, 1599~1671)[288]은 중국 언어의 차
이에 대해 다음과 같이 논평한다. "중국의 성(省)들의 말소리에서
어느 정도의 다양성이 있을 수 있다. 어느 누구도 이 다양성이 몇
몇 성(省)에서, 아니 훨씬 더 많은 성(省)에서 지역적 차이와 통치
형태의 차이에서 비롯된다는 것을 부정할 수 없을 것이다." 이것
을 부정하기 어렵다. 왜냐하면 우리는 그들의 말이 기온에 따라
달라질 수 있고 또는 지역의 환경이 산악 지역이면 언어의 발음
이 자연스럽게 다소 거칠어지기 때문에 이에 따라 달라질 수 있
다고 생각할 수 있다. 또한 정부가 주의를 기울어 백성이 어느 정
도 예의범절을 익히고 적절한 질서를 유지하게 하면 언어의 순
수성과 완전성을 보존할 수 있으므로 통치에 따라 말이 달라질
수 있다. 마찬가지로 플랜테이션의 운영은 새로운 식민주가 첫
번째 무리에서 생겨났느냐 아니면 다른 곳에서 온 두 번째 또는

세 번째 무리에 속하는가에 따라 관련이 있을 수 있다. 식민지의 본거지 또는 군주제의 본체가 순수하고 진정한 또는 자연스러운 말을 보유하고 향유할 수 있는 동안 중국의 북부와 남부 지역의 언어도 원래의 중국말과 크게 다르지 않다. 영국의 남부, 서부 및 북부 영어도 서로 달라 보이지만 여전히 하나의 동일한 언어인 것과 마찬가지이다. 그리스어에 5개 이상의 방언이 있었지만 하나의 언어라는 사실을 당연히 인정한다. 그리고 에브라임 사람들이 '쉽볼렛(Shibboleth)'을 발음 못했지만, 그들의 언어를 히브리어 또는 가나안어와 다르다고 하지 않는다. 어떤 사람이 선천적 결함으로 혀 짧은 소리를 하거나 말을 더듬는다고 해서 그가 오염된 말을 하는 것은 아니다. 그런 그에게 언어를 잃어버렸다고 할 수 없는 것과 같다. 그러나 영국에서 어떤 영어 책도 북쪽 영어 방언이나 서쪽 영어 방언으로 적지 않듯이, 중국에서 관용적 속어가 아무리 많이 다르다 하더라도, 모든 책은 진정한 원어(ORIGINAL Language)로 적고, 책에 사용된 문자는 중국 제국 전역에서 사용되는 하나의 동일한 문자이었다.[289]

멘도자[290] 또한 이 차이를 언급하며, 그 차이가 어디에서 발생하는지 우리에게 조금 알려준다. 그는 우리에게 이 제국의 통치 권역에서 몇 종류의 말이 있지만 그럼에도 불구하고 일반적으로

모두가 그 말을 말이 아니라 문자로 이해한다는 것이 놀랍고 이
상하다고 말한다. 그러나 그는 그 이유로 말에서는 하나의 동일
한 형상과 하나의 동일한 문자가 다양하게 명명되지만 모두 공
통적으로 하나의 동일 사물을 의미하기 때문이라고 말한다. 예
를 들어, 도시를 어떤 곳에서는 'Leombi'라고 부르고, 다른 곳에
서는 '부(府)'라고 부르지만, 도시에 해당하는 글자는 중국 제국
전역에 널리 알려져 있다.[23] 이와 유사한 현상이 다른 모든 명사
에서 발생한다. 그 이유는 악센트에 따라 다양한 의미가 생김으
로써 그들의 언어가 모호해지기 때문이다. 이뿐만 아니라 그들
이 말한 사물이 그들의 말에서 지니는 각각의 위엄과 특성에 따
라 특정 사물을 가리키는 특정 말이 있기 때문이기도 하다. 이
에 대해 세메도, 뉴호프, 키르허가 우리에게 말했고, 마르티니
도 이에 대해 말할 것이다. 그래서 멘도자는 중국인이 'Leombi'
로 어떤 도시를 의도하는지를 말하지 않았다. 왜냐하면 그들이
'부(府)'로 말하는 방식이 얼마 지나지 않아 나타날 것이기 때문

---

23 [역주] 멘도자는 '城'과 유사한 모양을 그린 후에 중국인들이 이것을
'Leombi' 또는 'Fu'라고 부른다고 했다. 웹은 멘도자가 'Leombi'로 무
엇을 의미하는지 잘 모르겠다고 말한다. 문맥으로 보아 멘도자의
'Leombi'는 황제가 하사한 제후(諸侯)의 통치 구역을 의미하는 '영지
(領地)'로 추정된다.

이다. 그리고 그들의 모든 말이 완벽한 중국어이고 그 말은 관용
구의 순수성에 따라 발음된다. 마찬가지로 비둘기 집을 영국 북
부에서는 'Dove-cote'라고 하고 영국 남부에서는 'Pigeon-house'
라고 하지만 모두 비둘기 집을 나타내는 적절한 영어이다. 또한
라틴어에서 'Ensis'는 'Gladius' 만큼 검을 나타내는 진정한 라틴
어이다. 그리고 'ασειδῆης'는 'ευλρφπελια'만큼 '도시'를 나타내는 순
수 그리스어이다. 그러나 우리의 목적에 있어서 '주(洲)'는 '부(府)'
와 '현(縣)'과 마찬가지로 도시를 의미하는 오염되지 않은 중국어
이다. 말의 다양성은 말이 지닌 위엄의 차이에서 비롯된다. 마르
티니[291]는 이렇게 말한다. 중국인들은 큰 도시를 '부(府)'라고 부
르지 않고 '주(洲)'라고 하는데[24], '주(洲)'의 관할 아래에 있는 더
작은 도시를 '현(縣)'이라 부른다. 그들은 왕의 도시를 '경부(京府,
Kingsu)'[25]라고 부른다. 마르티니는 '경부(京府)'는 왕도의 위엄을
나타나는 공통어이지만, 모든 왕족이 사는 도시들을 경부(京府)
라고 부르지는 않는다고 한다. 그러나 'Leombi'가 우연히 항구도

---

24 [역주] 일반적으로 중국의 행정단위에서 부(府)가 주(洲)보다 큰 단위
     이지만 웹은 주(洲)가 부(府)보다 큰 도시인 것으로 이해하고 있다.

25 [역주] 이 문맥에서 웹의 'Kingsu'는 한 나라의 수도를 '京府'로 추정된
     다.

시를 의미하는 '닝보(寧波, Ningpo)'를 오인한 말이 아니라면 이 단
어가 어느 급의 도시에 속하는지 나는 알 수 없었다. 마르티니[292]
가 알려준 것처럼 포르투갈인들은 항구도시를 'Liampo'라는 다
소 변질된 말로 부르는 버릇이 있다.

　이로써 그들은 우리가 여러 개의 단어로 의미할 수밖에 없는
것을 단 한 단어로 표현한다는 것을 관찰할 수 있다. 이와 마찬
가지로 [293]우리 유럽인들 사이에서 어떤 것을 전체 손을 이용하
거나 또는 어떤 특정 손가락을 사용하여 어떤 것을 잡는 방식을
말하고자 할 때 우리는 항상 어쩔 수 없이 동사 'Take'를 반복해
야 한다. 그러나 중국인들은 그렇게 하지 않는다. 개별 단어가 동
사와 마찬가지로 양태를 의미하기 때문이다. 예를 들면, 'Nien'
은 두 손가락으로 잡기, 'Tzo'는 모든 손가락으로 잡기, 'Chuà'
는 손 전체를 아래로 향하고 잡기, 'Toie'는 손을 위로 벌린 상태
에서 잡기를 의미한다.[26] 마찬가지로 동사 'Is'로 우리는 'He is in
the housse', 'He is eating', 'He is sleeping'으로 말하지만, 그들은

─────

26　[역주] 물건을 잡는 방식에 대한 한자들로 다음을 추정해볼 수 있
　　다. 'Nien'; 捻 손가락으로 비비꼬다, 'Tzo': 搓, 손바닥으로 비비다,
　　'Chuà': 抓, 물건을 위에서 쥐다, 捨: 줍다, Toie: 抬, 아래에서 받쳐들
　　다. 그러나 웹의 부정확한 음역만으로는 정확히 해당 표현이 어떤 한
　　자에 해당하는지 알기 어렵다.

'Is'와 양태를 하나의 단어로 표현한다. 우리는 '사람의 발(foot of a
Man)', '새의 발(foot of a Bird)' 또는 '모든 짐승의 발(foot of any Beast)'
을 나타내기 위해 동일한 영어 단어 'foot'을 항상 구체화할 필요
가 있다. 그러나 중국인들은 한 단어로 나타낸다. 'Kiò'는 사람의
발, 'Chuá'는 새의 발, 'Thi'는 모든 짐승의 발을 의미한다.[27]

중국의 원주민들은 악센트를 전혀 지키지 않고 어릴 때부터
배운 대로 일반적으로 말한다. 여러 지역에서 사람들은 우리의
시골 농부처럼 나중에 다른 사람들보다 어느 정도의 예의를 갖추
어 우아하고, 다양하고, 정확한 말을 하는 습관에 도달하게 된다.
마르티니[294]의 글은 중국어를 잘 읽지 못하고 문자를 바르게 이해
하지 못하는 중국인은 촌스럽게 말하고 자기 생각을 거칠게 전달
하는 반면 배운 사람은 단어를 매우 우아하게 발음한다는 것을
암시한다. 중국 언어는 이들의 거친 발음에 익숙하지만, 이러한
발음은 문인들로부터 그다지 환영받지도 칭찬받지도 못한다.

따라서 절강성에서 문인들이 우아한 말투로 'Kingsu'라고 변
질되지 않게 말하지만,[295] 반면에 저속한 사람들은 흔히 정확

---

27 [역주] 'Kiò'는 '각(脚)', 'Chuá'는 '조(爪)', 'Thi'는 '지(趾)'를 의도한 것으
로 추정된다.

하지 않게 'Kingsai'라고 말한다.[28] 이때부터 마르코 폴로(Paulus Venetus, 1254~1324)의 'Quinsai'[29]라는 이름이 나온다. 마찬가지로 복건성 사람들은 광대처럼 우스꽝스럽게 말하는데 보통 'N'을 'L'로 바꾼다. 한 예로 '남경(Nankin)'을 '람경(Lankin)'으로 발음한다. 따라서 마르티니[296]도 남경에 대한 기술에서, 포르투갈인들은 주로 거래하는 복건성 사람들의 오류를 받아들여 남경을 '람경(Lankin)'이라 한다고 말한다. 정확하게 말하지 않고 대충 말하는 것이 복건성 사람들의 흔한 말하기 방식인데 그들은 습관적으로 모든 'N'을 'L'로 바꾸어서 말하기 때문이다. 같은 방식으로 영국 동부에서는 'Chim-Ney(굴뚝)'라고 하고 서부에서는 'Chimley'로 말한다. 또는 영국의 서머셋(Somersetshire)의 여러 지역에서 'S'를 'Z'로 바꾸어, 'Such'를 'Zuch'로 발음하고, F는 V로 바꾸어, 'Father'를 'Vather'로 발음한다. 특히 서쪽으로 멀리 갈수록 많은 사람들이 매우 헷갈리게 발음하여, 그들의 관용어에 익숙하지 않은 사람은 그들이 영어를 말하는 것은 알지만 그들이

---

28 [역주] 키르허는 다음과 같이 설명한다. 당시 중국의 수도는 중국어로 'Kingsu'라고 말하고, 일반인들은 부정확하게 'Kingsai'라고 발음하였다고 한다. (Part II, Ch. 3)

29 [역주] 마르코 폴로 즉 'Marcus Paulus Venetus'는 오늘날의 항저우를 'Quinsai'라 불렀다.

의미하는 바나 말하는 바를 거의 이해할 수 없다.

복건성 사람들은 중국인들 중에서 유일하게 해양무역을 하는 사람들로, 중국 제국의 법에도 불구하고, 외국 국가와 자유로운 상업 및 교류를 유지한다. 마르티니[297]는 복건성 사람들이 모두 하나의 동일한 말을 사용하는 것이 아니고 그 성의 여러 도시에서도 말의 차이가 있어 서로를 이해하는 것이 매우 힘들다고 말한다. 복건성은 모든 성에서 공통으로 사용되는 문인의 공손한 말이 덜 알려져 거의 사용되지 않는다. 그러나 남경에서 보낸 식민지가 점령한 복건성의 연평(延平, Jenping)[30]과 부속 지역—모든 성(省)에는 이러한 구역이 몇 군데 있고 그 크기는 일부 유럽 왕국만큼이나 크다—의 거주민들은 문인의 말을 한다. 그런데 그들이 매우 거친 사람들 사이에서 사는 것을 고려할 때, 이것은 매우 특이한 현상이라 볼 수 있다.[298] 세메도는 중국의 말을 찬양하면서 남경 사람들은 순수한 중국말을 한다고 확언한다. 그는 "남경의 언어는 거칠지 않고 감미로우며, 평상시 남경에서 이 언어를

---

30 [역주] 연평은 오늘날 남평(南平)으로 알려져 있다. 복건성에 객가 가주촌이 다수 분포해 있다. 그 중에서도 유럽에는 복건성 연평 지역이 크게 알려진 것 같다. 지금도 연평에 객가족 마을이 남아있다. 웹은 이들의 말투가 남경의 말투와 유사하다고 하는데 이 부분도 서진 당 송때 남경에서 전란을 피해 내려온 객가족의 역사와 맞아 떨어진다.

완벽하게 말하면 청중의 주의를 끌거나 귀를 즐겁게 한다."[299]고 말한다. 우리의 영어 번역 책에 따르면 그렇다.

모든 것으로 알 수 있듯이, 단어는 동일하지만 하나의 동일한 문자라도 신분에 따라 명칭이 달라지거나, 장소에 따라 다양하게 발음되면서 언어의 다양성이 비롯된다. 그러므로 이 차이를 한 번에 끝낼 필요가 있다. 그 지방의 자연적 거침은 그곳을 다스리는 야심 찬 왕족의 행보와 결합되어 그 지방 백성의 거친 성질을 자극하여 그들을 야만인처럼 살게 하고 야만인처럼 말하게 만들었다. 이런 과정에서 그들 조상의 순수 언어는 방치되고 그들의 도덕성은 흙에 짓밟혔다. 그러나 중국은 처음 진시황에 의해, 그리고 이후 기원전 약 140년에 한무제에 의해, 그리고 마지막으로 홍무제(Humvù)에 의해 제국으로 통합되었다. 그럼으로써 그들의 고대 언어는 다시 뿌리를 내리고 통합된 모든 성(省) 전체로 확산되었다. 비록 여전히 각 성은 지역과 접목된 매우 거친 언어를 계속 사용하고 있지만 그것은 오랜 시간에 걸쳐 자연스럽게 습관화된 것이므로 갑자기 쉽게 세련되거나 개선될 가능성은 없다. 세메도처럼 우리는 비록 지방에서 중국의 언어가 반란으로 달라졌지만 제국의 통합으로 중국 전역에서 하나의 언어로 다시 돌아왔기 때문에 이 언어가 결코 사라진 것은 아니라는 것을 자신 있게 말할 수 있다. 세메도는 다음과 같이 말한다. "중국의 언어는 그들이 관화 즉 만다린의 언어라고 부르는 하나의 언어로만 되었다. 그들이 다른 나라를 통치하는 속도처럼 빠르게 그들의 언어를 사용하게 했다. 그래서 오늘날 라틴어가 유럽 전역에 퍼져 있듯이 관화가 중국 전체에 퍼져 있다. 그러나 일반 백성은 '우스꽝스러운 언어'라고 부르는 언어를 계속 사용한다."[300] '우스꽝스러운 언어'라고 불리듯이, 뉴호프[301]는 한 지방의 주민은 다른 지방의 주민의 말을 거의 이해하지 못한다고 말한다. 그러나 만약 그들이 모두 동일한 문자와 책에 기대면 이를 통해 상대방의 의미와 뜻을 쉽게 이해한다. 그러므로 우리 유럽인들은 중국 문인의 언어가 더 쉽고 일반적이기 때문에 문인의 언어를 완벽하게 익히고자 애쓴다. 트리고[302]는 그렇게 하면 이방인은 모든 지방의 모든 주민과 의사소통을 할 수 있다고 말한다. 따라서 그들의 글말은 입말과 매우 다르다. 세메도에 주목해보자. 세메도[303]는 그들의 말은 동일하게 들리지만 그 말을 쓰고자 할 때 정신을 집중해야 하는데 그들이 일반적으로 말하는 대로 글을 쓰면 비웃음을 받을 수 있다고 말한다. 그래서 멘도자[304]는 중국인의 언어는 히브리어처럼 말보다 글로서 더 잘 이해할 수 있다고 말한다. 점으로 문자를 구분할 수 있지만 점이 말에는 적합하지 않다. 그러므로 트리고는 중국인이 말보다 문자로 구별하는 다른 이유를 제시한다. 그는 중국 사람들은 까마득한 옛날부터 심지어 오늘날까지도 그들의 유려함은 발음이 아닌 문체 있다고 믿고 우아하게 말하기보다 우아하게 쓰는데 노력을 기울이고 있다고 말한다. 그러나 그는 "모든 것에 특정 글자를 정하는 이런 글쓰기 방식이 기억에 매우 번거로울 수 있지만, 문자 보편성의 관점에서 주목할 만한 전례가 없는 이점(利點)을 보여준다."305고 말한다. 전 세계 뿐만 아니라 우리 유럽인들이 향유하고 즐길 수 있는 그 놀라운 이점에 대해, 우리의 박식한 존 윌킨스 박사(Dr. John Wilkins)는 최근에 진정한 문자(Real Character)라는 제안으로 이에 대한 멋진 윤곽을 제시했다. 다른 사람들도 기꺼이 윌킨스 박사처럼 이러한 연구에 기여할 것이다. 왜냐하면 인간의 창조물이 아닌 신의 창조물이 모든 것을 순식간에 완벽하게 만들 수 있기 때문이다. 하나의 공통 언어가 전 세계에 사용되면 우리는 더 이상 바벨에서 일어난 혼란으로 생긴 불행한 결과에 불평하지 않을 것이고, 중국만이 인류의 그 풍요로운 축복의 완전한 결실에서 영원히 승리하는 영광도 누리지 않을 것이다.

　　말하기가 읽기와 쓰기보다 앞서기 때문에 언어가 문자보다 앞선다는 것은 부정할 수 없다. 그럼에도 불구하고 문자가 언어에 틀을 제공하지 않았다면, 우리는 쓰거나 읽을 수 없다는 사실을 인정해야 한다. 그리고 문자는 처음에 각 민족의 행적을 기념하고, 그러한 기념으로 언어 자체가 후대에 보존될 수 있는 틀이 되었다. 그러므로 언어의 확실성은 말하기와 발음에 있기보다 읽기와 쓰기에 있고, 말이 아니라 문자에 있다. 따라서 동방 언어에 정통한 사람은 동양 국가의 말에 박식하기 때문에 이러한 사람을 여러 언어에 능한 대단한 사람이라 선언한다. 이로써 월튼 주교가 이전에 주장했듯이 비문으로 언어의 진실이 발견된다는 것이 명백하다. 뉴호프와 보시우스 등은 중국인들이 언어의 진실성을 유지하며 충실한 증거인 시대별로 작성된 고대 기록을 알파벳이 아닌 표의 문자로 기록할 수 있다고 확신한다. 마르티니, 세메도, 그리고 중국학 학자들은 세계의 초기에 사용된 바로 그 문자가 심지어 오늘날 중국 제국에서도 동일하게 사용된다고 일반적으로 확인한다. 이것은 중국이 맨 처음 언어를 가지기 시작했을 때와 마찬가지로 오늘날에도 그들의 언어는 순수하고 변질되지 않은 채로 남아 있다는 것을 분명히 말해준다.

그러나 이미 인용한 바와 같이 월튼 주교는 더욱 적극적인 결론을 내렸다. "그러므로 인간의 모든 일들이 불쾌할 정도로 항상 변화하고 모든 시대에 놀라운 변이를 겪는 것처럼, 책으로 보존되지 않은 모든 언어는 흔히 파멸의 길을 갔다."[306] 그는 이러한 목적을 위해 특히 책으로 보존된 언어는 변화에 영향을 받지 않는 것이 더욱 분명하다는 판단을 내렸다. 따라서 중국에서 오랜 세월 동안 실제 살면서 이것을 목격했을 뿐만 아니라 밤낮으로 고대 중국을 깊이 연구한 작가들—마르티노[307]는 10년 동안 정해진 기도 시간을 제외하고는 중국 책 이외는 단 한 번도 다른 책을 손에 든 적이 없다고 공언한다—과 저명한 권위자들로부터 다음을 발견할 수 있다.[308] 먼저, 중국인들은 노아의 홍수 이후 그리고 언어의 혼란 전에 있었다. 그들의 언어는 최초의 국가가 형성된 때부터 항상 계속해서 기록된 책에 보존되었다. 책에 사용된 문자는 그들의 원래 고대 상형 문자에서 얻은 문자와 동일하다. 그들의 언어는 그 이후 그 문자에 존재했다. 그들에 따르면 오늘날 현재에도 그 언어는 순수하게 사용된다. 일부 문자에 의해 그들의 언어는 중국 전역에서 일반적으로 보편적으로 이해된다. 그러므로 우리는 중국 제국의 모어(母語) 또는 자연 언어는 변화나 변경 없이 고대의 순수성을 유지한다고 안전하게 결론을 내릴 수 있다.

그리고 나는 그들의 최초의 본래의 상형 문자로 쓰인 몇몇 책들이 그들에게 존재한다는 것, 여전히 그들의 도서관에 남아 있

다는 것, 그리고 이 문자들이 일부 비문과 문장을 대신하는 인장
에서만 사용될 뿐 더 이상 사용되지 않지만[309], 모든 문인이 이런
책에 사용된 문자를 이해한다는 점을 꼭 언급하고 싶다.[310] 복희
씨에서 시작하는 먼 고대 중국 서적 중에는 '역경(易經)'이라 불
리는 책이 여전히 현존한다.[311] '역경'은 그 안에 포함된 아르카나
(Arcana) 즉, 신비한 비밀로 높은 평가를 받는다. 이 책은 페르세폴
리스(Persetolis)의 비문이 노아의 홍수보다 오래되었다는 견해를
확증하는 것 같다. 왜냐하면 페르시아의 이 비문은 여러 방식으
로 교차하는 삼각형으로만 구성되어 있고 마찬가지로 중국의 역
경도 여러 방식의 횡선으로만 구성되기 때문이다. 역경은 특히
점성술, 통치술, 비학을 다룬다.

그러나 어떤 사람들은 중국인의 고대 신학이 변하면서 그들
의 언어도 바꿨을 지도 모른다고 말할 수도 있다. 그러나 이 주장
은 전혀 타당하지 않다. 왜냐하면 이렇게 말하는 것은 이스라엘
사람들이 광야에 금송아지를 세웠기 때문에, 또는 적어도 여로
보암(Jeroboam) 치하에서는 열 지파 전체가 하느님을 배반하여 금
송아지를 우상화했기 때문에, 그들이 자연 언어를 잃어버렸다고
말하는 것이 더 일리가 있기 때문이다. 그러나 영국을 예로 들면,
에드워드 6세 시대에 우리의 종교가 바꿨다는 것을 알고 있지만,

그러나 어느 누구도 그 종교의 변경으로 우리의 말이 변한 것은 모른다. 게다가 중국인들은—말한 바와 같이— 우상숭배의 측면이 있는 상제를 고대만큼이나 오늘날도 숭배한다.[312] 이것을 제외하곤 그들은 고대의 신학에서 그렇게 타락하지 않았다. 또한 중국 문인들은 우상을 숭배하지 않을 뿐만 아니라 마찬가지로 우상을 가지지 않고, 하늘 아래의 모든 것을 다스리고 보존하는 것으로 믿는 단 하나의 유일한 신성을 숭배한다. 트리고와 뉴호프에 따르면 그들은 지금부터 4000년보다 더 전에 오직 한 분의 신만을 숭배하도록 처음 가르침을 받았을 때와 동일한 언어를 지금도 사용한다.

근원 언어를 저술한 이들은 근원 언어임을 알 수 있는 여섯 가지 주요 지침을 우리에게 제시하였다. 그것은 고대성, 단순성, 일반성, 단정한 표현, 유용성, 간결성이다. 여러 저자도 이에 동의할 것으로 본다. 우리는 고대성에 대해 이미 충분히 말했으므로, 중국의 언어가 나머지 지침에 어느 정도 일치하는지 살펴보겠다. 그런 다음에 우리의 이 주장이 타당한지 검토를 받겠다.

1. 단순성(simplicity): 중국어는 모두 단음절로 이루어져 있고 이음절 또는 다음절의 중국어는 전혀 발견되지 않는 언어이다. 또한 중국어에는 자음 또는 모음이 없고, 연상할 수 있거나 의미가

분명한 특이한 상형 문자가 있다. 만약 이 에세이에서 다음절로 된 단어들을 만났다면, 당신은 중국 언어의 모든 음절은 특정 단어라는 것을 기억하라. 그리고 다음절은 단지 하나만을 의미하도록 되어 있기 때문에, 여기서 언급할 기회가 있었던 다음절은 우리가 유럽의 방식에 따라 음절을 결합한 것이라는 것을 기억해야 한다.[313] 그리고 중국인들은 존재하는 사물만큼 이에 해당하는 문자를 가지지만, 그들은 그 문자의 결합 방식을 잘 알고 있기 때문에 여러분이 들은 것처럼 중국 문자의 수가 7만 또는 8만을 넘는 것은 아니다.

마르티니[314]는 중국의 언어는 특정 방식이나 알파벳 순서로 구성되는 우리의 언어와 다르다고 말한다. 그러나 모든 것의 형상은 각각 다르게 표현될 수 있어 어떤 규칙이나 법칙에 의해 조형되는 것은 아니다. 말하지면 대상과 자형의 관계가 우연적이다. 내가 여기에 부가하고 싶은 것은 이러한 특징이 언어를 시간의 측면에서 보았을 때 언어의 단순성과 유아성과 관련이 있다는 점이다. 게다가 일반적으로 다른 모든 국가가 단어의 파생어를 찾기 위해 어근을 찾는 성가신 일을 해야 하지만 중국인들은 그렇게 하지 않는다. 그러나 어근이 단어이고 단어가 어근이며, 음절 또한 어근임을 트리고가 오래전에 확인한 바가 있다. 이것은

다른 어떤 언어와도 견줄 수 없는 중국말의 유용성을 잘 보여준
다. 중국 언어에는 사물의 참되고, 진실하고, 독창적인 의미가 남
아 있는 것처럼 보인다. 게다가 중국 언어는 다양한 격변화, 동사
활용, 숫자, 성별, 양태, 시제 등의 문법적 세세함이 없고, 자연의
빛이 그들에게 지시한 것 외의 다른 규칙이 사용되지 않으므로
모든 혼란스러운 사고에서 완전히 자유롭다. 이로써 그들의 언
어는 자연 언어라면 마땅히 그러해야 하듯이 분명하고 쉽고 단
순하다. 신학의 관점에서 볼 때 중국인들은 자연의 빛의 인도를
가장 적게 받은 사람들이다. 그러나 언어의 면에서 그들은 자연
의 빛의 인도를 가장 많이 받은 유일한 사람들이다. 그러나 신으
로부터 그들의 언어를 가르친 것은 자연이었고, 노아를 통해 그
들에게 신학을 가르친 것은 자연의 신이었다.

　더욱이 중국 문자는 다른 어떤 것보다 더 확실하게 "어떤 외
래어와의 혼합이 없음"[315]을 증언한다. 히브리인들(Hebruitians)은
우리로 하여금 히브리어도 이와 같다고 설득하려고 할 것이다.
우리의 종교 지도자들이 히브리어에 대해 가진 잘못된 믿음으
로 히브리어를 가나안 언어가 아닌 원어(Original Speech)로 만들려
고 하는 것을 잘 알고 있다. 따라서 우리는 그들이 중국인의 언
어—그들의 첫 번째 문자 또는 최초의 문자 중 12번째 유형은 결

코 오늘날의 히브리어 문자와 전혀 일치하지 않는 것으로 보인다—가 실제로 참되고, 순수한 고대 히브리어인지의 여부를 살펴보기를 바란다. 그들은 이스라엘이 히브리어를 바빌로니아 유수 때 잃어버렸다고 하고, 또는 이집트에서 나와 가나안 땅으로 들어가기 전에 잃어버렸다고 한다. 왜냐하면 그들이 70년 동안의 포로생활 동안 그들의 언어를 완전히 망각했다면, 그들의 언어는 이집트에서 고통 받은 몇 백 년 동안 분명 변질되었을 것이기 때문이다. 파라오와 그의 대신이 이스라엘인 위에 세운 감독관은 이집트인이었다. 성경은 분명하게 "그리하여 그들은 공사 감독들을 두어 이스라엘 백성에게 강제 노동을 시켰다."(출애굽기 1장 11절; 출애굽기 5장 1절)라고 하였다. 그들은 이스라엘인을 더 가혹하게 괴롭히기 위해 그들을 이집트 온 땅에 흩어지게 하였다. 그리하여 모세가 말하였다. "이스라엘 백성은 이집트 땅에 두루 흩어져 짚여물로 쓸 짚을 모아들였다."(출애굽기 5장 12절) 또한 성경에서 "너는 이 백성에게 일러라. 남자는 이웃 남자에게서, 여자는 이웃 여자에게서 은붙이나 금붙이를 요구하라고 하여라."(출애굽기 11장 2절) 하였다. 성경의 이 구절은 이스라엘인이 이집트인 사이에서 난잡하게 살았을 뿐만 아니라 마찬가지로 이집트 언어를 사용하였음을 보여준다. 이스라엘인이 이집트인의 언어로 말하지 않았다면 또는 이집트인이 이스라엘인의 언어를 말하지 않았다면, 이스라엘인의 이웃사람—아인즈워스는 이집트인이라 말한다—이 이스라엘인이 원하는 것을 어떻게 이해할 수 있었겠는가? 그들이 많은 무리를 이끌고 이집트에서 올라갈 때에, "중다한 잡족이 그들과 함께 하였으며"(출애굽기 12장 38절)이라 하였다. 아인즈워스[316]는 그 잡족에는 이집트인 및 다른 나라의 사람들이 포함되어 있다고 해석한다. 갈대아 언어 해석가들은 여러 이방인으로 풀이한다. 윌렛[317]은 잡족 무리의 수를 50만 명 이상으로 파악한다. 그 무리는 이스라엘인과 함께 고센(Goshen)에 살았거나 이집트의 여러 지역에서부터 그들과 동행하며 하느님의 역사에 감동하여 애굽에서 나가게 되었다. 그리고 잡족 무리가 이스라엘인에게 지대한 영향을 미쳐 얼마 지나지 않아 이스라엘인이 하느님을 원망하고 육신의 정욕을 쫓고(민수기 11장) 그들의 법이 부패해지도록 만들었다. 개연성이 없지 않는 것은 이스라엘인이 이방인들과 서로 오랫동안 지속적으로 함께 함으로써 이방인들은 이스라엘 언어의 변절에 크게 기여했을 수도 있다는 점이다. 이스라엘의 반란이 잦은 것에서 알 수 있듯이 이스라엘인은 어떤 것이 다음 세대에 해롭다고 해도 그것이 무엇이든 기꺼이 환대하는 경향이 있어 보인다는 점이다.

M. 카조봉(M. Casauhon)[318]이 참조한 클루베리우스(Philippus Cluverius, 1580~1622)는 히브리어의 혼잡을 히브리어의 고대성에 반대하는 논증으로 사용했다. 그는 히브리어에서 많은 언어와 공통되는 단어를 거의 천 개 이상 수집할 수 있다고 한다. 클루베리우스가 이러한 외래어를 얼마나 많이 수집할 수 모르겠지만, 나는 솔로몬이 금, 보석, 상아 및 기타 희귀품을 얻었던 '오빌(Ophir)'[31]이라는 한 단어만 기억하고자 한다. 특히 '오빌'은 여러 저자의 의견이 갈리는 단어이다. 혹자는 오빌이 순금과 같은 것이라고 한다. 혹자는 오빌을 흔히 페루라고 불리는 아메리카 지역으로 생각하고 그곳에 북 페루와 남 페루 두 지역이 있으므로 이 두 곳을 결합하여 '바르와임(Parvaim)'[32]이라 하고 그곳의 금을 '바르와임의 금'이라 한다. 혹자는 에디오피아의 소피아라 하고, 혹자는 홍해의 섬이라고 하고, 혹자는 히스파니올라라고 한다. 오빌에 대한 다양한 의견이 있지만, 그 장소는 알려지지 않았다. 사람들이 오빌을 히브리어로 착각하는데, 사실 오빌은 이집트

---

31 오빌(Ophir): 성경에서 솔로몬 왕이 보석을 얻었다는 지방(왕상 10:11)

32 [역주] 키르허는 'Peru'가 히브리어로 'two'를 의미하는 'parvaim'에서 왔다고 생각한다. 페루가 있는 아메리카가 남아메리카와 북아메리카 두 개의 지역으로 나뉘져 있기 때문이다. 웹의 'parvaim'에 대한 설명은 키르허와 차이가 있다.

어나 콥트어(Coptique)³³의 단어이고, 고대 이집트인들 사이에서는
인도라는 지역을 가리키는 이름이었다.³¹⁹

　　그러나 히브리어의 단어가 혼잡하기 때문에 히브리어의 고대
성을 반대하는 법정에 서게 된다면, 전 세계적인 홍수 이후로 그
들이 정복한 나라와 그들이 세운 식민지를 제외하면 다른 언어
와 공통된 단어가 전혀 없는 언어를 사용하는 저 사람들에게 어
떤 판결이 내려지겠는가? 그리고 만일 우리의 유럽인들이 중국
어를 철저하게 연구하게 된다면, 중국어에는 다른 언어와 공통
된 단어가 없을 뿐만 아니라 히브리어나 그리스어나 다른 어떤
언어로 결코 표현할 수 없는 우아한 단어가 아주 많다는 것을 알
게 될 것이다. 게다가, 히브리어는 거칠고 투박하지만, 중국 언어
는 오늘날 알려진 전 세계의 모든 언어 중에서 가장 감미롭고 부
드러운 언어로 보인다.

　　그리고 마치 모든 것이 중국 언어가 근원 언어라는 것을 증명
하기 위해 공모하는 것 같다. 우리는 자연이 얼마나 힘겹게 고군
분투하는지 관찰할 수 있다. 우리가 태어나는 그 순간에 살았음
을 나타내는 가장 첫 번째 표현은 이전에 언급했듯이 중국어 단

33　콥트어(Coptique): 이집트의 원주민어

어인 'Ya'를 발화함으로써 이루어진다. 이것은 자연에서 온 인류가 정당하게 주장할 수 있는 최초의 표현일 뿐만 아니라 실제로 유일한 표현이다.

앞에서 보았듯이 중국의 언어는 모두 단음절로 구성된다, 우리가 유아기에 사용하는 첫 번째 언어도 모두 단음절이다. 아버지를 나타내는 'Ta', 엄마를 나타내는 'Ma', 형제를 나타내는 'Pa'가 그러하고 유사한 현상이 다른 모든 용어에서 발생한다. 그러다가 우리는 우리의 혼란된 언어에서 다른 사람들이 말하는 것을 듣고 관찰함으로써 이에 따라 말을 바꾸고 때로 글자 또는 음절을 조금씩 첨가하여, 마침내 어른의 말을 하게 된다. 왜냐하면 그것은 자연적 본능이 아니라 모방에 의해 하는 말이고, 우리가 도달하도록 배운 말이기 때문이다. 그 단계는 이성의 두 번째 행위가 명제로, 그리고 이성의 최종 행위가 추리로 혼합하여 단순한 용어와 말로 사물의 열린 개념을 표현하는 것이다.

중국인들은 'R'이라는 문자가 없으며, 아무리 노력해도 'R'음을 표현하거나 발음을 할 수 없다.[320] 그리고 우리 아이들이 더 성숙한 나이에 도달하면, 마치 자연이 혼란을 혐오하는 것처럼, 그들은 이 문자를 발음하기 위해 갖는 노력을 다하여 연습하고 반복하며 성공하기 위해 어떤 기회라도 잡을 것이다. 마침내 오랫

동안 만연한 경쟁과 배움을 거친 후 그들은 그 발음을 할 수 있
게 된다. 따라서, 우리의 출생부터 유아기까지, 그리고 유아기에
서 성숙기에 이르기까지, 자연이 강제된 교육의 힘에 굴복하여
오염된 발화를 하게 될 때까지, 일반적으로 전 세계의 우리는 언
어 학습에서 'R' 발음을 배우는 중국인처럼 보인다.

　　그러나 여기서도 마찬가지로 일부 사람들은 중국 언어가 이
방인뿐만 아니라 원어민에게조차도 다양한 억양과 이로 인한 단
어의 모호성으로 분명하고 쉬운 언어가 아닌 어려운 언어로 다
가온다고 말할 것이다. 이 말에 중국어의 어려움이 생각하는 것
만큼 크더라고 또는 언어 규칙으로 어려움이 커지더라도 그것
은 이방인에게만 해당된다고 대답할 수 있다. 그럼으로써 이것
은 말소리의 태초성에 대해 전혀 숙고하지 않은 것이다. 왜냐하
면 전 세계가 하나의 공통 언어를 가지고 있었을 때, 전 세계에서
그 언어를 모르는 사람은 아무도 없었고, 모든 사람이 그 언어의
원어민으로 보편적으로 동일하게 이해하고 말했다. 오늘날의 중
국인들이 그러하고 또한 여러 나라가 그래왔듯이 엄마의 가슴에
서 그 언어를 배우는 것과 같다. 최초에 언어를 이상하게 하고 언
어의 이방인이 되게 하여 언어 학습이 어렵게 된 것은 바벨에서
의 언어의 혼란 때문이었다. 그러나 사람들은 나중에 호기심으

로 또는 필요에 의해 언어를 배워야 했다. 그때 언어 학습법이 도움이 되고 언어 학습 방법론과 규칙으로 학습의 어려움을 달래며 열심히 학습하도록 지도한다. 힘든 학습 후에 마침내 언어를 습득하게 되고 언어를 유창하게 구사할 수 있게 된다.

그리고 중국은 이러한 학습법을 직접 목격하게 될 것이다. 왜냐하면 야고부스 판토야(Jacobus Pantoya,1571-1618)는 중국에 복음을 전파하기 위해서는 중국의 관용어를 아는 것이 절대적으로 필요하다는 것을 깨닫고는 유럽의 음표인 도, 레, 미, 파 솔, 라(UT, RE, MI, FA, SOL, LA)를 이용하여 중국어의 악센트에서 관찰할 수 있는 높낮이와 음률에 상응하는 기호를 만들었다. 이것이 ‘ˆ’ ‘ˉ’ ‘ˋ’ ‘ˊ’ ‘ˇ’ ‘˚’이다.

첫 번째 악센트 ‘ˆ’는 음표 ‘도(UT)’에 해당된다. 그러나 중국어 소리 또는 발음에서 ‘같다’는 표시이고, 처음과 끝이 동일한 소리이다.

두 번째는 ‘ˉ’는 음표 ‘레(RE)’에 해당된다. 중국어에서 또렷하고 처음과 끝이 동일한 소리이다. 또는 골리우스[321]의 말처럼 처음부터 동일하게 앞으로 나가는 소리이다.

세 번째 ‘ˋ’는 음표 ‘미(MI)’에 해당된다. 중국어에서 높은 소리를 표현하지만, ‘ˉ’보다는 반음 낮게 발음한다.

네 번째 ‘ʹ’는 음표 ‘파(FA)’에 해당된다. 중국어에서 앞으로 나가는 사람의 높은 소리를 의미한다. ‘ˋ’와 달리 더 자유롭고 높은 어조로 마치 질문을 던질 때와 같은 소리이다.

다섯 번째 ‘ˇ’는 음표 ‘솔(SOL)’에 해당된다. 중국어에서 안으로 들어오는 사람의 빠르고 급한 소리이다. [34]

마지막 ‘o’는 ‘) ’ 와 마찬가지로 억양이 없는 소리를 나타낸다.[322]

이 발음 기호의 발명으로 예수회는 중국말을 배우는 어려움을 극복하는데 많은 도움을 받았다. 이러한 발음 기호 덕택에 중국 언어를 배우게 되었지만, 중국 언어를 배우는 것이 얼마나 힘들고 많은 노력이 드는지 글로는 다 표현할 수 없다고 키르허[323]는 말한다. 이 어려움이 특히 이방인과 관련이 있음이 분명하다. 왜냐하면 키르허가 주장하듯이 중국 원어민은 다른 나라 사람들과 마찬가지로 태어나면서부터 모국어의 발음에 익숙하여 악센트를 전혀 지키지 않기 때문이다. 그러나 문인들은 실제뿐만 아니라 이론에서 모든 문자를 각각의 악센트에 따라 정확하게 발

---

34   [역주] 키르허는 『중국도설』에서 도레미파솔에 해당하는 각각의 음을 중국인들은 탁평, 평성, 상성, 거성, 입성으로 부른다고 말한다. 웹은 거성을 ‘앞으로 가는 사람의 소리’, 입성을 ‘들어오는 소리’로 각각 직역한다.

음하는 법을 알고 이렇게 발음하도록 가르친다. 그들은 중국 언어의 단순성과 순수성을 완전히 바로잡고 보존하기 위해 엄격한 주의를 기울인다.

이방인은 이러한 어려움을 새로운 말소리를 습득할 때마다 겪게 된다. 그러나 일단 이 언어를 습득하게 되면 그만큼 큰 보상을 받게 되고 다른 면에서 유리한 부분이 많다. 최근에 당신은 중국 내에서도 지역에 따라 관용어가 다양하고 이웃한 왕국들의 언어도 다르지만 글은 모두 일치하므로, 이방인들이 여러 언어를 배우는 수고를 들임으로써 얻은 놀라운 이익에 대해 들었을 것이다. 또한 단어의 이중 의미가 언어 학습에서 어려움을 야기하는 원인이 된다. 그러나 이 애매모호함이 언어의 우아함으로 간주되기 때문에 우아한 언어를 사용할 수 있는 이점이 있다. 앞에서 말했듯이 이러한 우아함은 말로 말하기보다 글로 적은 것에 있다. 그래서 중국인들은 어떤 종류의 거래가 오고가든 심지어 가장 익숙한 메시지를 전달할 때조차도 입으로 말하는 것이 아니라 글로 적어 문서로 거래한다.[324] 그리고 일본인들은 중국 문자의 우아함을 토대로 최근에 일상적인 업무를 처리하기 위해 48개의 문자를 발명하고 이 문자를 결합하는 방식으로 말하고자 하는 바를 표현하고 전달한다. 그럼에도 불구하고 중국의 문자

는 우수한 말 및 구문과 관련되어 존경, 순종의 마음을 전달하거
나 또는 다른 사람의 장점을 치하할 때 여전히 선호된다. 일본인
은 48개의 문자로 개념을 간명하게 표현할 수 있음에도 그들은
이 문자를 중국 문자보다 상대적으로 낮게 평가하고 여성의 글
자로 무시하는 경향이 있다. 이것은 고인이 된 이탈리아 작가 크
리스토퍼 보리(Christopher Borrus, 1583~1632)[325]가 그의 『코친차이나
(Cochin-China)』에서 주장한 내용이다.

둘째, 일반성(Generality). 2억 명 이상의 모든 부류의 사람들이
최소 크기가 2,592,000 평방 마일의 대륙을 포함하고 있는 나라
에서[326] 하나의 동일한 글자를 이해하고, 그 동일한 글자가 그들
사이에서 필사본 또는 인쇄본으로 3700년 동안 사용되었다고 하
는 것은 경이로운 일이라고 할 수 있다. 이것은 확실히 불가능한
일로 보이고 신적인 힘의 특별한 보살핌이 있어야만 가능한 일
로 보인다.

중국 글자는 중국 제국 전역에서만 사용되는 것이 아니다. 아
주 멀리 떨어진 오늘날 확장되고 있는 그들의 식민지나 일본, 한
국, 라오스, 통킹(Tonking), 수마트라, 코친차이나(Cochin-China)처럼
그들이 정복한 나라의 사람들뿐만 아니라 [327]중국과 인접한 몇몇
나라와 섬에서도 중국 문자를 이해한다.[328] 그러나 네덜란드 사

람이 그리스인의 말을 이해 못하듯이 그들은 말로는 서로를 이해 못한다. 그들은 문자를 원래의 발음과 다르게 읽고 발음한다. 마르티니는 이를 "다른 방식으로 읽고 다른 방식으로 말하게 하라."[329]라고 말한다. 마르티니의 말처럼 문자를 진실하게 읽고 발음하는 사람들이 언어를 순수하게 사용한다는 것을 확증한다. 그리고 언급한 외국 나라들이 중국 문자를 올바로 읽을 수 있다면 그들은 중국어를 완벽하게 말할 수 있을 뿐만 아니라 서로를 분명하게 이해할 수 있을 것이다. 왜냐하면 말이 문자 속에서 부패하지 않고 계속되기 때문이다.

따라서 멘도자는 중국에는 모든 경우에 대비된 편지가 준비되어 있다고 말한다. 높은 지위의 사람에게든, 낮은 지위의 사람에게든, 간청하거나, 비난하거나 또는 추천하거나, 모든 상황에 맞는 편지가 공개적으로 구비되어 있고 판매된다. 비록 실제 상황은 서로 다르지만, 구매자는 서명하고, 봉인하고, 그가 의도한 곳에 보내기만 하면 된다.

그러나 그들의 글쓰기 방식은 세계의 다른 모든 국가와 다르다. 왜냐하면 히브리인, 갈대아인, 시리아인, 아라비아인, 이집트인은 오른쪽에서 왼쪽으로 쓴다. 그리스인과 로마인과 기타 유럽인들은 왼쪽에서 오른쪽으로 쓴다. 중국인은 글자를 고대 상형 문자에 익숙한 것처럼 위에서 아래로 그린다. 그럼에도 불구하고 첫 번째 수직선은 한 면의 오른쪽에서 시작된다. 그리고 그들의 서체에서 그보다 더 정확한 것은 없을 정도로 동일한 거리를 준수한다.

셋째, 표현의 단정함(Modesty of Expression). 히브리어, 특히 고대 히브리어에는 음란한 말이 많이 포함되어 있다. 반면에 학식 있는 모든 사람은 근원 언어가 무해하고 그 속에 부정한 말이 전혀 없고, 인류가 처음 언어를 가지게 되었을 때만큼 순수하다고 전제한다. M. 카즈봉은 "니사(Nyssa)[35]는 히브리어—다른 모든 언어와 마찬가지이다—에는 정직한 말이 거의 없다고 말했다."[330]고 한다. 그가 중국어를 잘 알았다면 '다른 모든 언어와 마찬가지로'라는 표현을 괄호에 넣지 않았을 것이다. 세메도[331]는 언어의 단정함의 면에서 중국 언어가 매우 유리한 입장에 있음을 보증할 것이다. 중국인들은 어떤 글을 쓰든 매우 단정하기 때문이다. 그들의 운문—다른 모든 언어의 운문은 다소 음탕하다—에서도 방탕한 말이 거의 발견되지 않는다. 더욱이 그들은 은밀한 부위를 나타내는 문자를 전혀 가지고 있지 않다. 중국 경전의 어떤 곳,

---

35   니사(Gregory of Nyssa): 4세기 때 소아시아의 고대 국가인 카파도키아의 주교이다.

어느 부분에서도 이러한 점이 나타나지 않는다. 앞에서 어떤 원인에서 이렇게 되었는지 언급한 적이 있다.

'표현의 단정함'이라는 항목 아래 우리는 또한 히브리인들이 다른 사람들에게 공순하게 말하고, 스스로에게는 겸손하게 말하는 것으로 매우 유명하다는 것을 덧붙일 수 있다. 야곱이 형 에서에게 말하길, "청컨대 내 주는 종보다 앞서 가소서."[36](창세기 33장 14절)라고 했다. "어른의 종인 저희 아버지께선 잘 계십니다."(창세기 43장 28절)라고 하였다. 그리고 "그렇게 되면 소인들은 어른의 종 저희 아버지로 하여금 백발로 슬퍼하며 지하로 내려가시게 하는 격이 됩니다."(창세기 44장 31절)라고 하였다. 중국인도 히브리인에 못지않게 공손하고 겸손한 것으로 유명하다. 아들이 아버지와 이야기할 때 자신이 장남이고 결혼했지만 자신을 '소자'라고 하고, 노비는 주인과 이야기하면 스스로를 '노복'이라 칭한다.[332] 우리가 'Sir' 'your Worship' 등으로 공손하게 말하듯이 그들은 공손한 표현을 사용한다. 게다가, 지위가 낮은 일반 백성에

---

36 [역주] 공동번역은 이 부분을 '그러니 형님께서는 먼저 떠나가십시오.'로 번역한다. 그러나 개역성경의 '청하건대 내 주는 종보다 앞서 가소서'가 웹의 'Let my Lord, I pray thee, pass over before his servant.'의도에 더 가까워 이 부분의 성경 번역은 개역성경을 따랐다.

게도 그들은 명예로운 이름을 부여한다. 그들은 하인이 중요한 인물이면 그를 자기 '집의 큰 주인(The great Master of the House)'이라 부른다. 그리고 우리는 요셉이 그의 집사를 '자기 집의 통치자(The Ruler of his House)'(창세기 43장 16절)라 일컬었다는 것을 안다. 마찬가지로 우리는 아브라함이 그의 아내를 누이라 부르며 "그녀는 내 누이라"(창세기 20장 2절)라고 말하였다는 것을 안다. 또한 토빗(Tobit)은 "내 누이여, 근심하지 마시오."(토빗 5장 20절)³⁷라고 하였다. 중국인이 여자에게 말을 할 때 친척관계가 전혀 아님에도 그녀를 '형수(Sister-in-law)'라고 부른다.

    마찬가지로 히브리어는 저명한 사람의 인명에 담긴 신비로운 의미로 많은 찬사를 받는다. 고유한 인명에 예언이 담겨 있기 때문이다. 이에 대해 고로피우스는 '인도 스키타이'에서 이러한 의미는 최초의 히브리인들이 근원 언어에서 해석하였거나 아니면 새로운 의미를 부가한 것이라고 말한다. 그러나 최초의 말소리에 부가된 신비한 이름들을 모세가 조상에게서 전승으로 받았다고 해도, 그럼에도 분명한 것은 그가 신성한 계시를 받아 그 이름들을 기록했다는 것이다. 아담이 붉은 흙으로 만들어진 것을 의

---

37   Tobit 5: 20: So, do not worry; do not fear for them, my sister.

미하고, 이브는 모든 생물의 어머니를 의미하고, 라멕은 하느님이 정한 일부일처제를 위반하고 두 명의 아내를 둔 최초의 사람을 의미하고, 팔렉은 그의 시대에 땅이 나누어지는 것을 의미한다. 이제 이 성경의 인명들이 중국 언어에서 무엇을 의미할지, 중국어에 그런 이름이 있는지, 어떤 군주가 통치하기 전 그 나라의 시조의 이름이 성경의 어느 이름에 해당하는지, 이러한 질문들의 답은 중국의 문인들에게 맡긴다. 왜냐하면 노아의 이름과 요임금의 이름이 유사하다는 것을 밝힌 것으로 이에 대한 논의는 충분하기 때문이다.

그러나 근원 언어와 마찬가지로 중국 언어도 사람의 고유인명에 신비한 의미가 있음을 기억하자. 이것은 마르티노가 쓴 겹낫표 중국 역사 겹낫표와 겹낫표 중국 지도 겹낫표에서 확인할 수 있다. 왜냐하면 중국의 여섯 번째 황제는 '제곡고(Cous)'로 불리는데 이는 그의 뛰어난 덕목을 예언한다. 발(Faus)는 왕좌에 오르면서 이름을 바꾸어 '무왕(Uus)'로 불리었다. 그는 백성들이 그가 얼마나 호전적이고 용감한 왕인가를 알게 했다. 애제(Ngayus)는 왕좌에 오를 때 이름이 평화를 의미하는 '평(Pingus)'을 취했을 것이다. 마치 그리스도에게 영감을 받은 것처럼 진정한 평화의 왕이 그의 치세 동안 태어나야 하는 것처럼 말이다. '정(Chingus)'

은 '시(Xius)'로 불리었는데[38] 이후에 중국인들은 이 이름이 너무
도 적절하게 잘 맞았다는 것을 알았다. 왜냐하면 그는 어떤 일에
있어서도 절제라는 것을 몰랐기 때문이다. 그는 때로 덕스럽고,
때로 사악하고, 용감하지만 그만큼 잔혹했다.

　게다가 중국의 왕과 위인뿐만 아니라 일반적으로 백성들에게
도 '이름'과 '성씨'가 모두 중요하다.[333] 그들의 성씨는 오래되고
변하지 않는다. 중국의 성씨는 중국 전역에 천 개 미만이다.[334] 그
러나 이름은 아버지가 임의로 지어준 것이다. 중국 제국의 신비
한 이름에 대해 이미 전에 언급했으므로 더 이상 말할 것이 없다
고 생각한다. 트리고[335]는 우리에게 중국의 이름에 대하여 다음
과 같이 말한다. 그 나라는 무한하고 경계가 없기 때문에 옛날에
는 '천(Than)'으로 불렀다, 그 다음 '우(Yu)'는 휴식과 고요함의 장
소로, 그 후 '하(Hia)'는 말할 것도 없이 '위대한(Great)'으로, 다시
'상(Sciam)'은 만물을 가진 것으로, 그 다음 '주(Cheu)'는 완벽의 장
소를 의미하고, 그러나 다른 나라의 이름을 건너 띄고 '한(Han)'
은 하늘의 은하수를 의미한다.[39] 고대부터 개국한 왕이 왕위에

38　[역주] 진시황의 이름은 영정이고 이후 스스로를 시황제로 칭했다.
　　웹의 이 논고에서 'Chingus'는 진시황을 의미한다.

39　[역주] 'Than'은 '天', 'Yu'는 '宇', 'Hia'는 '夏', 'Sciam'은 '商', 'Cheu'는

오르면 고유 인명의 신비한 의미작용에 따라 제국에 새로운 이름을 부여하는 것이 관례였다.

넷째, 유용성(Utility). 중국의 언어는 우리에게 유일하신 참 하느님이 임재함을 인정하는 유용한 언어이다. 노아가 가르친 신학, 그리스도의 성육신 수세기 전에 이국땅에서 그리스도에 대한 예언, 그리스도인들 사이에서 쉽게 나오지 않는―오 부끄럽도다!―경건한 외침, 그리스나 로마의 웅변을 능가하는 매우 유려한 웅변, 한니발과 파비우스(Fabius)와 같은 호전적인 전략이 중국 언어에 있다. 또한 가장 위대한 대장이 배워야 할 어느 누구와도 견줄 수 없는 용기, 모든 것을 극복하는 농업, 수리학, 기술, 도덕성이 중국 언어에 있다. 내가 중국인이 아니기 때문에 모든 단어를 알 수 없다. 그러나 발톱으로 사자의 위대함을 판단할 수 있듯이 부분으로 전체를 파악할 수 있다. 그런 다음 통치술, 지방관의 규칙, 백성을 위한 법이 우리 유럽처럼 부주의하게 집행되지 않았다. 예 또는 아니오의 여부에 관계없이 제국도, 왕국도, 영연방도, 지금까지 알려진 어떤 곳도, 중국 군주의 경쟁 상대가 되지 못한다. 중국의 통치는 연속적이었다. 서부의 타타르인이 짧

'周', 'Han'은 '漢'을 의미하는 것으로 추정된다.

은 기간 중국을 지배한 역사를 제외하면 중국은 3851년 동안 동일 혈통의 군주가 계승하다가 기원 후 1644년이 되는 해에 타타르인들에게 정복되었다.

마지막 다섯째, 간결함(Brevity). 세메도는 중국 언어는 "그 간결성으로 모호해지지만, 같은 이유로 간명하다."[336]라고 말한다. 여기서 우리는 이방인들이 중국 문자의 애매함 때문에 중국 언어를 배우기가 매우 어렵고 골치 아프지만 또한 그 때문에 중국 언어에 찬사를 보내고 있는 것을 관찰할 수 있다. 그리고 중국인들은 간명성을 매우 바람직한 것으로 여기므로 말의 간결함을 특히 사랑한다. 세메도는 그들이 스파르타인의 모방자이거나—그들이 훨씬 더 고대인이기 때문에 그럴 수 없다— 스파르타인이 그들의 모방자라는 의견을 제시한다. 그리고 다른 곳에서 세메도는 리쿠르구스(Lycurgus)[40]가 이방인인 중국인이 스파르타 연방으로 접근하는 것을 금지하는 법을 제정했다고 생각한다. 그러므로 플루타르크가 리쿠르구스가 인도에 있었고 그곳에서 고행자들(Gymnosophist)과 대담을 했다고 말한 점을 고려할 때, 우리는 리쿠르구스가 외국 여행을 하는 동안 중국에도 있었고 그가 중

---

40 리쿠르구스(Lycurgus): B.C. 9세기경 스파르타의 전설적인 입법자

국의 이러한 관습뿐만 아니라 유사한 다른 몇 개의 관습도 그의 법으로 받아들였다고 생각할 수 있다. 플루타르크가 리쿠르구스의 생애를 기록한 것을 보면 이를 알 수 있다. 그리스 역사에서 이를 알 수 있는 것은 오직 플루타르크의 기록 뿐이다. 왜 그럴까? 그리스인 중 리쿠르구스, 솔론, 그리고 기타 고대의 입법자들, 그리고 로마인 중 뉘마(Numa)[41]도 매우 정치적이고 영광을 탐하였으므로 그들의 지식의 실제 출처를 밝힐 수 없었다. 한 사람은 자신의 에게리아(AEgeria)[42]를, 다른 사람은 자신의 피티오네스(Pythioness)[43]를 가져야 했다. 그래서 마호메트는 비둘기를 가졌고, 복희씨는 용을 가졌다. 복희씨 때의 중국인들은 용의 비상을 대운의 위대한 징조라 생각했기 때문에, 복희씨는 자신이 용이 물에서 나올 때 용의 등에서 문자를 발견하여 사용했다고 하며 이것을 백성들이 믿게 했다.[337] 이를 통해 한 명의 천재가 그의 새로운 예술에 대해 더 큰 평가를 받을 수 있다. 그리고 비슷한 방식으로, 대부분의 입법자들이 법을 하나의 신 또는 다른 신의 계시

---

41 뉘마 폼필리우스(Numa, ?-673 ?B.C.): 전설상의 로마 제2대 왕 (715-673 ?)

42 에게리아(AEgeria): 샘의 요정인 카메나들(Camenae)중 한 사람으로, 뉘마 폼필리우스(Numa Pompilius)왕의 아내이고 제사(祭祀)와 정치 관련하여 왕의 상담역

43 피티오네스(Pythioness): 비단뱀

를 받아 창시한 것처럼 한다. 이것은 사람들에게 입법자와 제도에 대한 두려움과 존경심을 더욱 확실히 심어주기 위해서이다.

그러나 만약 언어의 간결함이 주장되는 바와 같이 근원 언어의 특징이라면, 중국어는 세계의 다른 모든 국가를 능가하는 것 같다. 왜냐하면 모호함으로 간명성이 풍부해지고 마찬가지로 간명성은 모든 예시를 넘어서는 우아함과 감미로움으로 아름다워지기 때문이다. 이 목적을 위해 세메도는 "[중국 언어는] 매우 간결한 언어이므로 매우 감미롭다. 그래서 우리가 아는 다른 모든 언어를 능가한다."라고까지 말한다. 우리는 이러한 견해를 받아들이기 어려울 수도 있다. 그러나 뉴호프의 "이 언어의 간결함은 너무나 우아해서 감히 오늘날 알려진 모든 언어 중에서 최고이다."[338]라는 언급은 세메도의 말에 확실성을 보탠다.

언어의 첫 번째 또는 최고의 순위를 간명한 '감미로움'과 우아한 '간결함'에 부여하는 것은 이 언어가 근원 언어임을 인정하는 큰 단계이다. 중국 언어의 예언적 유용성, 놀라운 단정함, 감탄할 일반성, 위대한 단순성, 그리고 태고의 고대성에 대한 논의를 통해 우리는 감히 중국 제국의 언어가 근원 언어라는 것을 단언할 수 있게 되었다. 게다가 노아가 중국에서 홍수 이전과 이후에 살았다는 것과 그들의 말은 고대부터 책에 남아 있는 하나의 동일한 문자로 오늘날까지 보존되었다는 것을 알게 되었다. 이것은 세계 창조 이후 천하의 다른 어떤 나라도 감히 할 수 없는 주장이다. 중국인들은 이와 관련된 완전한 최종 '칙령'을 받았다고 감히 확신할 수 있다. 중국 언어가 최초의 언어라는 것이 더 이상의 논쟁이 전혀 필요없을 정도로 확정되었기 때문이다.

우리의 주장을 강화하기 위해 다른 저자들의 동의가 필요할 수 있다. 대척지(Antipodes)[44]가 있다는 것을 발견한 사람은 다른 저자들이 그의 주장에 동의를 했는지 추궁 당했을 수 있다. 아니면 피의 순환을 처음 발견한 사람도 마찬가지이다. 자신들의 믿음을 저자들의 동의에서만 구하는 이들은 우리가 말했듯이 양과 같다. 한 사람이 이끌고, 나머지는 모두 옳고 그름을 따지 않고 무조건 달린다. 그래서 그들은 여러 번 자기 자신뿐 아니라 추종자들도 오류에 빠지게 한다. 그들의 변덕스러움은 추종자들을 더욱 부추긴다. 그러나 저자들의 어떤 동의를 기대할 수 있을까? 성경은 전 세계가 물에 잠겼고, 노아와 그의 가족만 구원받았다고 가르친다. 그리고 저자들은 노아의 홍수와 같은 시기에 중국이 물에 잠겼고, 극소수만이 산으로 피했다는 것에 동의한다. 성

----

44 대척지(Antipodes): 오스트레일리아와 뉴질랜드

경에는 니므롯이 동방에서 시날 평원으로 왔다고 하고, 저자들은 니므롯이 시날 평원에 오기 전에 동방의 여러 나라에 사람이 살고 있었다는 것에 동의한다. 성경은 홍수부터 언어의 혼란 전까지 온 땅은 하나의 언어였다고 하고, 저자들은 홍수부터 언어의 혼란까지 언어는 모든 곳에서 공통이었고 동양의 언어와 바벨의 언어가 같았다고 한다. 성경은 바벨에 있었던 자들의 언어만이 혼잡해졌다고 하고, 저자들은 언어의 혼란 이전에 동방에 세워진 식민지의 언어는 혼잡해지지 않았다고 한다. 그리고 그들 모두가 만장일치로 중국은 언어의 혼란 이전에 세워졌고 오늘날 중국인들은 조상이 중국에 처음 정착하여 하나의 민족이 되었을 때와 같은 언어와 문자를 사용한다는 것에 동의한다.

우리는 아시아의 극동에 대한 여러 이야기를 수년 동안 들었고, 이 지역 관련 보고서들이 많이 출판되었다. 그리고 많은 학식 있는 사람들은 이러한 보고서가 멋진 이야기라 생각했다. 왜냐하면 신의 섭리가 있었기 때문에 그들이 이 지상의 땅에서 그토록 큰 행복과 기쁨을 누리며 수천 년 동안 알려지지 않은 채 살아왔다고 생각했기 때문이다. 그러나 최근에 모든 어려움과 위험을 감수하면서 끈질긴 인내심으로 우상숭배를 정복하고 예수 그리스도를 전도하기 위해 모험을 한 이들이 있었다. 최근 중국을 정복한 타타르족은 다른 나라 사람들에게 중국에서 자유 무역을 할 수 있는 기회를 부여하였다. 우리는 이제 겨우 12개월 전에 중국 제국의 진실하고 확실한 역사를 알 수 있는 기회를 얻었다. 자료에 접근한 지 12개월도 되지 않기 때문에 확보한 자료를 모두 파악하지는 못했을 것이다. 그러나 관련 자료를 읽고, 정독하고, 연구하면, 지금까지 저자들이 동의했던 부분이 밝혀질 것이다. 즉 중국 언어가 근원 언어가 아니라면 나는 특히 학문에서 최고의 권위자인 그로티우스(H. Grotius)의 "대홍수 이전에 사람들이 사용한 최초의 말은 현재 아무 곳에도 고유하게 남아 있지 않으며, 모든 언어에서 그 흔적만 찾을 수 있다."[339]는 말에 개인적으로 동의할 수 있다. 그러나 그에 못지않게 학식 있고 내가 경외하는 우리의 월튼 주교와 다른 저명인들의 글을 읽은 후에 나는 그로티우스의 주장에 동의하기가 더욱 어려워졌다. 그것은 아마도 그로티우스가 우리의 최근 중국 저자들을 몰랐기 때문일 것이라고 나는 긍정적으로 생각하고자 한다. 성경의 말씀이 그러하고 이 분야의 권위자들이 모두 동의하듯이, 하늘 아래 그 어떤 나라의 말도 이보다 더 확실할 수 없다. 모든 사람이 동의하는 더 확실한 주장이 나올 때까지는 '중국' 제국의 언어가 '근원' 언어라는 결론을 내려도 좋을 것이다. [끝]

원문주와 인용원문

제1장

01 [원문주] Jos. ant. Judd. b. 1. c. 3

02 [원문주] Jos. ant. Judd. b. 1. c. 4

03 [원문주] Sir Walt. Ra. Hist. par. 1. a. 144

04 [원문주] Dr. T. Br. in Pseu. Epid. 1. 3. p. 141

05 [원문주] Is. Voss. de Atat. mun. p. 37

06 [원문주] Heyl. Cosm. p. 4. Lond. 1657

07 [원문주] Heyl. Cosm. p. 6.

08 [원문주] Sir. Wa. Ra. hist. par. 1. p. 136

09 [원문주] A. Will. in Exod. 12

10 [원문주] Sir W. Ra. hist. par. I. p. 88

11 [원문주] Plut: de assim. comparat.

12 [원문주] Simler. Ortel. Fracaster. apud Meu: Cent.

13 [원문주] Heyl. Cosmo. pag. 7.

14 [원문주] J. D'Espagne. p. 38

15 [원문주] Chr. Crin. de cons. Ling. p. 3

16 [원문주] Jos. Ant. Jud. 1. I. c. 4

17 [원문] Fertur & navigij hujus pars in Armenia apud montem Cordiaeorum superesse; & quosdam Bitumen inde abrasum secum reportare, quo maxime vice amuleti leci hujus homines uti solen

18 [원문주] Gor. Bec. Indos. p. 473

19 [원문주] Heyl. Cosm. pag. 7

20 [원문주] Sir Wal. Rai. hist. par. 1. pag. 158

21 [원문주] Sir Wal. Rai. hist. par. 1. pag. 144

22 [원문주]Sir Wal. Rai. hist. par. 1. pag. 109

23 [원문주]Heyl. Cosm. p. 16, 17.

24 [원문주] Purch. Pilgrimage. lib. 1. p. 67

25 [원문주] A. Willet in Gen. 8 & 11.

26 [원문주] G. Bec. Indos. pag. 466

27 [원문주] G. Bec. Indos. pag. 32 [원문] Cum omnes homines ejusdem linguae usum haberent, quidam eorum turrim aedificarunt altissimam, quasi per eam telum essent assensuri in

28 [원문주] Heyl. cosm. p. 7 & 831.

29 [원문주] Sir W. Ra. hist. par. I. p. 99

30 [원문] Staurobates avitis majoribus, quam quae erant Semir amidis copiis

31 [원문주] Heyl. Cosm. pag. 870

32 [원문주] Heyl. Cos. pag. 881

33 [원문주] A. Kirch. Ch. Ill. par. 6. pag. 226 [원문] Certe ut ad credendum inducar, magni momenti argumentum, sunt veteres isti sinensium characteres Hieroglyphicorum in omnibus aemuli;

34 [원문주] Sir W. Ral. hist. par. 1. pag. 98

35 [원문주] A. Sem. Rel. del. Cin. par. 1. c. 6

36 [원문주] Is. Voss. de Aetat. mum. p. 44

37 [원문주] M. mart. Atl. Sin. p. i & Sin. His. l. 1. p. 22

38 [원문] veteres isti Sinensium characteres Hieroglyphicorum in omnibus aemuli,

39 [원문주] A Kirch. Ch. Ill. par. 6. p. 225

40 [원문주] Sir W. Ral. hist. par. 1. pag. 197, 198

41 [원문주] Bocc. lib. 7. pag. 126, 127.

42 [원문주] Josep. Ant. Jud. lib. 1. cap. 7

43 [원문주] Purch. Pilgrimage, lib. 1. p. 37

44 [원문주] G. J. Vos. Chron. Sac. pa. 52.

45 웝문주] Anyswor. in Gen. 10.

46   [원문주] Sir W. Ral. hist. par. 1. pag. 169

제2장

47   [원문주] G. Beca. Indos. pag. 534
48   [원문주] G. Beca. Indos. pag. 533
49   [원문주] Sir W. Ral. hist. par. 1. pag. 158
50   [원문주] Heyl. Cosm. p. 7.
51   [원문주] Sir W. Ral. hist. par. 1. pag. 104
52   [원문주] Sir W. Ral. hist. par. 1. pag. 101
53   [원문주] B. Walt. Intro. ad Ling. Or. P. 18, 19

제3장

54   [원문주] M. mart. Atl. Sin. pag. I.
55   [원문주] Is. Voss. de Aetat. mum. p. 44
56   [원문주] M. mart. Atl. Sin. p. 16
57   [원문주] M. mart. Sin. Hist. lib. I. p. 12
58   [원문] Illud procerto compertum, Sinemsem de diluvio Historiam non multum à Noctico abbesse, quippe quae ter mille circiser annis vulgarem Christi Epocham praegreditur.
59   [원문주] M. mart. Sin. Hist. Epist. ad Lect.
60   [원문주] M. mart. Sin. Hist. lib. I. p. 12
61   [원문주] M. mart. Sin. Hist. lib. I. p. 13
62   [원문주] Is. Voss. de Aetat. mum. p. 46, 47
63   [원문주] M. mart. Atl. Sin. pag. 15

64 [원문] Miranda artis & naturae opera quae ex hujus regni cognitione ad nos perlata sant, non est hujus locirecensere. Ea saltem referemus quae de annis & antiquitate gentis comperimus, Serum itaque tempus Historicalum incipit annis ante natum Christum 2847.

65 [원문] A principio itaque regni Serum, usque ad finem praesentis anni, qui est 1658 post Christum natum, colliguntur in universum 4505.

66 [원문주] A. Sem. Rel. del. Cin. par. 1. cap. 22

67 [원문] Ad ogni modo, benche via sia errore nel tempo, dall' historia di questo Imperatore e seguenti, è certo che le cose vanno coherenti con le loro successioni.

68 [원문] Sinicus ait diluvio invectas

69 [원문주] M. mart. Sin. Hist. Lib. 1. p.39

70 [원문주] M. mart. Sin. Hist. Lib. 1. p.21 [원문] Hanc enim, qua describo, extremam Asiam, ante Diluvium habitatam fuisse pro certo habeo, verum quo pacio fuerit rerum servata memoria, humano genere omni, si à Noëtica familia discesseris, penitus deleto, mibi non liquet

71 [원문주] M. mart. Atl. Sin. pag. 43

72 [원문주] J. Nieuh. L'Amb. Or. par. 1. pag. 244

73 [원문주] M. mart. Sin. Hist. lib. 1. p.17 [원문] Indidem licet conjicere omissis argumentis aliis, Puoncuum & Socios a cessatione Diluvii, imo ante Turris Babylonicae molitionem ad Sinas venisse

74 [원문주] Sir W. Ral. hist. par. 1. pag. 100

75 [원문주] J. Voss. de Aetat. mum. p. 45 [원문] Chorographiae Sericae interpres, vir minime ineptus, multo moderatius de gentis hujus virtutibus scripsit, quam sensit;

76 [원문주] Josep. Ant. Jud. lib. 1. cap. 4

77 [원문] Secedens cum suis in aliam regionem migravit

78 [원문] Ego malim credere, à Noetica inundatione superstites in extremae hujus

Asiae planitie, locisque depressioribus resedisse; aut peculiari eluvie Sinas inundatos.

79 [원문주] A. Sem. Rel. del. Cin. par. 1. pag. 22 [원문] Secundum enim nostrum calculum diluvium Sericum exacte cum Noachico convenit,

80 [원문주] J. Vos. de. Stat. Mum. p. 52 [원문] Secundum enim nostrum calculum diluvium Sertcum exacte cum Noachico convenit,

81 [원문주] J. Nieuh. L'Amb. Or. par. 2. pag. 106

82 [원문주] M. mart. Sin. Hist. 1ib. 1. p. 3?

83 [원문주] Purch. Pilgrimage, lib. 2. p. 138

84 [원문주] Anyswer. in Exod.

85 [원문] Ecce isti longinquo venient ecce quoque illi ab Aquilone, & ab Occasu, denique isti à terra Sinaeorum.

86 [원문] Mihi vero religiosum non sit, Yaum hunc nostrum eundcm cum Jano dicere; ita nominum & temporum assinitate suadente, qui Janus multis Noe fuisse creditur.

87 [원문주] Sir W. Ral. histor. par. 1. pag. 91

88 [원문주] M. mart. Sin. Hist. lib. 1. p. 36 [원문] Iani aetate nulla erat Monarchia, quia mortalibus pectoribus nondum hoeserat ulla regnandi cupiditas &c. vinum & far primus populos docuit Ianus ad sacrificia: primus enim Aras & Pomoeria & Sacra docuit

89 [원문] Sane sires ab eo gestas recte expendas, omnes non modo Sinenses, sed orbis fere totius optimos quos{que} reges virtute pariter & gloria vel vicit, vel aequavit.

90 [원문주] J. Nieuh. L'Amb. Or. par. 2. pag. 106

91 [원문주] M. mart. Sin. Hist. lib. 1. p. 37

92 [원문] De religioso potius viro, quamEthnico Imper atore dicta putes.

93 [원문] Loquax & contentiosus,

94 [원문주] M. mart. Sin. Hist. in Epist. Dedic.

95 [원문주] Is. Voss. de Aetat. mum. p. 45 [원문] Historiae illorum, licet sint verae

96 [원문주] Is. Voss. de Aetat. mum. p. 46 [원문] Hoc demum aevo Serum calamitas, Serum nobis dedit notitiam

97 [원문주] Ral. hist. par. 1. pag. 93

98 [원문주] A. Kirch. Ch. Ill. par. 4. p. 185

99 [원문주] Purch. Pilgrimage, lib. 4. p. 438

100 [원문주] J. Nieuh. L'Amb. Or. par. 2. pag. 80

101 [원문주] J. Nieuh. L'Amb. Or. par. 1. pag. 32

102 [원문주] A. Kirch. Ch. Ill. par. 4. p. 165

103 [원문주] M. mart. Atl. Sin. p. 6

104 [원문주] Heyl. Cosm. pag. 706

105 [원문주] A. Kirch. Ch. Ill. par. 2. p. 49

106 [원문주] Sir W. Ral. hist. par. 1. pag. 94

107 [원문주] G. Mend. hist. del. Chi. lib. 3. pag. 167, 169

108 [원문주] A. Sem. Rel. del. Cin. par. 1. c. 1

109 [원문주] M. mart. Atl. Sin. pag. 39, 41

110 [원문주] J. Nieuh. L'Amb. Or. par. 2. p. 88.

111 [원문주] A. Kirch. Ch. Ill. par. 4. p. 169, 170

112 [원문주] M. mart. Atl. Sin. pag. 139

113 [원문주] J. Nieuh. L'Amb. Or. par. 1. pag. 89 [원문] "Si nous voutions croire le Chinois, nous dirions que Kaocheu, septiéme ville de Quantung, avoisine une montagne, nommee de Feu, qui pour sa hauteur incomparable servit d' Asyle plusieurs and deportà"

114 [원문주] Heyl. Cosm. pag. 796 [원문] A. Kirs. Ch. Ill. par. I. pag. 46; M. Mart. Atl. sin. p. 1.; J. Nieuh. L. Amb. Or. par. 1. p. 11. ; Ort. p. 106.

115 [원문주] Heyl. Cosm. p. 864

116 [원문주] G. Beca. Indos. pag. 456

117 [원문주] Heyl. Cosm. p. 870

118 [원문주] M. mart. Sin. Hist. lib. 6. p. 237 [원문] Et sane totius Indiae populos
Sinis circumjacentes mere barbaros incultosque dixeris, si cum Sinis
oomparentur:

119 [원문주] A. Kirch. Ch. Ill. par. 1. p. 3

제4장

120 [원문주] A. Sem. Rel. del. Cin. par. 1. pag. 20

121 [원문주] M. mart. Atl. Sin. pag. 2

122 [원문주] J. Nieuh. L'Amb. Or. par. 1. pag. 41

123 [원문주] A. Kirch. Ch. Ill. par. 4. p. 167, 168

124 [원문주] Heyl. Cosm. pag. 864

125 [원문주] A. Kirch. Ch. Ill. par. 5. p. 216

126 [원문주] A. Kirch. Ch. Ill. in Epistle Ded

127 [원문주] J. Nieuh. L'Amb. Or. par. 2. pag. 54

128 [원문주] N. Trig. in Chi. Exp. apud Sin. lib. 1. p. 104

129 [원문주] M. mart. Sin. Hist. lib. 1. p. 11

130 [원문주] M. mart. Sin. Hist. lib. 4. p. 149 [원문] Huic enim ut supremo numini
sacra facicbant, fundebanque preces, nullis ad religionem exciendam
simulacris aut statuis usi; quippe qui numen ubique praesens venerantes, illud
extra sensus omnes positum, nulla crederent Imagine posse mortalium oeulis
repraesentari.

131 [원문] Olim vero quin verum Deum agnoverint, ex doctrina Noë tradita dubium
nobis nullum est

132 [원문주] M. mart. Sin. Hist. lib. 2. p. 333

133 [원문주] M. mart. Sin. Hist. lib. 4. p. 149 [원문] Confutium praevidisse
VERBUM carnem futurum, idque non dubia ste praecepisse, quin & annum
in Cyclo Sinico, quo futurum esset cognovisse

134 [원문주] M. mart. Sin. Hist. lib. 10. p. 413

135 [원문주] Purch. Pilgrimage, lib. 4. p. 460.

136 [원문주] Nic. di Conti pud Ra. mus.

137 [원문주] M. mart. Sin. Hist. lib. 4. p. 137

138 [원문주] M. mart. Sin. Hist. lib. 1. p. 13, 14

139 [원문주] M. mart. Sin. Hist. lib. 1. p. 11

140 [원문주] N. Trig. in Chist. Exp. apud Sin. lib. 1. p. 105

141 [원문주] M. mart. Sin. Hist. lib. 3. p. 96

142 [원문주] Issack. Chron. pag. 47

143 [원문] doctrina à Nöe tradita

144 [원문주] A. Kirch. Ch. Ill. par. 2. p. 115

145 [원문주] A. Sem. Rel. del. Cin. par. 1. cap. 18

146 [원문주] M. mart. Sin. Hist. lib. 1. p. 12

147 [원문주] Purch. Pilgrimage, lib. 1. p. 67

148 [원문주] M. mart. Sin. Hist. lib. 1. p. 11

149 [원문주] Bayl. Pr. of Piety. p. 19, 20

150 [원문주] M. mart. Sin. Hist. lib. 1. p. 48

151 [원문주] Josep. Ant. Jud. lib. 1. cap. 4

152 [원문주] Josep. Ant. Jud. lib. 1. cap. 8

153 [원문주] M. mart. Atl. Sin. pag. 5

154 [원문주] M. mart. Atl. Sin. pag. 7

155 [원문주] M. mart. Sin. Hist. lib. 1. p. 17 [원문] Inde constat scientiam primam apud Sinas Mathematicam fuissé, atque a Noe adposteros quasi per manus propagatam

156 [원문주] M. mart. Sin. Hist. lib. 8. p. 330

157 [원문주] M. mart. Sin. Hist. lib. 1. p. 21

158 [원문주] A. Kirch. Ch. Ill. par. 4. p. 169

159 [원문주] A. Sem. Rel. del. Cin. par. 1. p. 2

160 [원문주] M. mart. Sin. Hist. lib. 4. p. 111

161 [원문주] A. Sem. Rel. del. Cin. par. 1. cap. 11

162 [원문주] M. mart. Sin. Hist. lib. 1. p. 5

163 [원문주] A. Sem. Rel. del. Cin. par. 1. cap. 29

164 [원문주] M. mart. Sin. Hist. lib. 4. p. 143

165 [원문주] A. Sem. Rel. del. Cin. par. 1. cap. 16

166 [원문주] M. mart. Sin. Hist. lib. 9. pag. 378

167 [원문주] A. Sem. Rel. de la Cin. par. 1. cap. 1

168 [원문주] J. Nieuh. L'Amb. Or. par. 1. pag. 122

169 [원문주] Dr. Bro. Pseudod. Epid. lib. 5. pag. 255

170 [원문주] N. Trig. in Chi. Exp. apud Sin. lib. 1. p. 83

171 [원문주] A. Sem. Rel. de la. Cin. par. 1. cap. 15

172 [원문주] T. Godwin Ant. Jud. lib. 6. cap. 4

173 [원문주] M. mart. Atl. Sin. p. 62

174 [원문주] A. Sem. Rel. de la. Cin. par. 1. cap. 16

175 [원문주] T. Godwin Ant. Jud. lib. 6. c. 5

176 [원문주] A. Sem. Rel. de la Cin. par. 1. cap. 29

177 [원문주] M. Mart. Atl. Sin. p. 71

178 [원문주] M. Mart. Sin. Hist. lib. 4. p. 106

179 [원문주] M. Mart. Sin. Hist. lib. 8. p. 334

180 [원문주] A. Sem. Rel. de la Cin. pa. 1. cap. 6

181 [원문주] M. Mart. Atl. Sin. pag. 107

182 [원문주] M. Mart. Sin. Hist. lib. 8. p. 353

183 [원문주] J. Nieuh. L'Amb. Or. par. 2. pag. 30

184 [원문주] N. Trig. in Chi. Exp. apud Sin. lib. 1. p. 18

185 [원문주] M. Mart. Sin. Hist. lib. 1. p. 38

186 [원문주] A. Sem. Rel. de la Cin. par. 1. cap. 4

187 [원문주] J. Nieuh. L'Amb. Or. par. 1. pag. 117

188 [원문주] J. Nieuh. L'Amb. Or. par. 1. pag. 154

제5장

189 [원문주] M. Mart. Sin. Hist. lib. 4. p. 134
190 [원문주] M. Mart. Sin. Hist. lib. 6. p. 236
191 [원문주] M. Mart. Sin. Hist. lib. 8. p. 358
192 [원문주] G. Hond. de Or. Amer. lib. 4. p. 223
193 [원문주] N. Trig. in Chi. Exp. apud Sin. lib. 1. p. 59
194 [원문주] M. Mart. Sin. Hist. lib. 1. p. 25
195 [원문주] M. Mart. Sin. Hist. lib. 6. p. 243 [원문] sumptis in affines armis
196 [원문주] Heyl. Cosm. pag. 886
197 [원문주] N. Trig. in Chi. Exp. apud Sin. lib. 1. p. 159
198 [원문주] N. Trig. in Chi. Exp. apud Sin. lib. 1. p. 238; A. Kirch. Ch. Ill. par. 5. p.
   217
199 [원문주] M. Mart. Sin. Hist. lib. 8. p. 345
200 [원문주] Heyl. Cosm. pag. 871
201 [원문주] M. Mart. Bell. Tart. pag. I. fol.
202 [원문주] M. Mart. Atl. Sin. pag. 28
203 [원문주] J. Gol. Additam. de Regno Cath. pag. I. in fol.
204 [원문주] M. Mart. Bell. Tartar. pag. 1
205 [원문주] A. Sem. Rel. de la Cin. par. 1. cap. 22
206 [원문주] J. Nieuh. L'Amb. Or. par. 2. pag. 115
207 [원문주] A. Sem. Rel. de la Cin. par. 1. cap. 8
208 [원문주] J. Nieuh. L'Amb. Or. par. 2. pag. 123 [원문] Ils ne changerent nila
   politique Chinoise, ni la ancienne forme du Government; mais permirent
   aux Philosophes de l' Empire de gouverner les Villes, & les Provinces
   comme auparavant, et laisserent les Promotion et Examens des lettrès à l'

accoûtommèe.

209　[원문주] M. Mart. Bell. Tart. pag. 15 [원문] Stylum Politics Sinicae modumimo
　　　Sinicis Philosophis, ut antea, regendas Urbes ac Provincias Examina
　　　Literatorum, ut antea, reliquerunt.

210　[원문주] M. Mart. Bell. Tart. pag. 30

211　[원문주] A. Kirch. Ch. Ill. par. 2. p. 116

212　[원문주] A. Kirch. Ch. Ill. par. 4. p. 168, 169

213　[원문주] A. Kirch. Ch. Ill. par. 2. p. 117

214　[원문주] Heyl. Cosm. pag. 866

215　[원문주] A. Sem. Rel. de la Cin. par. 1. cap. 29

216　[원문주] A. Sem. Rel. de la Cin. par. 1. cap. 20

217　[원문] essere stata gente bellicosa, è di valore

218　[원문주] M. Mart. Sin. Hist. lib. 2. p. 65

219　[원문주] J. Nieuh. L'Amb. Or. par. 2. pag. 8

220　[원문주] M. Mart. Sin. Hist. in Epist. ad Lect.

221　[원문주] A. Kirch. Ch. Ill. par. 4. p. 164

222　[원문주] Heyl. Cosm. pag. 858

223　[원문주] Is. Voss. de Aetat. mum. p. 46

224　[원문] Quamdiu Ignoti caeteris vixere mortalibus, tam diu fuere faelices

225　[원문] M. Mart. Sin. Hist. lib. 1. p. 35 [원문] Omnes enim domi forisque
　　　moribus, omnes iisdem literis, & eodem corporis culin in universo, quâ patet,
　　　imperio etiam hodie utuntur. Unde conjectari potest, quanta sit animorum
　　　in iis conjunctio, qui adeo nulla in resunt inter se divers.

제6장

226　[원문주] Bish. Wal. Intro. ad lin. Orient. pag. 12

227　[원문주] Bish. Wal. Intro. ad lin. Orient. pag. 53 [원문] Quantum Hetrusca

& Latina hodierna ab antiqua recesserunt, ex inscriptionibus & tabulis Eugubinis Hetruscis literis antiquis exaratis, & ex columnis rostratis, quas nemo adhuc explicavit, cuivis constat.

228 [원문] Dixit, & factum est, factum est & dixit

229 [원문주] Ainsw. in Gen. I

230 [원문주] Sir W. Ral. hist. par. 1. pag. 67

231 [원문주] Dr. Bro. Pseud. Epi. lib. 5. pag. 223

232 [원문주] Purch. Pilgrimage, lib. 1. p. 82

233 [원문주] Sir W. Ral. hist. par. 1. pag. 268

234 [원문주] Euseb. praeparat. Eva. lib. 18

235 [원문주] T. Godwin Ant. Jud. lib. 6. cap.

236 [원문주] Pom. Mela. lib. 1. cap. 11.

237 [원문주] Plin. lib. 5. cap. 13.

238 [원문주] A. Kirch. Ch. Ill. par. 6. p. 227

239 [원문주] A. Kirch. Ch. Ill. par. 4. p. 234

240 [원문주] J. Nieuh. L'Amb. Or. par. 2. pag. 105

241 [원문주] M. Mart. Sin. Hist. lib. 1. p. 22

242 [원문주] Is. Voss. de Aetat. mum. p. 18

243 원문주」 A. Kirch. Ch. Ill. par. 6. p. 225

244 [원문주] Is. Voss. de Aetat. mum. p. 47 [원문] Quam factam esse diximus ante & post nativitatem Phalegi annis post diluvium 531

245 [원문주] Is. Voss. de Aetat. mum. p. 48

246 [원문주] Is. Voss. de. Aetat. Mum. p. 54 [원문] Ut vero diluvii inundationem ultra orbis habitati terminos producamus, nulla jubet ratio, imo prorsus absurdum dicere, ubi nullae hominum caedes, illic etiam viguisse effectus poenae solis hominibus intenseae.

247 [원문주] J. Mede lib. 15. pag. 1094. 1095

248 [원문주] Dr. Bro. Pseudod. Epid. lib. 6. pag. 238

249 [원문주] Is. Voss. de Aetat. mum. p. 3 [원문] Quamvis autem odiose dicium possit videri, dicam nihilominus, non defuisse, qui fortius istas Antiquitates adseruerint, quam alii Mosem defenderint.

250 [원문주] M. Mart. Sin. Hist. lib. 1. p. 20

251 [원문주] J. Nieuh. L'Amb. Or. par. 2. pag. 104

252 [원문주] M. Mart. Sin. Hist. lib. 1. p. 20 [원문] Quâ curâ non ullam facile nationem Sinis in Orbe reliquo parem invenias

253 [원문주] M. Mart. Sin. Hist. lib. 1. p. 12 [원문] Quâ in re mirabile Sinarum semper studium emicuit

254 [원문] accuratissima Chronographia, certissima Chronologia

255 [원문주] M. Mart. Sin. Hist. lib. 1. p. 17

256 [원문주] Sir W. Ral. hist. par. 1. pag. 99

257 [원문주] Dr. Usher Ann. pag. 3

258 [원문주] Sir W. Ral. hist. par. 1. pag. 100

259 [원문주] M. Mart. Sin. Hist. lib. 1. p. 352

260 [원문주] A. Sem. Rel. del. Cin. par. 1. cap. 6

261 [원문주] Heyl. Cosm. pag. 8

262 [원문주] A. Will. in Gen. 11.

263 [원문주] Purch. Pilgrimage, lib. 1. p.

264 [원문주] J. Mede lib. 1. pag. 38

265 [원문주] M. Gasubon. de 4 ling. pag. 5

266 [원문주] N. Trig. in Chi. Exp. apud Sin. lib. 1. cap. 5 [원문] Idemque est apud eos Dictio, Syllaba, Elementum

267 [원문주] A. Sem. Rel. del. Cin. par. 1. c. 6, 11 [원문] Con che si facilita per essere studysta più che la Latina la cui sola Grammatica si piglia gli anni dell'eta puerile.

268 [원문주] A. Kirch. Ch. Ill. par. 5. p. 226

269 [원문주] G. Mend. hist. del. Chin. lib. 1. pag. 140

270 [원문주] A. Kirch. Ch. Ill. par. 6. p. 235, 236

271 [원문주] N. Trig. in Chi. Exp. apud Sin. lib. 1. p. 25

272 [원문주] J. Nieuh. L'Amb.Or. par. 2. pag. 12

273 [원문주] J. Gol. Addit. de. reg. Cathay. pag. 7

274 원문주」 A. Sem. Rel. del.Cin. par. 1. c. 11

275 [원문주] A. Kirch. Ch. Ill. par. 6. p. 228, etc.

276 [원문주] M. Mart. Sin. Hist. lib. 1. p. 22 [원문] Idem Imperator Sinicos Characteres reperit, quos loco nodorum adhibuit, sed ipsis nodis intricatiores

277 [원문주] A. Kirch. Ch. Ill. par. 6. p. 230 [원문] Septima characterum forma ex testitudinibus constructa, signatur literis HIKLM, quos invenit Yao Rex

278 [원문주] M. Mart. Sin. Hist. lib. 1. p. 19

279 [원문주] M. Mart. Sin. Hist. lib. 1. p. 17

280 [원문주] A. Kirch. Ch. Ill. par. 4. p. 226 [원문] Posteriores vero Sinae rerum experientia doctiores, cum magnam in tanta Animalium Plantarumque congerie confusionem viderent, characteres hujusmodi varie figuratos, certis punctorum linearumque ductibus aemulati, in breviorem methodum concinnarûnt, quá & in hunc usque diem utuntur

281 [원문주] A. Sem. Rel. del.Cin. par. 1. c.

282 [원문주]N. Trig. in Chi. Exp. apud Sin. lib. 1. cap. 5

283 [원문주] G. Merc. Atl. in Ch. pa. 672

284 [원문주] A. Sem. Rel. del.Cin. par. 1. c. 6 A. [원문] Le Lettere che usano, par chesiano cosi antiche, come le gente medesima, perchè conforme alle loro memorie Historicalhe; le riconoscono da più tre mila sette cento anni, insino a questo del 1640, nel quale scriviamo questa relatione;

285 [원문주] A. Sem. Rel. del.Cin. par. 1. cap. 6 [원문] [Il Linguaggio]è vario, perchè sono varii li Regni, delli quali hoggi si compone questa Corona, & anticamente non eransuoi, mà pisseduti da Barbari, come tutte le Provincie A & alcune Settentrionali

286 [원문주] M. Mart. Sin. Hist. lib. 1. p. 26

287 [원문주] M. Mart. Atl. Sin. pag. 3

288 [원문주] M. Casaub. de 4 ling. pag. 8

289 [원문주] N. Trig. in Chi. Exp. apud Sin. lib. 1. p. 5

290 [원문주] G. Mend. hist. del. Chi. lib. 3. pag. 139

291 [원문주] M. Mart. Atl. Sin. pag. 108

292 [원문주] M. Mart. Atl. Sin. pag. 118

293 [원문주] A. Sem. Rel. del. Cin. par. 1. c. 6

294 [원문주] M. Mart. Sin. Hist. lib. 7. p. 276

295 [원문주] M. Mart. Atl. Sin. pag. 110

296 [원문주] M. Mart. Atl. Sin. pag. 95

297 [원문주] M. Mart. Atl. Sin. pag. 121

298 [원문주] M. Mart. Atl. Sin. pag. 128

299 [원문주] A. Sem. Rel. del. Cin. par. 1. c. 6 [원문] Hanno più del soave che dell'
     aspro, e se si parla perfettamente, come d'ordinario si ode in Nankin, lusinga
     ludito

300 [원문주] A. Sem. Rel. del. Cin. par. 1. c. 6 [원문] Però la lingua della Cina venne
     essere*una sola, che chiamino Quonhoa, ô lingua di Mandarini; perche
     essi con l'iste esso passo col quale inducevano il lor governo in altri Regni,
     introduoevano anche la lingua: e cosi hoggi corre per tutto il paese, come
     il Latino per tutta l'Europa; anzi più universalmente, conservando anche
     ciascuno la sua natural favella

301 [원문주] J. Nieuh. L'Amb. Or. par. 2. pag. 13

302 [원문주] N. Trig. in Chi. Exp. apud Sin. lib. 1. p. 28

303 [원문주] A. Sem. Rel. del. Cin. par. 1. c. 6

304 [원문주] G. Mend. hist. del. Chi. lib. 3. pag. 159

305 [원문주] N. Trig. in Chi. Exp. apud Sin. lib. 1. p. 37 [원문] Hic porro scribendi
     modus, quo singulis rebus singulos appingimus characteres, etsi memoriae sit

permolestus, tamen adfert secum insignem quaandam nostrisque inauditam commoditatem, &c.

306 [원문] Idcircò linguae omnes, quas libri scripti a communi clade non-servant, vicissitudini, ut omnia humana, semper obnoxiae sunt, & singulis soeculis subinsignem mutationem

307 [원문주] M. Mart. Sin. Hist. in Epist. ad Lector.

308 [원문주] N. Trig. in Chi. Exp. apud Sin. lib. 1. p. 3

309 [원문주] A. Kirch. Ch. Ill. par. 6. p. 228

310 [원문주] A. Sem. Rel. del. Cin. par. 1. c. 6

311 [원문주] M. Mart. Sin. Hist. lib. 1. p. 16

312 [원문주] N. Trig. in Chi. Exp. apud Sin. lib. 1. p. 105

313 [원문주] N. Trig. in Chi. Exp. apud Sin. lib. 1. p. 26

314 [원문주] M. Mart. Sin. Hist. in Epist. ad Lector

315 원문: sine ulla vocum peregrinarum mixtura

316 [원문주] Ainsw. in Exo. 11 and 12

317 [원문주] Willet in Exodus. 12

318 [원문주] M. Casaub. de 4 ling. pag. 33

319 [원문주] A. Kirch. Ch. Ill. par. 2. p. 58, 59

320 [원문주] J. Nieuh. L'Amb. Or. par. 2. pag. 13

321 [원문주] J. Gol. Addit. de. reg. Catha. pag. 4.

322 [원문주] A. Kirch. Ch. Ill. par. 1. p. 12

323 [원문주] A. Kirch. Ch. Ill. par. 3. p. 236

324 [원문주] Purch. Pilgrimage. lib. 4. p. 447

325 [원문주] C. Borri in Cochin-Chi. cap. 6

326 [원문주] M. Mart. Atl. Sin. pag. 5

327 [원문주] A. Kirch. Ch. Ill. par. 6. p. 235

328 [원문주] G. Mend. hist. del. Chi. lib. 3. pag. 140, 141

329 [원문주] M. Mart. Atl. Sin. pag. 147 [원문] alio atque alio ab iis legantur modo

330 [원문주] Casaub. de 4 ling. pag. 28 [원문] Verba parùm honesta (qualia in omnibus linguis aliqua) objicit Nyssenus.

331 [원문주] . Sem. Rel. del. Cin. par. 1. c. 11

332 [원문주] A. Sem. Rel. del. Cin. par. 1. c. 12

333 [원문주] Purch. Pilgrimage, lib. 4. p. 445

334 [원문주] N. Trig. in Chi. Exp. apud Sin. lib. 1. p. 84

335 [원문주] N. Trig. in Chi. Exp. apud Sin. lib. 1. p. 4

336 [원문주] A. Sem. Rel. del. Cin. par. 1. c. 6 [원문] Lasua Brevità la fa aequivocà, mà per l'istessa causa compendiosa

337 [원문주] M. Mart. Sin. Hist. lib. 1. p. 22

338 [원문주] J. Nieuh. L'Amb. Or. par. 2. pag. 13 [원문] La Brievete de cette Langue est si agreable, quej'oserois presque luy donner le primier rang entre touses celles qui nous sont conues jusques a present

339 [원문주] H. Grotius in Gen. c. 11

참고문헌

Ainsw. in Gen. 10 & Anyswer. in Exo. 11 and 12, etc.

Ainsworth, Henry, *Annotations upon the first book of Moses, called Genesis Wherein the Hebrew words and sentences, are compared with, & explayned by the ancient Greek ... with the holy Scriptures*, 1616.

C. Borri in Cochin-Chi. cap. 6

Christopher Borrius, *An Accounts of Cochin-China*, 1637.

Bayl. Pr. of Piety. p. 19 & 20

Bayly, Lewis Bayly, *Practice of Piety directing a Christian how to walk that he may please God*, 1613.

Gor. Bec. Indos. p. 473, etc

Goropius Becanus, *Indo-Scythia*, 1580.

Dr. Bro. Pseudod. Epid. lib. 5. pag. 255, etc.

Browne, Thomas, *Pseudodoxia Epidemica, or Enquires into Very Much Received Tenents, and Commonly Presumed Truths*, 1646.

M. Casaub. de 4 ling. pag. 8, etc.

Casaubon, Meric, *De quatuor linguis commentationis, pars prior: quae, de lingua Hebraica: et, de lingua Saxonica*, 1650.

Chr. Crin. de cons. Ling. p. 3, etc.

Christoph Crinesius, *De Confusione Linguarum*, 1629.

J. D'Espagne.

D'Espagne, Jean, *An Essay of the Wonders of God*, 1662.

Euseb. praeparat. Eva. lib. 18, etc

Eusebius of Caesarea, *Praeparatio Evangelica*, 313.

G. Hond. de Or. Amer. lib. 4. p. 223, etc

Hondius, Jodocus, *De originus Americanus*, 1652.

T. Godwin Ant. Jud. lib. 6. cap. 4, etc

Godwin, Thomas, *Moses and Aaron: Civil and Ecclesiastical Rites, Used by the Ancient Hebrewes*, 1641

J. Gol. Additam. de Regno Cath. pag. I. in fol. ect.

Jacobus Golius, *De regno CatayoAdditamentum*, 1655.

H. Grotius in Gen. c. 11

Hugo Grotius, *Two discourses, I. Of God, and his providence.* 1652.

Heyl. Cosm. p. 7, etc.

Peter Heylin, *Cosmographie*, 1652.

Josep. Ant. Jud. lib. 1. cap. 7, etc.

Flavius Josephus, *The Jewish Antiquities*, Latin

A. Kirch. Ch. Ill. par. 4. p. 185, etc.

Athansius Kircher, *China monumentis, qua sacris qua profanis, nec non variis naturae et artis spectaculis, aliarumque rerum memorabilium argumentis illustrata*(China illustrata), 1667.

M. Mart. Bell. Tart. pag. I. fol., etc.

Martino Martini, *De bello tartarico in Sinis historia*, 1654.

M. Mart. Atl. Sin. pag. 39, etc.

Martino Martini, *Novus Atlas Sinensis*, Latin, 1655.

M. Mart. Sin. Hist. lib. 1. p. 36, etc.

Martino Martini, *Sinicae historiae decas prima, Res à gentis origine ad Christum natum in extrema Asia, sive Magno Sinarum Imperio gestas complexa*, 1658.

J. Mede lib. 15. pag. 1094. 0195

Joseph Mede, *Key of the Revelation Searched and Demonstrated*, 1643(Clavis Apocalyptica, Latin, 1627).

G. Merc. Atl. in Ch. pa. 672

Gerardus Mercator, *Atlas Sive Cosmographicae Meditationes de Fabrica Mundi et Fabricati Figura*, 1595.

Pom. Mela. lib. 1. cap. 11.

Pomponius Mela, *De situ orbis*, 1557.

G. Mend. hist. del. Chi. lib. 3. pag. 167, etc.

Juan González de Mendoza, *Historia de las cosas más notables, ritos y costumbres del gran Reyno de la China*, 1585. (*The history of the great and mighty kingdom of China and the situation thereof,* English, 1588)

J. Nieuh. L'Amb.Or. par. 1. pag. 244, etc.

Jean Nieuhoff, *L'ambassade de la Compagnie orientale des Provinces Unies vers l'empereur de la Chine, ou grand cam de Tartarie* (*French,* 1665; Dutch, 1665)

Purch. Pilgrimage, lib. 1. p. 37, etc.

Samuel Purchas, P*urchas His Pilgrimage: or Relations of the World and the Religions observed in all Ages and Places discovered, from the Creation unto this Present,* 1614.

Sir W. Ral. hist. par. 1. pag. 98, etc

Sir Walter Raleigh, *The History of the World,* 1614.

A. Sem. Rel. del.Cin. par. 1. c. 6, etc.

Alvarez Semedo, *Relatione della grande monarchia della Cina*, Italian, 1643.

N. Trig. in Chi. Exp. apud Sin. lib. 1. p. 104, etc.

Nicolas Trigault, *De christiana Expeditione apud Sinas suscepta ab Societate Jesu*, 1615.

Is. Voss. de Aetat. mum. p. 44, etc.

Isaac Vossius, *Dissertatio de vera aetate mundi*, 1659.

J. Vos. de. Aetat. Mum. p. 52, etc.

Gerardus Vossius, *Dissertatio de vera aetate mundi*

Dr. Usher Ann. pag. 3, etc.

James Ussher, *Annales veteris testamenti, a prima mundi origine deducti*, 1650

Bish. Wal. Intro. ad lin. Orient. pag. 12, etc.

Brian Walton, *Introduction ad lectionem linguarum orientalium*, 1654.

A. Will. in Gen. 11, etc.

Andrew Willet, *Hexapla in Genesin & Exodum*, 1633.

옮긴이의 말

 존 웹(John Webb, 1611~1672)의 『17세기 유럽인의 중국 언어 예찬론』(1669)은 서양 최초의 중국 언어 논평서이고 동서양 문명 비교서이다. 웹은 중국에 직접 입성한 사절단과 예수회 선교사가 전해준 중국 관련 정보를 토대로 중국 언어가 근원 언어일 개연성을 서양의 여러 성서학자, 역사학자, 동양학 학자의 글을 참조하여 논하였다. 오늘날은 근원 언어, 보편 문자에 대한 관심이 없고, 게다가 중국 언어가 근원 언어라는 주장은 비웃음을 당하기에 적당하다. 이 저서는 중국 문명이 성경 기반의 서양 문명에 가한 충격의 여파를 성경의 인식틀로 사유하고 해결하고자 한 17세기 서양인의 모습을 여실히 보여준다. 그런 점에서 이 저서는 서양의 원시 중국학의 기원에 접근하고 전근대 서구인이 본 중국 언어와 중국 문명을 조망할 수 있는 매개체가 될 것으로 보인다. 웹은 중국 언어가 근원 언어라는 자신의 주장을 뒷받침해줄 것이라 생각하는 당시 유명했던 30인 이상의 유럽 저자들의

글을 인용한다. 다행히 웹이 출처를 남김으로써 독자들은 그가
누구의 글을 인용했는지 확인 가능하다. 그러나 때로 본문에서
출처자의 이름이 명시된 경우에도 어디까지가 간접 인용이고 어
디까지가 웹의 주장인지 모호하다. 본문에서 출처자의 이름이 없
고 여백에 출처만 있을 경우 이런 모호함은 더 심해진다. 오늘날
의 학문적 기준을 17세기의 학계에 적용하여 그의 글을 표절로
매도하는 것은 무리가 있다. 최소한 웹은 당대의 어느 학자 못지
않게 글을 빌러 오는 것에 대한 부채 의식을 가지고 있었던 것 같
다. 수많은 인용의 출처를 명시한 것에는 역사가도 아니고 언어
학자도 아니고 건축가였던 웹이 당대 유명했던 저자들의 글을 빌
려 자신의 글에 권위를 부여하고자 했던 동기도 있었던 것 같다.

웹은 근원 언어를 파악하는 6가지 기준인 언어의 고대성, 단
순성, 일반성, 단정한 표현, 유용성, 간결성을 토대로 중국 언어
가 근원 언어일 개연성을 전개한다. 웹이 논저 내내 심혈을 기울
인 중국 문자의 고대성에 대한 주장은 그의 상상력이 많이 가미
되었다. 성경의 창세기와 중국의 신화시대를 그가 확보한 자료로
증명하고자 하는 시도가 애초부터 무리이고, 어느 학자라도 이
것을 증명하기 어려웠을 것이다. 그도 이를 의식하고 원 제목에
서 중국 언어가 당시 서양에서 인류의 조상으로 믿는 노아가 사

용했던 언어 즉 우리 인류의 근원 언어일 '개연성'을 탐색한다고 밝히고 있다. 그러나 웹이 당시에 제한된 자료 내에서 중국 언어의 특징에 대해 보여준 통찰은 어느 학자의 말을 빌리면 그의 글이 발표한 지 150년 동안 그보다 뛰어난 글은 없었다고 확언할 정도로 뛰어나다. 중국 언어가 근원 언어라는 웹의 주장은 프니츠 등 보편문자를 지향하는 학자들에게 영감을 주었다. 서양의 원시 중국학의 역사를 연구하면서 웹을 반드시 언급해야 할 필요성이 여기에 있기도 하다.

웹은 한국의 학계에 거의 알려지지 않은 인물이므로 간략한 소개가 필요할 것 같다. 웹은 17세기의 영국의 왕실 소속 건축가이었고 학자였다. 르네상스 시대에 다방면에 박학다식한 사람이 많았듯이 웹은 건축가였을 뿐만 아니라 영국 고대의 석조상인 '스톤헨지'에 대한 책을 집필하고 중국 언어에 대해 진지하게 논하였다. 그는 당대 유명한 건축가이자 궁정감독관인 이니고 존즈(Inigo Jones, 1573~1652)의 제자로 영국의 왕궁 건축을 담당하였다. 영국의 내전 동안에는 왕정 복고를 옹호하는 왕당파로 활동하였다. 웹이 브라이언 월튼 주교(Brain Walton, 1600~1661)가 주도한 다국어 성경(Polyglot Bible, 1654~1657)의 속표지를 디자인한 것이 고대 언어와 여러 언어에 관심을 가지게 되는 계기가 되었다.

웹의 '중국 언어 예찬'의 주요 논지는 사실상 책 출판에 앞서 찰스 2세에게 바치는 헌사에 들어 있다. 중국 제국의 언어가 근원 언어이고 노아가 요임금이라는 웹의 주장이 오늘날 독자의 시선으로 보면 다소 황당하게 들릴 수 있다. 그러나 당시 17세기에는 학계에서 연금술과 과학이 공존하고, 환상과 사실이 혼재된 논저가 많았다. 상상력이 가미된 그의 주장 때문에 그의 글을 폄하기보다는 그 당시의 사유가 발생한 학문 토대와 그 사유의 한계를 살피는 것이 의의가 있을 것이다. 동서양 최초의 조우가 만들어낸 날 것 그대로의 사유와 이미지가 이후 서양이 동양을 바라보는 이미지에 큰 영향을 미쳤다면 더욱 그러하다.

성경 연대기는 웹의 이 저서를 이해하는 데 매우 중요하다. 오늘날은 지구의 실제 나이가 '기원전 4000년이다, 기원전 5000년이다'라는 주장이 비웃음의 대상이 된다. 그러나 17세기 유럽은 르네상스 시기의 막바지로 중세의 기독교 중심의 사고관에서 벗어났다고는 하지만 세계창조부터 대홍수에 이르기까지 고대 역사에 관련해서 성경이 유일한 지침서였다.

르네상스 이후의 역사가들은 역사 기술에 매우 엄격하여 성경에 묘사된 사건을 이용해서 세계 창조의 정확한 시기를 계산하는 학문이 크게 유행했다. 성경 연대기에 대한 무수한 주장들이 있었지만 그중 가장 널리 유포된 것은 제임스 어셔 대주교 (James Ussher, 1581~1656)의 히브리어 성경에 토대를 둔 성경 연대기 였다. 어셔의 연대기가 유명하게 된 것은 그의 연대기가 킹 제임스 성경의 공식 주석서에 언급되었기 때문이다. 어셔는 천지창조, 노아의 홍수, 바벨의 혼란 등을 성경과 천문학 등을 이용하여 정확한 날짜를 제시하였다. 어셔는 세계 창조를 기원전 4004년로 보고, 대홍수는 세계 창조 후 1656년으로 또는 기원전 2349년에 발생한 것으로 본다.

특히 당시 성경적 세계관을 믿는 학자와 대중들에게 큰 충격을 준 것은 마르티노 마르티니(Martino Martini, 1614~1661)가 1658년 출판한 『중국 역사』이었다. 마르티니는 복희씨가 기원전약 3,000년 전에 중국을 통치하기 시작했고 요임금은 기원전 2357~2257년에 중국을 통치했다고 말한다. 노아의 홍수 이후 살아남은 사람은 노아와 그의 가족뿐이어야 하는데 중국에 노아의 홍수 이전에 사람이 살고 있었고 노아와 시대가 겹치는 요임금은 홍수 전과 후에 모두 생존하며 중국을 통치했다는 해석이 된다. 이것은 당시의 성경적 세계관으로 설명이 되지 않았다. 세계 창조에서 대홍수까지의 고대사의 전부가 단지 신화이거나 아니면 노아의 홍수도 전세계적 홍수가 아니라 한 지역에 특정된 홍

수이므로 성경은 단지 한 지역만을 기록한 것이라는 추론이 가
능해지게 되었다. 중국의 고대사 기록은 서양의 성경적 세계관
의 신뢰성을 흔들기에 충분했다.

중국의 역사를 성경의 연대기 안에서 설명할 수 있는 다른 연
대기가 필요했다. 중국 예수회에서는 히브리어 성경과 불가 성경
에 토대를 둔 연대기로는 중국의 고대사를 설명할 수 없다는 어
려움에 봉착한다. 그래서 1637년 예수회는 그리스어로 된 70인
역을 받아들인다. 70인역에 따르면, 세계 창조는 기원전 5200년
이고, 노아의 홍수는 세계 창조 후 2262년 또는 기원전 2957년이
다. 중국 역사의 기원전 3,000년은 히브리어 성경과 불가 성경의
연대기에 따르면 노아의 홍수 발생 약 603년 전의 일이지만, 70
인역 성경에 따르면 대홍수 이후 5년에 발생한 것이 된다.

중국에 관한 자료는 일부 사절단의 방문기와 보고서를 제외
하면 사실상 예수회에서 보내주는 것이 대부분이었다. 예수회가
중국 보고서를 출판하는 것은 미지의 세계로 남아 있던 중국을
알리기 위한 목적도 있지만, 중국에서 계속 활동할 수 있는 자금
을 모으기 위한 현실적인 이유도 있었다. 그들은 중국을 이상적
인 국가로 매력적으로 그려 유럽인들의 호기심을 자극하고 후원
기금을 내도록 유도할 필요가 있었다. 중국에 대한 자료가 부족

했던 17세기 당시 웹은 이러한 중국의 이상적 이미지에 적극적
으로 반응했다.

웹이 이 책에서 과도할 정도로 성경의 연대기에 집착했던 것
은 17세기 유럽인들이 처음으로 중국 문명을 접했던 느꼈던 당
대의 불안감을 드러내는 징후로도 볼 수 있다. 이것은 웹이 중국
언어의 고대성을 주장하면서 노아를 영국과 중국의 공통 조상으
로 세우고 중국 문명의 우월성을 모두 노아가 중국에 건너가 전
달한 덕분으로 논리로 펼치는 것에서 잘 드러난다. 웹이 성경의
세계관에서 중국 문명을 해석하고 포용하고자 했던 시도로 볼
수 있다. 웹을 통해 우리는 17세기 유럽인의 중국 언어 예찬의
기저에 놓인 새로운 문명을 접했을 때의 기대와 불안을 감지할
수 있다.

이 역서를 준비하는 과정에 도움을 주신 분들에게 감사의 말
씀을 전하고자 한다. 17세기 영어 구문을 함께 고민해준 존 타플
(John Tofel)님, 중국 인명과 지명, 중국어에 대해 조언을 해주신 김
미령 교수님, 성경에 대해 조언을 주신 하명선 교수님, 번역 문장
에 조언을 주신 조정아 교수님께 감사 드린다.

2022년 봄날 이진숙

지은이

존 웹(John Webb, 1611~1672)

영국 런던에서 출생, 서머셋에서 사망.
영국 왕실 소속의 건축가이자 학자.
건축가 이니고 존즈(Inigo Jones)의 제자.
다국어 성경(1654~1657)의 속표지 디자인.
Vindication of Stoneheng Restored(1665) 집필.

옮긴이

이진숙

경성대학교 한국한자연구소 연구교수.
동서비교문화 연구.
근대 초기 외국인 선교사 연구.
『제임스 레게의 맹자 역주』 옮김.

경성대학교 한국한자연구소 번역총서 1

17세기 유럽인의 중국 언어 예찬론
An Historical Essay Endeavoring a Probability
That the Language of the Empire of China is the Primitive Language

초판1쇄 인쇄 2022년 4월 15일
초판1쇄 발행 2022년 4월 29일

지은이　　존 웹(John Webb)
옮긴이　　이진숙
펴낸이　　이대현
편집　　　이태곤 권분옥 문선희 임애정 강윤경
디자인　　안혜진 최선주 이경진
마케팅　　박태훈 안현진

펴낸곳　　도서출판 역락
출판등록　1999년 4월 19일 제303-2002-000014호
주소　　　서울시 서초구 동광로 46길 6-6 문창빌딩 2층 (우06589)
전화　　　02-3409-2060
팩스　　　02-3409-2059
홈페이지　www.youkrackbooks.com
이메일　　youkrack@hanmail.net

ISBN　　 979-11-6742-334-4 94300
　　　　　979-11-6742-333-7 94080(세트)

이 저서는 한국연구재단의 연구비 지원을 받았습니다.(NRF-2018S1A6A3A02043693)